배심재판에 있어서 공판준비절차에 관한 연구

배심재판에 있어서 공판준비절차에 관한 연구

-한국과 중국의 비교를 중심으로-

민 수 현

景仁文化社

서 문

세계적으로 볼 때 사법부패의 문제는 항상 미완의 과제였습니다. 이것은 결국 국민에 의한 사법에 대한 감시가 소홀한 현상에서 비롯된 것입니다. 이러한 현상은 사법부 비리 등 부패 온상이 될 수 있습니다. 그렇기 때문에 사법부패를 막기 위해서는 국민이 직접 사법에 참여할 필요성이 매우 큽니다. 국민이 사법에 참여할 수 있는 가장 좋은 방법은 배심재판입니다.

2007년 한국에 도입된 국민참여재판은 국민이 사법에 참여함으로써, 한편으로는 민주적 정당성을 제고하고 다른 한편 국민이 사법에 대한 신뢰를 높여 사법부패를 막을 수 있습니다.

이와 관련하여 중국에 배심재판이 없는 것은 아닙니다. 참심의 성격을 가진 인민배심원제도는 중국 건국(1949년) 이전에도 적용되고 있었고 건국 이후인 1954년 제정 헌법에서는 인민배심원제도를 명시한 바가 있었습니다. 그런데 현재 인민배심원제도는 유명무실하다는 평가를 받고 있습니다. 사법의 독립을 강화하고 사법부패를 방지하기 위해서는 인민배심원제도를 활성화할 필요성이 큽니다. 특히 인민배심원제도는 중국이 가장 어렵고 힘들었던 시기를 함께 걸어온 제도라는 점에서 그 필요성이 더욱 크게 나타난다고 볼 수 있습니다. 이에 따라 인민배심원제도에 대한 개혁이 필요합니다.

한편 한국의 경우 국민참여재판제도를 활성화하기 위하여 공판준비절차와 증거개시제도를 정비하였습니다. 배심원으로 선정된 시민들은 생업을 포기하고 형사재판에 참가해야 하기 때문에 그들의 생업 복귀를 촉진하기 위해서는 배심재판의 공판절차는 집중적이고 신속하게 진행되어야 합니다. 그렇기 때문에 밀도 있는 공판준비절차가 필요하게 되는 것입니다. 이에 대해 중국도 2012년 형사소송법 개정을 통하여 공판준비절차에 "공판전회의(庭前會議)"라고 하는 한국의 "공판준비기일"과 매우 유사한 장치를 도입하였습니다. 이같이 한국과 중국 모두 비슷한 제도적 장치인 공판준비절차가 마련되어 있는데 이를 바탕으로 하여 필자는 중국에서도 공판준비절차를 보완하는 것이 인민배심원제도의 활성화를 위한 중요한 방안으로 될 수 있을 것이라는 생각을 하였습니다.

본 연구는 한중 양국의 공판준비절차를 비교 검토함으로써 중국 공판준비절차의 개선점을 도출함을 목적으로 하고 있습니다. 한국과 중국의 공판준비절차와 증거개시제도에 대한 논의를 진행하기에는 무엇보다 양국의 배심재판이 논의의 출발점이 되어야 합니다.

그리하여 본 논문은 먼저 한국과 중국의 배심재판을 기술하고 비교법적 검토를 진행하여 중국의 인민배심원제도의 활성화 방안으로 공판준비절차를 재정비하는 것이 바람직하다는 점을 지적하였습니다. 다음으로 한국과 중국의 공판준비절차에 대해 설명하였는바, 존재하는 문제점들을 짚어내어 한국과의 비교를 통하여 개선점을 찾고자 하였습니다. 마지막으로 이러한 논의를 거쳐 중국 공판준비절차에 쟁점정리절차를 규정해야 한다는 점을 제시하였습니다.

이 책이 중국의 배심재판과 공판준비절차를 요해하고 더 나아가 중국의 형사사법을 조금이나마 알릴 수 있는 계기가 되었으면 좋겠습니다.

이 책은 저의 박사학위논문을 정리한 것입니다. 이 자리를 빌어 저에게 학문적 가르침과 늘 따뜻한 배려를 아낌없이 주신 지도교수님 신동운 교수님께 다시 한 번 감사의 말씀 드립니다. 그리고 부족한 저의 논문을 지도하시면서 세심한 조언과 지원을 보내주신 신동운 교수님, 이용식 교수님, 이상원 교수님, 강광문 교수님, 한상훈 교수님, 대학원 재학시절 가르침을 받았던 한인섭 교수님, 조국 교수님께 감사드립니다.

　이 책이 출간되기까지 여러 분들의 도움을 많이 받았습니다. 우선 부족한 저의 글을 연구총서에 담아주신 신희택 전 법학연구소장님, 이근관 연구부장님께 깊은 감사의 말씀 전합니다. 그리고 논문 작성 과정에서 많은 조언을 해주신 박종근 석사지도 교수님, 논문 교정을 맡아주신 이진수 박사님, 아낌없는 격려를 해준 최정연 학우님, 동고동락한 남편에게도 감사드립니다. 그밖에 경인문화사 편집부의 노고에 감사의 마음을 표합니다.

　끝으로 이 자리에 오기까지 물심양면으로 든든한 버팀목이 되어주신 사랑하는 저의 부모님께 고마운 마음을 전하고 싶습니다.

2017년 6월

민 수 현

〈목 차〉

서 문

제1장 들어가며 1

제1절 연구의 목적 ···3

제2절 연구의 방법 및 범위 ··10

제2장 한국과 중국의 배심제도에 관한 고찰 15

제1절 중국의 배심제도 ···17

Ⅰ. 인민배심원제도의 형태 ···17

Ⅱ 중국 배심제도의 연혁 ··22

Ⅲ 인민배심원제도의 현황 ··49

Ⅳ. 인민배심원제도를 활성화하는 것이 중국을 위한 올바른 길인가? ···57

Ⅴ. 인민배심원제도의 최근동향 ···64

Ⅵ. 소결 ···71

제2절 한국의 배심제도 ···75

Ⅰ. 국민참여재판제도의 도입계기 ···75

Ⅱ. 국민참여재판제도의 입법과정 ···88

Ⅲ. 첫 5년의 시행경험 및 검토 ···103

Ⅳ. 2012년 법률 개정 및 최근 입법동향 ·······························107

제3절 양국 배심제도의 비교 ···115

Ⅰ. 도입취지의 차이 ···115

Ⅱ. 현행법상 양국의 배심제도의 비교 ····································118

Ⅲ. 인민배심원제도의 올바른 발전방향 ··································126

Ⅳ. 한국 배심제도가 중국에 주는 시사점 ·······························135

Ⅴ. 소결 ···138

제3장 한국과 중국 공판준비절차의 비교법적 검토　141

제1절 중국의 공판준비절차의 개관 ·······································143
　Ⅰ. 서론 ···143
　Ⅱ. 종래의 형사재판 ···147
　Ⅲ. 공판전회의 절차의 도입 ···153
　Ⅳ. 공판전회의 절차의 내용 ···156

제2절 한국의 공판준비절차의 개요 ······································160
　Ⅰ. 용어의 정리 ···160
　Ⅱ. 공판준비절차의 입법취지 ···164

제3절 공판준비절차의 쟁점별 비교법적 검토 ····························168
　Ⅰ. 현행법상 양국 공판준비절차의 비교 ·······························168
　Ⅱ. 공판전회의 절차의 가동방식 ···175
　Ⅲ. 공판전회의 참가자의 범주에 피고인이 포함되는가? ··············183
　Ⅳ. 공판전회의절차의 공개여부 ··188
　Ⅴ. 어떠한 사건이 공판전회의 절차에 회부되어야 하는가? ··········189
　Ⅵ. 공판전회의에서 어떠한 사항에 대해 논의하는가? ·················191
　Ⅶ. 공판전회의 절차의 효력 ···203
　Ⅷ. 사법관념 및 관행에 대한 개선 ·······································208

제4장 공판준비절차에 있어서 쟁점정리의 체계적 위치　213

제1절 서론 ···215

제2절 한국 공판준비절차에서의 증거의 취득 및 쟁점의 정리 ···········216
　Ⅰ. 서설 ···216
　Ⅱ. 한국 증거개시 용어의 정리 ··216
　Ⅲ. 한국 소송구조의 연혁 ···220
　Ⅳ. 현행법상 증거개시의 규정 ···225
　Ⅴ. 공판준비절차에 있어서의 쟁점정리 ··································236

제3절 중국 공판준비절차에서의 증거의 취득 ·················240
  Ⅰ. 중국 소송구조의 연혁 ······················240
  Ⅱ. 중국에서의 증거개시에 대한 논의사(論議史) ············256
  Ⅲ. 중국 현행법상 증거취득에 관한 규정 ············287

제4절 비교법적 검토 ··························290
  Ⅰ. 한국 당사자주의적 증거개시제도와
     중국 직권주의적 증거열람제도 ················290
  Ⅱ. 한중 서로 다른 소송구조 하에
     기록의 열람·등사에 있어서의 선택 ·············294
  Ⅲ. 비교법적 관점에서 바라본 중국 공판전회의에서의
     쟁점정리의 필요성 ······················298
  Ⅳ. 쟁점별 비교법적 검토 ····················300

제5장 마치며 311

참고문헌 ······························317

부록
  1 중국의 형사소송절차 ······················327
  2 중국의 공안기관, 인민검찰원, 인민법원의 기능과 역할 ·······328
  3 중국 변호인의 증거열람권리와 범위에 대한 비교
     (1996년, 2007년, 2012년) ··················329
  4 현행법상 한국과 중국의 변호인의 증거열람시기와 범위 ······330
  5 현행법상 중국 인민배심원 선출과정 ··············331
  6 한중 법률용어 대조표 ·····················332

中文摘要 ·····························335

Abstract ···························337

찾아보기 ····························341

제1장
들어가며

제1절 연구의 목적

중국은 2013년 시진핑(習近平) 국가주석이 당선된 후 부패척결을 한층 더 강화하였다. 부패발생의 핵심적 원인은 공무원이 그 권력을 남용하여 치부하는 방식으로 나타나는데, 이것은 국가의 재정에 손해를 가져오는 것은 물론 국민들에게도 물질적인 피해를 안겨준다. 공무원의 부패 중에서도 사법부[1]의 부패는 더욱 그러하다. 사법부는 법을 판단하는 기관이다. 사법부에 속한 사람들이 법을 어기면 국민들의 분노는 매우 커진다. 더 나아가 사법부가 부패하면 국민이 기댈 마지막 보루마저 무너져버린다는 점에서 국민들은 더 이상 믿을 곳이 없게 된다.

최근 인터넷이 발달됨에 따라 소셜 네트워크 서비스(이하 'SNS'라고 함)를 통하여 중국 국민들이 사법비리나 불공정한 판결의 현실을 접하게 되면서 사법부의 부패에 관한 문제가 점차적으로 수면위로 떠올랐다. 이에 따라 국민들의 사법에 대한 불신이 커져가고 있다. 이러한 불신을 없애려면 사법의 투명성이 보장되어야 하는데, 이를 위해서는 무엇보다 사법이 공개되어 국민과 사법부가 소통할 수 있

---

1) 한국에서 사법부는 법원 전체를 가리키지만 중국에서의 사법부는 최고행정기관인 국무원의 한 부서를 말한다. 그러나 본고에서는 법원 전체를 가리킬 때 중국과 한국을 가리지 않고 사법부 또는 법원이라고 혼용하여 쓰기로 한다. 중국의 사법부는 여러 직책이 있는데 그 중 몇 가지를 열거해 보면 다음과 같다. 전국 교도소의 관리업무를 책임지고 형벌의 집행에 대한 감독을 하고 범죄자를 개조하는 것; 전 국민에게 법률상식을 알리는 등 법제선전업무를 하는 것; 변호사 업무에 대한 감독과 공정업무에 대한 감독을 책임지는 것; 전국의 법률지원업무를 감독관리하는 것 등이다. 상세한 내용에 대해서는 중국 사법부의 사이트를 참조 바람. http://www.moj.gov.cn/ 최종방문일, 2017년 1월 5일.

어야 한다. 소통이 이루어진다고 해서 반드시 신뢰가 생긴다고 볼 수는 없다. 다만 투명성 보장과 국민과의 소통이 잘 이루어지면 국민은 점차적으로 사법의 공정성을 인식하게 되고 사법에 대한 신뢰를 쌓아가게 되는 것이다.

어느 국가에서든 국민과 사법부가 원활한 소통을 하려면, 한편으로 사법부가 국민과 소통할 수 있는 창구를 충분히 마련하여 국민들로 하여금 사법에 관심을 가지게끔 유도하는 것이고, 다른 한편으로는 국민 스스로 사법에 관심을 가지는 것인데, 이 두 방면의 피드백이 잘 이루어져야 한다. 그러기 위해서는 사법부 또는 기타 관련 기관이 자체적으로 국민과의 소통 시스템을 구축하여 국민에게 법률지식을 공유하는 것이다. 이에 대하여 한국에서는 "국가법령정보", "법제처", "대법원", "헌법재판소"등 다양한 사이트에서 법령 또는 판례를 손쉽게 찾아볼 수 있고 관련 법률지식도 비교적 용이하게 얻을 수 있다.[2]

한국에서는 사법부와 국민의 소통을 이루게 하는 교량역할은 거의 언론이 담당하고 있는데, 그 중 인터넷의 역할이 크다. 법령이 개정되었거나 새로운 판례가 나오거나 사회적 이슈가 되는 사건이 터지면 각종 포털사이트에서는 앞 다투어 메인에 기사를 싣는다. 그렇게 되면 사법적 권위에 관심이 많은 한국인들은 자연스럽게 기사를 접하게 되고 쉽게 해당 정보를 얻게 된다. 이러한 것을 보면 현재 한국은 이 두 방면에 있어서 피드백이 잘 이루어지고 있다고 생각된다.

---

2) 그밖에 서울시내 버스 내부에 "기사를 폭행, 협박하면 「특정범죄가중처벌법」에 의해 3년 이상의 징역으로 처벌된다."라고 적힌 문구를 볼 수 있고, 화장실에도 "화장실에서 흡연한 자는 「경범죄처벌법」에 의해 10만 원 이하의 과태료를 부과한다."는 문구를 쉽게 볼 수 있다. 이와 같이 사소한 일상에서 국민이 법을 접할 수 있다.

중국도 역사적 맥락에서 살펴볼 때 권위를 중요시하는 국가이지만 한국인과 비교해 볼 때 중국인들은 결코 사법적 권위에 대해 특별한 감정을 두고 있는 것 같지 않다.[3] 중국도 한국과 마찬가지로「중화인민공화국 최고인민법원」(中華人民共和國最高人民法院)[4], 「중국법원망」(中國法院网)[5], 인민법원보」(人民法院報)[6] 등 사이트에서 국민들에게 법령, 법률지식을 제공하고 있다. 특히 2014년 1월부터「중국재판문서망」(中國裁判文書网)[7]이라고 하는 사이트에서 누구든지 각종 판결문을 찾아 열람할 수 있게 되었다.[8] 그럼에도 불구하고 중

---

3) 중국에서는 판사, 검사라고 하는 법과 관련된 특정된 직업을 가진 공무원을 선호하기보다는 공무원 자체를 선호하고 있다. 그 원인은 평생의 직장이라는 이유에서 비롯된 것이라고 생각된다. 실제로 국가공무원시험은 경쟁이 매우 치열하다. 참고로 중국에서의 판사, 검사는 사법고시를 통과해야 할 뿐만 아니라 공무원 시험에도 합격되어야 한다.

4) http://www.court.gov.cn/index.html

5) http://www.chinacourt.org/index.shtml

6) http://rmfyb.chinacourt.org/paper/html/2015-09/09/node_2.htm

7) http://www.court.gov.cn/zgcpwsw/ 중국에서는 2013년 7월부터 특수한 경우를 제외하고 법률효력을 지닌 판결문(判決書)을 공개하기로 하였다. 특히 사회적 이슈가 되는 사건에 대해서는 반드시 공개할 것을 요구하였다. 이 사이트를 통하여 관련 재판정보를 얻을 수 있다. 여기에서 판결(判決)은 인민이 심리를 통하여 사건의 실체적 문제에 대해 내린 결정을 말한다. 인민법원이 내린 형사판결의 종류에는 유죄판결과 무죄판결 두 가지가 있다(중국 현행 형사소송법 제195조). 樊崇義, "刑事訴訟法學", 「法律出版社」, 2013년 3월(제3판), 424-426면.
그밖에 재정문(裁定書)·결정문(決定書)도 공개하기로 되어 있는데 재정(裁定)은 인민법원이 사건의 심리과정 및 판결을 집행하는 과정에서 절차적 문제와 일부분 실체적 문제에 대해 내린 결정을 말한다. 예컨대 중지심리(中止審理), 원판결 유지(維持原判), 원판결 파기환송(撤銷原判幷發回重審), 공소기각(駁回起訴)등이다. 결정은 인민법원, 인민검찰원, 공안기관이 소송과정에서 법에 의해 소송절차의 문제에 관하여 내린 일종의 처리방식이다. 예컨대 불기소 결정, 회피(기피)의 결정 등이다. 樊崇義, 앞의 책, 426면.

8)「인민법원이 인터넷에 재판문서를 공개할 것에 관한 규정」(關於人民法院在互聯网公布裁判文書的規定)이 2013년 11월 13일 최고인민법원 심판위원회

국인들은 사법부의 판단에 대해 그다지 많은 관심을 가지고 있지 않다고 느껴진다. 물론 일부 사람들은 사회적 이슈가 되는 사건에 대해 자신의 SNS에 의견을 표출하곤 하지만 중국의 인구에 비례해 보았을 때 적은 숫자에 불과하다.

국민의 사법에 대한 관심 여부와 관련하여 한국과 중국의 배심재판을 예를 들어 보자. 한국은 법원의 무작위 추출방식에 따라 국민이 배심원 또는 예비배심원으로 선발되어 국민참여재판에 참여한다.9) 한국인들은 이와 같은 사법 참여 형태에 적극적인 모습을 보인다. 이러한 사회적 현상은 중국과 사뭇 상반된 모습이다. 그렇다면 무엇 때문에 이와 같은 차이가 나타나고 있을까? 이 책은 이와 같은

제1595차 회의에서 통과되었다. 이 규정은 2014년 1월 1일부터 시행된다. 다만 국가비밀에 관한 사건, 개인의 사생활에 관한 사건, 미성년자의 범죄 사건, 조정(調解)을 통해 해결된 사건은 공개하지 않기로 한다고 규정하였다(규정 제4조).
중국 현행 민사소송법 제9조에 따르면 "인민법원이 민사사건을 심리할 때에는 자원(自願)과 합법(合法)의 원칙에 의하여 조정을 진행해야 한다. 조정이 성사되지 아니한 경우에는 즉시 판결을 내려야 한다."고 규정하였다. 민사조정은 인민법원의 주재 하에 진행된다. 다만 반드시 거쳐야 하는 절차는 아니다. 이와 관련하여 2012년 중국 형사소송법 개정에서 이와 유사한 화해절차(和解程序)를 신설하였다(제277조 내지 제279조).
9) 국민의 형사재판 참여에 관한 법률(법률 제12844호, 2014. 11. 19. 개정) 제22조 지방법원장은 배심원후보예정자명부를 작성하기 위하여 행정자치부장관에게 매년 그 관할 구역 내에 거주하는 만 20세 이상 국민의 주민등록정보에서 일정한 수의 배심원후보예정자의 성명·생년월일·주소 및 성별에 관한 주민등록정보를 추출하여 전자파일의 형태로 송부하여 줄 것을 요청할 수 있다. 제1항의 요청을 받은 행정자치부장관은 30일 이내에 주민등록자료를 지방법원장에게 송부하여야 한다. 지방법원장은 매년 주민등록자료를 활용하여 배심원후보예정자명부를 작성한다.
제23조 법원은 배심원후보예정자명부 중에서 필요한 수의 배심원후보자를 무작위 추출 방식으로 정하여 배심원과 예비배심원의 선발기일을 통지하여야 한다.

문제의식에서 출발하고 있다.

　필자는 국민과 사법부 사이의 소통의 부족함이 그 해답이라고 생각된다. 중국 국민들은 사법에 대한 관심이 한국처럼 높지 않다. 그 원인은 국민이 사법활동을 접하거나 사법부를 이해할 수 있는 경로가 많지 않다는 점에서 찾을 수 있어 보인다. 국민과 사법부 사이의 피드백이 제대로 이루어지지 않아 국민이 사법에 대한 관심도가 떨어지기 때문이다. 중국도 물론 2014년부터 판결문을 공개하여 중국인 누구나 인터넷에서 판결문을 찾아볼 수 있지만 아직 시행 된지 2년도 채 안되고 일반 국민들은 이러한 규정이 있는 것조차 잘 모르는 실정이다. 결국 국민이 사법을 접할 수 있는 경로가 많지 않고, 이는 곧 사법에 대한 관심부족으로 이어지면서 점차 사법부와 국민 사이의 거리가 멀어지게 되는 것이다. 그 결과 국민에 의한 사법에 대한 감시가 소홀하게 된다. 이러한 현상은 사법부 비리 등 부패의 온상이 될 수 있는 터전이 될 수 있고, 이러한 악순환은 부패야기와 함께 사법 불공정성을 일으키는데, 이것은 국민의 신뢰획득을 가로막는 장애로 된다.

　한국은 경제가 개발되는 과정에서 사건과 사고가 많았다.[10] 그럼에도 불구하고 한국이 비교적 공정한 사회를 형성할 수 있었던 것은 입법, 행정, 사법의 삼권분립에 의한 견제와 균형이 제대로 작동되어, 사법부의 독립에 힘을 실어주었기 때문인 것이라고 사료된다.[11]

---

10) 이와 관련해서는 하태훈, "사법에 대한 신뢰", 저스티스 통권 제134-2호 (2013. 2. 특집호 I); 한인섭, "'회한과 오욕'의 과거를 바로 잡으려면 -사법부의 과거청산을 위하여", 서울대학교 법학, 제46권 제4호, 2005. 12를 참조 바람.
11) 이와 관련하여 권력분립의 원리에 어긋나지 않는가 하는 문제의 소지도 있으나 이것은 권력분립의 문제와는 별개로 사법독립에 관한 것이다. 공정한 재판을 하기 위해서는 입법부, 행정부로부터 사법부는 독립하여야 한다. 한국 제정 헌법 제103조에 따르면 법관은 헌법과 법률에 의하여 그

입법부와 행정부는 국가 전체에 대한 판단을 할 수 있는 것과는 달리 사법부는 단순히 개개의 사건판단밖에 하지 못하므로 가장 덜 위험하다. 이처럼 가장 덜 위험한 사법부라도 제대로 운영되어야 만이 사람들은 국가를 믿을 수 있게 된다. 사법부가 부패하게 되면 사회 전체가 무너진다. 한국의 경우 과거 유전무죄·무전유죄 등 사회현상으로 인하여 국민들은 사법부에 대한 신뢰가 그리 높지 않았다.[12] 이를 회복하기 위하여 2004년부터 사법개혁을 추진하였으며, 국민참여재판제도의 도입도 사법개혁의 하나였다. 2007년에 도입되어 2008년부터 시행된 국민참여재판은 국민이 사법에 참여함으로써 한편으로는 민주적 정당성을 제고하고 다른 한편 사법에 대한 신뢰를 높여 사법부패를 막을 수 있고 최종적으로 공정하고 투명한 사법을 만들어 가게 되는 것이다.

국민이 사법에 참여할 수 있는 가장 좋은 방법은 배심재판이다. 중국의 경우 배심재판이 없는 것은 아니다. 인민이 사법에 참여하는 인민배심원제도가 있고, 심지어 이 제도는 중국 건국(1949년) 이전에도 적용되고 있었다. 중국의 인민배심원제도는 중국공산당이 국민당과 대치하는 혁명시기에 인민 군중을 사법에 참여시켜 혁명을 승리로 이끌기 위해 처음 생겨나게 되었다.[13] 그리고 건국 이후 1954년 제정 헌법에서 인민배심원제도를 명시하였다.[14] 이와 같이 중국이라는 사회주의 국가가 출범할 때 인민배심원제도를 명시적으로 규정한 것은 '인민이 나라의 주인'이라는 헌법적인 원리를 보장하기 함에 있다고 생각된다. 그렇기 때문에 인민배심원제도가 인민민주

양심에 따라 독립하여 심판한다. 그러므로 사법부의 독립을 보장하는 것은 헌법의 원리에서부터 도출된다.

12) 이와 관련해서는 하태훈, 앞의 논문, 575-592면 참조 바람.

13) 당시 인민배심원제도는 구소련의 모델을 본 딴 것이다.

14) 중국 1954년 헌법 제75조 인민법원은 사건을 심판할 때 법률의 규정에 따라 인민배심원제도를 실행한다.

를 지향함에는 의심할 여지가 없다.[15] 그런데 인민배심원제도는 '배
석은 하나 심리는 하지 않는다(陪而不審)', '심리는 하나 토의하지 않
는다(審而不議)', '배심을 거절한다(拒絶陪審)' 등 비판을 받고 있다.[16]
이러한 현상은 인민배심원제도가 제 기능을 다하지 못하고 있음을
설명해준다.

일반 시민이 사법에 참여하는 시스템과 관련하여 자유민주주의
를 지향하고 있는 한국에서는 잘 작동되고 있다. 반면 인민민주주의
를 지향하고 있는 중국에서는 제대로 작동되지 않고 있다. 법관의
편의로 운용되고 인민에게 사법권 향유의 기회를 주지 않으면 인민
이 진정 나라의 주인으로 될 수 없어 중국 헌법의 내용에 부합되지
않을 뿐만 아니라 중국 사회주의 이데올로기에도 어긋나기 때문에
변화가 필요하다. 이에 따라 필자는 중국인으로서 중국의 인민배심
원제도에 관하여 이야기해 보고자 한다.

---

15) 본문에서 '인민민주'라고 하는 표현은 어디까지나 중국에 관한 것이다. 중
   국의 '인민민주'와 관련해서는 林尙立, "民主与民生:人民民主的中國邏輯", 「北
   京大學學報(哲學社會科學版)」, 2012년 제1기; 林尙立·趙宇峰, "中國發展的政治
   基础−以人民民主爲中心的考察", 「學術月刊」, 2012년 제5기; 林尙立, "人民·政
   党与國家:人民民主發展的政治學分析", 「夏旦學報(社會科學版)」, 2011년 제5기
   참조 바람.
16) 陳衛東, "公民參与司法:理論·實踐及改革", 「法學研究」, 2015년 제2기, 11면; 徐
   霄桐, "人民陪審員如何走出'陪而不審'", 「中國靑年報」, 2014년 3월 27일.

제2절 연구의 방법 및 범위

사법부의 부패를 방지하기 위해서는 사법개혁이 불가피하게 이루어져야 한다. 그러나 기존과 똑같은 길로 가면 결과도 다를 바가 없다. 그렇기 때문에 사법개혁을 위해서는 인프라가 필요하다. 무언가 큰 틀에서의 제도변화가 있지 않으면 문제의 실질을 바꿀 수 없다. 따라서 본문은 사법 환경을 어떻게 바꿔야 할 것인가부터 논의를 진행하겠다. 그것이 바로 인민배심원제도의 개혁이다.

이와 관련하여 한국에서는 2007년 형사소송법이 개정되었다. 이번 형사소송법 개정에서 새로운 시민참여형 재판제도인 국민참여재판제도를 도입하였고 국민참여재판을 위한 별도의 법률도 함께 제정되었다.[17] 국민참여재판제도의 도입은 한국 형사재판의 근본적인 구조를 바꾸어 놓았다는 점에서 한 차례의 혁명적인 변화라는 평가를 받고 있다.[18] 국민참여재판제도가 이처럼 높이 평가되는 원인은 기존의 직업법관을 중심으로 보던 것에서부터 시민을 위한 것으로 중점을 전이(轉移)하였기 때문이라고 생각된다. 국민참여재판제도의 신설과 더불어 공판준비절차와 증거개시제도도 함께 정비되었다. 특히 증거개시제도는 무엇보다 국민참여재판의 실시를 염두에 두었다. 배심원으로 선발된 시민들은 생업을 포기하고 형사재판에 참가해야 한다. 배심원들의 생업 복귀를 촉진하기 위하여 배심재판의 공판절차는 집중적으로 진행되어야 하며 이를 위하여 밀도 있는 공판

---

17) 국민의 형사재판 참여에 관한 법률(법률 제8495호, 2007. 6. 1. 제정, 시행 2008. 1. 1.)을 말한다.
18) 2013 국민참여재판제도의 최종 형태 결정을 위한 공청회 결과 보고, 대법원 국민사법참여위원회. 신동운 교수의 인사말에서 발췌함.

준비절차가 필요하다.[19) 이처럼 2007년 개정 형사소송법은 집중심리를 가능하게 하기 위하여 공판준비절차를 정비하였고 아울러 공판준비절차 및 공판절차가 실효성 있게 진행되게 하기 위하여 증거개시제도를 도입하였다.[20) 그렇기 때문에 한국에서의 증거개시제도는 국민참여재판의 성공적인 정착이라는 점에서 매우 중요한 역할을 담당하고 있다.

한편 중국도 2012년 형사소송법 개정을 통하여 공판준비절차에 "공판전회의"라고 하는 한국의 "공판준비기일"과 매우 유사한 장치를 도입하였다. 또한 인민배심원제도의 문제점을 깊이 인식하고 유명무실한 인민배심원제도의 재정비를 둘러싸고 많은 고심을 하고 있는 상황이다. 이와 관련하여 2014년에 공포된 「중공중앙(중국 공산당 중앙위원회)의 전면적으로 의법치국을 추진할 데에 관한 중대한 문제에 대한 결정」(中共中央關于全面推進依法治國若干重大問題的決定)[21)에서는 인민배심원제도가 앞으로 나아가야 할 방향을 제시하였다.[22)

한국과 중국 모두 비슷한 제도적 장치인 공판준비절차가 마련되어 있는데 이를 바탕으로 하여 필자는 중국에서도 공판준비절차를 보완하는 것이 인민배심원제도의 활성화를 위한 중요한 방안으로

---

19) 신동운, 신형사소송법, 2014(제5판), 838면.
20) 신동운, 앞의 책, 842-843면.
21) 결정은 중요한 사항에 대해 결책을 내릴 때 쓰이는 공문이다. 여기에서의 결정은 중공중앙(중국공산당 중앙위원회)이 주체이므로 입법기관이 내린 결정이 아니기 때문에 법률적 효력은 가지고 있지 않다. 그러나 이 결정은 당에서 내린 결정인 만큼 미래의 입법방향을 제시하는 역할을 하기 때문에 영향력이 매우 크다.
22) 이 결정에 따르면 "인민배심원은 기존의 직업법관과 동등한 권리를 가지던 것에서 사실판단만 하고 법률판단은 점차적으로 하지 않는다."고 하였다. 그러나 이 결정은 어디까지나 인민배심원제도가 나아가야 할 방향을 제시한 것이지 현행법상으로는 인민배심원이 여전히 직업법관과 동등한 권리를 가진다. 그렇기 때문에 중국의 인민배심원은 공판기일 사실판단과 법률판단 모두 할 수 있다는 것을 염두에 두고 읽기를 바란다.

될 수 있을 것이라는 생각을 해보았다. 다만 도입과정에 있어서 한국과 중국은 소송구조를 달리하기 때문에 그대로 옮겨오는 것이 아니라 중국의 현재 법 토양에 알맞게 재설계하여야 한다. 다시 말하자면 제도의 틀은 가져오되 규범적 판단은 중국에서 해야 할 부분이라는 것이다.

이 책은 한국과 중국의 독자 모두를 위한 것이다. 한국 독자들의 입장에서는 중국의 인민배심원제도와 공판준비절차, 더 나아가 공판절차 전반에 이르는 내용에 관한 정보를 얻을 수 있게 될 것이다. 그리고 중국 독자들의 입장에서는 한국의 국민참여재판과 이를 활성화하기 위하여 정비된 공판준비절차와 증거개시제도에 대해 알 수 있게 될 것이다. 아울러 이로써 중국의 배심재판 활성화를 위한 시사점도 얻을 수 있을 것이다.

이 책은 법률용어를 번역함에 있어서 법조문에 대해서는 조문의 뜻을 그대로 전달하고자 직역을 하였고, 중국어로 된 서적 및 참고 논문의 번역에 있어서는 비교법적 검토를 용이하게 하기 위하여 한국용어와 중국용어를 혼용하여 사용하였다. 그리고 본 문의 인명, 지명의 번역에 있어서는 한국 국립국어원의 외래어 표기법에 따라 표기하였다.[23)]

한국과 중국의 공판준비절차와 증거개시제도에 대한 논의를 진행하기에는 무엇보다 양국의 배심재판이 논의의 출발점이 되어야 한다. 따라서 이 책의 구성은 다음과 같다.

제2장에서는 양국의 배심재판을 비교 검토하는 것으로, 인민배심원제도의 활성화를 위한 시사점을 도출해내는 자리다. 그러기 위해서는 먼저 중국의 배심제도의 연혁으로부터 현황에 이르기까지를

---

23) 한국 국립국어원 사이트의 외래어 표기법에 따르면 중국 인명을 표기함에 있어서 과거인과 현대인을 구분하여 표기한다고 되어있다. 본고에서는 신해혁명을 기준으로 과거인과 현대인을 구분하여 표기하기로 한다.

소개하였다. 이를 통해 제도가 지니고 있는 문제점은 분명히 추출해 낼 것이다. 그리고 중국에서 배심제도를 활성화해야 할 필요성도 크 다는 점도 알아낼 수 있다. 이에 대해 한국의 배심재판을 소개하고 한국과의 비교 검토를 진행하였다.[24] 그리고 한국의 배심재판이 중 국에 주는 시사점을 도출하였다. 그것은 바로 공판준비절차의 정비 이다.

제3장에서는 양국의 공판준비절차에 대한 비교법적 검토를 진행 하였다. 여기에서 중국 현행 형사소송법상 도입되어 있는 공판전회 의 절차에 대해 기술하고 이에 존재하는 문제점들을 짚어내어 한국 과의 비교를 통하여 개선점을 찾고자 하였다.

제4장은 제3장 논의의 연장선에서 공판준비절차에 있어서의 쟁점 정리절차에 대해 논의하는 자리다. 이러한 논의를 거쳐 중국 공판준 비절차에 쟁점정리절차를 규정해야 한다는 점을 제시하였다.

결론인 제5장에서는 이제까지의 논의를 요약 및 정리한다.

---

24) 다만 이 책은 중국 배심재판 활성화의 필요성과 한국 배심재판이 가져다 준 시사점을 도출하는 자리이기 때문에 양국 배심재판에 대한 깊이 있는 비교법적 검토는 필요하지 않다고 생각하여 간단하게 논의하는 정도에 그 쳤다.

제2장
한국과 중국의 배심제도에 관한 고찰

제1절 중국의 배심제도

Ⅰ. 인민배심원제도의 형태

1. 중국에서의 배심재판

중국의 인민배심원제도는 실질은 독일식 참심제의 형식이긴 하나 그것과 완전히 일치되는 것은 아니다. '인민배심'이라는 용어에서부터 보더라도 그러하다. 그렇기 때문에 중국 인민배심원제도에 대해 요해가 깊지 못한 한국 독자들의 이해를 돕기 위하여 인민배심원제도의 연혁을 고찰하기에 앞서 먼저 인민배심원제도의 실질, 재판형태 및 용어에 대해 살펴보도록 하겠다.

人民陪審員制度는 직역하면 인민배심원제도이다. 중국은 비록 '배심'이라고 하는 용어를 쓰고 있지만 영미식 배심제도와 완전히 다르다. 실질은 참심제의 형식이다.[1] 중국의 인민배심원은 법원에서 직무를 수행할 때 심판원[2]과 동등한 권리를 가진다(중국 현행 형사소송법 제178조 제3관[3]). 중국의 인민법원은 사건을 심판할 때 합의제를 실시한다. 다만 간단한 민사사건, 경미한 형사사건, 법률이 별도로 정한 사건에 있어서는 심판원 1인이 독임(獨任)심판[4](단독재판)할 수 있다(중국 현행 인민법원조직법 제9조).

---

1) 王利明, "我國陪審制度研究", 「浙江社會科學」, 2000년 제1기, 58면.
2) 심판원(審判員)은 사건을 심판할 때의 법관을 말하는데 직업법관을 뜻한다.
3) 한국의 법조문은 조, 항, 호, 목으로 분류되는 반면 중국의 법조문은 조(條), 관(款), 항(項), 목(目)으로 분류된다(중국 입법법(立法法) 제61조).
4) 독임(獨任)심판은 직업법관 1인이 단독으로 재판하는 것을 말한다. 중국의 경우 인민법원은 사건을 심판할 때 합의재판 또는 단독재판이 적용된다.

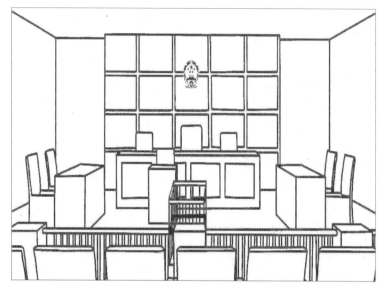

〈그림〉 중국 기층인민법원의 형사법정 구조

이 그림5)은 중국 기층인민법원의 형사재판 법정의 구조이다. 인민배심원이 재판에 참여하는 사건인 경우 재판석에는 직업법관과 인민배심원이 나란히 함께 앉는다. 다만 직업법관이 심판장6)(재판장)으로써 중간에 앉는다. 재판석 바로 밑에는 서기원7)이 재판의 내용을 기록한다. 그리고 왼쪽과 오른쪽에 각각 두 개의 의자가 있다.

---

5) 필자는 2011년 10월부터 3개월 동안 시안(西安)시 베이린(碑林)구 인민법원에서 실무실습을 한 적이 있다. 이 그림은 베이린(碑林)구 인민법원의 형사법정 구조를 재현하여 그린 것이다.

6) 심판장은 인민법원이 합의부를 구성하여 사건을 심판하는 경우에 있어서 합의부를 책임지는 직업법관을 말한다. 심판장은 한국의 재판장과 비슷하다.

7) 인민법원에 있어서 서기원은 주로 기록을 담당한다. 여기에는 공판기일에서의 재판기록도 포함된다. 또한 일련의 사법보조업무도 담당하고 있다. 중국에서의 대다수 심판원(직업법관)은 1년 정도의 서기원 과정을 거치고 있다.

그 중 이 그림의 왼쪽에는 공소인[8], 오른쪽에는 변호사[9](변호사)가 자리한다. 법정의 중간 자리에 네모난 창이 있다. 이 창안에 피고인이 자리한다. 그밖에 재판석을 마주하여 수많은 의자가 놓여있는 곳은 방청석이다.

인민배심원재판에 있어서 3명으로 합의정[10](합의부)를 구성하는 경우 1명의 인민배심원이 참심 할 수도 있고 경우에 따라서는 2명의 인민배심원이 참심할 수도 있다.[11] 이것은 기층인민법원에서 제1심 사건을 재판할 때 취하는 가장 기본적인 인민배심원재판의 형식이다.[12] 인민법원이 제2심 재판을 하는 경우에는 인민배심원재판이 적

---

8) 공소인은 인민검찰원에서 공소를 담당하는 검찰관을 말한다. 공소인은 반드시 검찰관이어야 한다.

9) 한국의 변호인은 변호사 중에서 선임하여야 한다(한국 현행 형사소송법 제31조). 그러나 중국의 변호인은 변호사뿐만 아니라 인민단체 또는 피의자, 피고인 소속직장에서 추천받은 자 그리고 피의자, 피고인의 후견인, 친구 모두 변호인으로 선임될 수 있다(중국 현행 형사소송법 제32조). 중국에서는 변호인이 증거를 열람·발췌·복사할 수 있다. 다만 일반 변호인은 변호사에 비해 약간의 제한이 있을 뿐이다(중국 동법 제38조). 다시 말하자면 중국의 경우 변호사는 변호인과 구별된다. 법조문상 변호사는 '변호사'로 되어있다. 중국의 형사사건에 있어서는 변호사가 법정에서 형사사건을 변호해야 한다. 기타 변호인은 피의자, 피고인과 접견·통신할 수 있고 증거를 열람·발췌·복사할 수 있으나 법정에서 변론을 하지 못한다. 그렇기 때문에 본문에서는 중국의 법조문상 변호사라고 특정되어 있는 부분은 변호사로 직역하여 쓰기로 한다.

10) 합의정(合議庭)은 인민법원이 사건을 심판할 때의 심판조직을 말한다. 합의정은 고정불변한 것이 아니라 매 사건마다 임시적으로 구성된다. 합의정은 한국의 합의부와 비슷하다. 논의의 편의를 위하여 합의정을 합의부로 표시하기로 한다.

11) 다만 어떤 경우에 인민배심원 1명이 참심하고 어떤 경우에 2명이 참심하는 지에 대해서는 법률상 명확한 기준이 없다.

12) 중국 현행 형사소송법 제178조 제1관에 따르면 기층인민법원, 중급인민법원은 제1심 사건을 심판할 때에는 3명의 심판원 혹은 3명의 심판원 및 인민배심원으로 합의부를 구성하여 재판을 진행해야 한다. 다만 간이절차를

용되지 않는다.

여기에서 주의할 점은 모든 합의부 재판에서 인민배심원이 반드시 참심해야 하는 것은 아니다. 인민배심원이 참심하지 않고 직업법관만으로도 합의부를 구성하여 재판할 수 있다.[13] 달리 말하자면 모든 제1심 사건을 재판하는 때에 반드시 인민배심원재판을 적용하는 것은 아니라는 것이다.

고급인민법원 또는 최고인민법원에서 인민배심원재판을 진행할 때에는 총 3명 내지 7명의 심판원과 인민배심원으로 합의부를 구성할 수 있다. 여기에서도 마찬가지로 3명 내지 7명의 심판원만으로도 합의부를 구성할 수 있다(중국 형사소송법 제178조 제2관).

사건에 따라 재판에 참심하는 인민배심원의 인원수는 다르지만 인민배심원의 인원수는 합의부 구성원의 3분의 1보다 적어서는 안 된다(인민배심원제도 보완결정 제3조).

2. 용어의 정리

중국에서 '배심제도'라고 하는 단어는 'Jury System'을 그대로 번역한 것이다. 중국에서 일반 시민이 사법에 참여하는 사상은 19세기 말 20세기 초 서방 유럽국가로부터 비롯되었다. 중국 대륙에서 배심제도는 "法律周報" 신문에 실린 "陪審制度述略"라고 하는 문장에서 최초 등장하였다고 한다. 당시 사람들은 이를 놓고 신기지론(神奇之論)이라고 불렀다.[14] 이어 1906년 「대청형사민사소송초안」(大淸刑事民事訴訟法草案)이 만들어졌는데 영미식 제도를 모방한 것이다. 이 초안 제

적용하는 사건에 대해서는 심판원 1인이 단독으로 재판할 수 있다.
13) 중국 현행 형사소송법 제178조 제1관에 따르면 합의부는 3명의 심판원만으로도 구성될 수 있다고 규정하였다.
14) 李啓成, "晩淸各級審判廳硏究",「北京大學出版社」, 2004년, 201면.

4장 제2절에서 배심제도에 대해 규정하였는바, 이 초안은 중국 율법 상 최초로 배심제도에 대해 규정한 문서이다.[15] 그 이후 1930년대 구 소련의 인민참심원제도가 모델이 되어 중국에 들어오게 된다. 이때 로부터 인민배심원제도에 있어서 '인민'이라고 하는 단어가 등장하 게 된다.[16]

'인민'이라고 하는 단어가 담고 있는 뜻은 중국 역사의 변천과 함 께 변화되었다. 항일전쟁시기(1937-1945)[17]에서의 인민은 항일에 참가 하고 항일을 지지하는 모든 계급과 사회집단을 뜻하고, 해방전쟁시 기(1945-1950)[18]의 인민은 제국주의, 지주계급, 관료자본주의를 반대 하는 계급과 사회집단이 인민으로 존칭되었다. 1949년 건국 이후 인 민의 개념은 더 넓어지게 되는데 여기에는 노동자, 농민, 지식분자 그밖에 사회주의를 옹호하고 조국의 통일을 옹호하는 애국자가 포 함되었다. 1982년 헌법에서는 인민을 공민, 국민과 다른 개념으로 분 리하여 사용하여왔다.[19] 2004년에 개정된 현행 헌법도 1982년 헌법과

---

15) 劉哲瑋, "人民陪審制的現狀与未來", 「中外法學」, Vol.20, No.3(2008), 434면.
16) 본문 제2장 제1절 I 의 4.를 참조 바람.
17) 중국이 일본의 침략에 맞서 싸운 전쟁이다.
18) 항일전쟁이 끝난 후 곧바로 해방전쟁이 시작되었다. 중국 공산당과 국민 당의 정권다툼 싸움이다.
19) 1982 헌법은 인민, 공민, 국민을 분리하여 사용하였다. 예를 들면 제2조에 서는 "중화인민공화국의 일체의 권력은 인민에게 속한다."라고 규정하였 는바, 인민이라는 단어가 사용되었다. 헌법 제2장(제33조 내지 재56조)에서 는 공민의 기본 권리와 의무에 대해 규정하였는바, 여기에서는 공민이라 는 단어가 사용되었다. 제7조에서는 "국영경제(國營經濟)는 사회주의 전민 소유경제(全民所有制經濟)로서 국민경제(國民經濟) 중의 주도역량이다."라 고 하여 '국민'이라는 단어가 사용되었다. 2004년 현행 헌법에서도 여전히 이 세 개의 단어를 구분하여 사용하고 있다. 한국에서의 국민은 중국에서 의 공민에 해당된다고 볼 수 있다. 그러나 중국은 배심제도에 있어서 '인 민배심'이라고 부르고 있기 때문에 중국의 내용을 소개할 때에는 인민이 라는 용어를 쓰기로 하고 비교법적 고찰에 있어서는 인민과 국민을 혼용 하여 사용하기로 한다.

마찬가지로 세 개의 단어를 분리하여 사용하였다. 이 세 개 단어 모두 일정한 사회관계와 그 국가에서의 지위를 뜻하긴 하나 인민은 정치적, 역사적 내용을 포함하는 개념이다. 인민과 상반되는 단어는 적(敵人)이다.

II 중국 배심제도의 연혁

1. 중국 고대의 판결제도

황하유역을 중심으로 고대문명이 생겨난 이후부터 1840년 아편전쟁 이전까지의 역사를 중국에서는 중국 고대사(中國古代史)라고 일컫는다. 이 시기 중국은 노예사회와 봉건사회를 연이어 거쳐 오면서 줄곧 고도로 집중된 중앙집권주의 체제를 이어왔다. 이 시기에도 배심제와 비슷한 사건처리 방식이 존재하였는데 중국 고대의 판결제도는 주로 선의후판제(先議後判制), 선판후의제(先判後議制), 선의후판재의제(先議後判再議制) 등 세 가지 방식이 있었다고 한다.[20]

가. 선의후판제(先議後判制)

중국 고대 상조(商朝)시기(기원 전 1600-기원 전 1046년)에 신판법(神判法)이 흥행하였다. 이것은 판결을 내리는 데 있어서 점(占)을 보는 것으로 형사사건을 해결하는 것을 말한다. 예컨대 간단한 사건은 세 사람이 모여앉아 점을 보아 다수의 의견을 따르는 것으로 하여 판결을 내리고 난해하고 어려운 사건일수록 점을 보는 데에 참가하는 인원수가 더 많았다고 한다.[21]

---

20) 李交發, "中國訴訟法史",「中國檢察出版社」, 2002년, 172-182면 참조.
21) 李交發, 앞의 책, 172면, 175면을 참조.

나. 선판후의제(先判後議制)

선판후의제(先判後議制)에 있어서 서주(西周)시기(기원 전 1046年-기원 전 771年)에 형성된 것이 바로 중국 역사상 유명한 삼자(三刺)제도이다. 「주례」(周礼)에 의하면 "一曰訊群臣, 二曰訊群吏, 三曰訊万民"이라고 적혀져 있는데 뜻인 즉, 사건에 대해서 먼저 판결을 내린 후 조정과 관리 및 백성에게 의견을 묻는 제도이다.[22]

다. 선의후판재의제(先議後判再議制)

송나라(960-1279年)에 이르러서는 선의후판제(先議後判制)와 선판후의제(先判後議制)가 황권을 집중시키는데 다소 힘이 부족하자 선의후판재의제(先議後判再議制) 방식이 나타나기 시작하였다. 즉, 어렵고 복잡한 사건과 사형에 관한 사건에 대해서는 의논하여 판결을 내린 뒤 재차 의논하는 방식을 취하였다. 이러한 재판방식은 명나라(1368-1644年)와 청나라(1644-1911年)에 와서 규범화되기 시작하였다.[23]

라. 소결

삼자(三刺)제도를 놓고 학계에서는 상반되는 의견이 존재한다. 한 학자는 "訊万民"은 일반 백성의 의견을 경청하는 것으로 중국 고대 때에 이미 배심제도에 관한 사상이 반영되었다[24]고 하였으나 이는 말 그대로 의견을 묻는 것이지 백성이 직접 심판에 참여한 것은 아니다. 백성들의 의견이 심판에 반영된 것은 더욱 더 아니다. 그 뒤로 명나라, 청나라에 이르기까지 그 어떠한 문서에서도 배심제도에 관한 기재가 없다.[25]

---

22) 李交發, 앞의 책, 178면 참조.
23) 李交發, 앞의 책, 181-182면 참조.
24) 王利明, "司法改革硏究", 「法律出版社」, 2000년, 384면 참조.
25) 陳光中, "陳光中法學文集", 「中國法制出版社」, 2000년 5월 제1판, 169-170면.

비록 고대 중국에서 집단적인 재판방식을 취하긴 했으나 이는 서
방의 배심방식과는 전혀 다르다. 우선 권력을 나누는 서방국가와는
달리 사법권은 시종일관하게 관료에게 주어진다. 그러므로 어떤 방식
의 재판을 취하든지 최종적인 결정권은 관료의 수중에 있게 되는 것
이다. 하급관료들은 상급관료에게 복종해야 하기 때문에 '민주'라고
해도 결국에는 관료들의 내부에서의 '자신들만의 민주'에 불과했다.

2. 청나라 말기 영미식 배심제도 도입여부에 대한 논란(1840년-1911년)

가. 아편전쟁에서의 영사재판권(領事裁判權)의 허용

중국의 법률은 고대로부터 내려오면서 줄곧 "諸法合体, 刑民不
分", "實体法和程序法融爲一体"[26] 형식을 취하였다. 그렇기 때문에 20
세기 이전까지는 전문적인 소송법을 제정한 적이 없었을 뿐더러 이
러한 역사적 의식 하에 완전한 체계를 갖춘 형사소송법전이란 더욱
존재할 수가 없었다. 그 당시 중국은 1740년 청나라 때 만들어진 「대
청률예」(大淸律例)를 사용하였는데 이 법률은 주로 명나라의 「대명률」
(大明律)을 본 따서 만든 것으로 사실상 「대명률」(大明律)를 그대로
이어서 사용한 것이다.[27]

1840년 중국에서 아편전쟁이 시작되었다. 아편전쟁은 중국의 고
대사를 종말 짓고 근대로 이끄는 계기가 된 사건이다. 1차, 2차 아편
전쟁을 빌미로 서방열강들은 중국과 수많은 불평등조약을 체결하였
는바, 1843년 영국 정부의 강제적 요구 하에 체결된 「중영오개통상장
정」(中英五口通商章程)이 바로 그 중의 하나이다. 이 조약이 체결됨에

---

26) 뜻인 즉, 여러 법이 合体하고 형사와 민사는 구분하지 않고 실체법과 절차
　　법은 일체를 이룬다.
27) 「대청률예」(大淸律例)의 구조는 「대명률」(大明律)과 같았다고 한다. 張晋藩,
　　"中國法制史", 「中國政法大學出版社」, 2007년(제3판), 246면.

따라 중국은 영사재판권을 영국에 하용하게 되었다.[28] 서방열강들은 제멋대로 중국에 법원을 설립하는가 하면 자국의 영사관 내에 법원을 세우고 자국의 법률을 적용하여 재판을 진행하였다. 예를 들면 프랑스, 일본 등 국가들은 자국의 전문적인 영사재판법규를 만들어 적용하였는가 하면 영미국가들은 영미식 보통법을 적용하였다.[29]

비록 서방열강들의 이러한 행위는 중국의 주권을 짓밟고 가슴 아픈 역사를 남긴 것은 분명하지만 이러한 경로를 통하여 영미식 배심 제도가 중국에 전파될 수 있었고 중국인들의 시야에 들어오게 된 데에는 일부 긍정적인 일면도 있어 보인다.

나. 청나라 말기 「대청형사민사소송법초안」 (大淸刑事民事訴訟法草案)의 제정

청나라 말기에 이르러 「대청률예」(大淸律例)를 계속 사용하여 오다가 불가피하게 사법개혁을 추진해야 할 상황에 처하게 되었다. 청나라가 사법개혁을 하고자 했던 데에는 다음과 같은 역사적 배경[30]이 있다.

첫째, 아편전쟁으로 중국은 영국을 비롯한 서방국가들과 잇달아 일련의 불평등조약을 체결하게 되는데 그들은 불평등조약을 빌미로 자신들의 법률문화를 심어주려 하였다. 서방국가들의 입장에서 볼 때 중국은 봉건주의 색채가 짙은 낙후한 국가로서 사법의 여러 방면에 있어서 매우 잔혹하고 인도적이지 못하다고 평가하면서, 그들은 중국의 사법의 운용에 있어서 공평과 정의는 있을 수 없다고 하는 이유로 중국의 사법주권을 무차별로 짓밟았다. 그러나 서방국가의

---

28) 張晉藩, 앞의 책, 287-288면.

29) 何志輝, "淸末民事訴訟法制現代化背景研究", 陳剛, "中國民事訴訟法制百年進程 (淸末時期第一卷)"에 실림, 「中國法制出版社」, 2004년, 30-31면.

30) 張維新, "淸末司法改革管窺", 「共識網」, 최종방문일, 2017년 1월 5일.

이러한 행태는 중국의 오래된 역사와 문화로 쌓아 온 중화법계의 틀을 깨지 못하였을 뿐만 아니라 당시의「대청률예」(大淸律例)는 겉 표면상 여전히 청나라의 사법체제에서 운용되어 나가고 있었다.

그러나 다른 한편으로는 불평등조약으로 말미암아 중국의 경제, 정치, 사상 등 여러 방면에서 큰 충격을 입게 되었다. 특히 영사재판권, 관세권 등의 상실로 사법권이 서서히 파괴되기 시작하였다. 이로써 중국의 전통적인 뿌리가 흔들리게 되는 처지에 이르렀고 이러한 불평등조약은 사실상 청나라 말기 법제에 큰 타격을 주었다.

둘째, 청나라 관료들은 소극적인 방식의 사법개량을 주장하였다. 그들은 위와 같은 사회적 형세에 비추어 볼 때 사법개혁을 하지 않으면 안 된다는 의식을 갖기 시작하였다. 그러나 관료의 지위와 체제를 유지하고 싶은 의지가 여전히 남아있었기 때문에 영미식 사법개혁을 적극적으로 찬성하지 않았을 뿐더러 내심 서방의 사법제도를 받아들이는 것에 대해 거부감을 느꼈다. 오히려 자신들에게 유리한 사법제도를 만들어 권력을 틀어쥐는 방향으로 개혁하고자 하였다.

셋째, 1908년 청나라 말기 중국에서 최초로 헌법문건이 발간되었는데, 입헌운동(立憲運動)과 더불어 사법독립의 중요성과 가치가 점차 주목받으면서 사법독립에 관한 관념이 생겨나기 시작하였다.

이러한 역사적 배경 하에서 청나라는 심가본(沈家本)31), 오정방(伍廷芳)32)을 대표인물로 내세워 소송법전을 편찬할 것을 요구하였다.

---

31) 심가본(沈家本)은 청나라의 관리이다. 그는 장기간 형부(刑部)에서 관리직을 담당하였다. 그는 강한 애국주의자이고 중국 고대 법률발전의 연혁을 연구하였다. 그는 법률의 수정을 통하여 중국의 치외법권을 되찾아 국제지위를 높이고자 하였다. 그러나 그는 법률을 수정하는 과정에서 서방의 법률제도와 문화도 어느 정도 수용하였다고 한다. 그는「대청민률」(大淸民律),「대청상률초안」(大淸商律草案),「형사소송률초안」(刑事訴訟律草案),「민사소송률초안」(民事訴訟律草案)등 법전의 제정을 주재하였다. 중국 바이두(百度) 백과전서에서 검색함. 張晋藩, 앞의 책, 293-299면을 참조.

이에 따라 1906년 「대청형사민사소송법초안」(大淸刑事民事訴訟法草案)이 만들어졌고 이 초안에는 영미식 배심제도와 변호인제도에 관한 내용이 담겨져 있었는데 이는 중국의 율법상 최초로 배심제도에 대해 규범적 규정을 한 문서이다.[33] 초안은 총 5장 260조로 구성되었다. 제4장은 형사민사통용규칙(刑事民事通用規則)에 관한 것으로, 배심제도에 관한 내용은 제2절에 수록되었고 모두 27개의 조문에 달하는 규정을 하였다. 그러나 이 초안은 반대파에 의해 결국 실시되지 못했다.[34]

다. 초안의 위기

심가본(沈家本)은 영미식 배심제도와 변호인제도가 중국의 전통적인 사법체계에 갑자기 들어오게 되면 받아들여지지 않을 것을 우려하여 고대의 삼자(三刺)제도의 "訊万民"을 배심제도와 결부시키는 방안을 고심하였다.[35] 이것은 중국의 전통제도와 서방의 제도에서 공통점을 찾아 충돌을 완화시키려고 하였다는 그의 생각을 보여주는 대목이다. 그리고 오정방(伍廷芳)은 중국인 최초로 영국의 변호사 자격증을 소지한 자이다.[36] 그는 일찍이 런던에서 전문적인 법률업무를 훈련받았기 때문에 영미식 배심제도를 확립할 것을 강하게 밀

---

32) 오정방(伍廷芳)은 청나라의 걸출한 외교가, 법학가이다. 또한 영국 유학파이고 중국 근대 최초로 박사학위를 소지한 자이다. 신해혁명 당시 중화민국 군정부 외교총장직을 역임하였고 남경임시정부시기에는 사법총장을 역임하였다. 중국 바이두(百度) 백과전서에서 검색함. 오정방(伍廷芳) 일생에 관한 자세한 내용은 張礼恒, "從西方到東方-伍廷芳与中國近代社會的演進", 伍廷芳生平大事記, 「商務印書館」, 2002년, 380-387면 참조.

33) 劉哲玮, 앞의 논문, 434면.

34) 劉哲玮, 앞의 논문, 434면.

35) 陳剛·何志輝·張維新, "淸末民事訴訟立法進程硏究", 陳剛, "中國民事訴訟法制百年進程(淸末時期第一卷)"에 실림, 「中國法制出版社」, 2004년, 104-107면.

36) 何志輝, 앞의 논문, 67면.

고 나갔다.[37] 그리하여 「대청형사민사소송법초안」(大淸刑事民事訴訟法草案)은 영미국가의 가장 선진적인 변호인제도와 배심제도를 흡수하였는바, 오정방(伍廷芳)의 영향이 매우 컸다.[38]

영미식 배심제도가 사법전횡과 사법부패를 막는 기능이 있기 때문에 당시 중국의 사법제도와 비교하여 보았을 때 선진적이다. 그러나 이들이 영미식 배심제도를 도입하고자 하는 데에는 다른 목적이 있었다. 그것은 바로 아편전쟁으로 인하여 빼앗긴 치외법권을 되찾아 사법주권의 독립을 가져오는 것이었다.[39] 여기에서 알 수 있다시피 청나라가 영미식 배심제도를 도입하고자 한 취지는 질 높은 재판방식을 취하여 사법근대화를 이룩하고자 하는 데에 취지가 있는 것이 아니라, 가장 중요한 원인은 영미식 배심재판을 도입함으로써 서방 열강들에게 중국 법제의 진보와 발전을 보여주어 최종적으로는 빼앗긴 사법주권을 되찾으려는 데에 있다.[40] 살피건대 이 시기 배심재판의 실행 여부는 별론으로 하더라도 배심재판을 「대청형사민사소송법초안」(大淸刑事民事訴訟法草案)에 적어 넣은 것은 진정한 의미의 배심재판을 하고자 한 것이 아니라 이 같은 사법제도를 이용하여 자신들의 정치적 목적을 이루고자 하는 것에 있었다.

그밖에 영미식 배심제도는 민주, 분권, 권력에 대한 견제 등 원리로 가동되고 국가의 사법권을 일반 시민이 나누어 가지는 사상이 담겨져 있다. 그런데 고도로 집중된 중앙집권주의 국가인 중국의 정치체제 하에서 권력을 나누어 행사한다는 것은 그 어떠한 이유에서든지 부정적으로 인식될 수밖에 없었던 것이라고 생각된다.

---

37) 劉哲玮, 앞의 논문, 434면.
38) 何志輝, 앞의 논문, 68면.
39) 이 부분과 관련하여 陳剛, "中國民事訴訟法制百年進程(第2卷)", 「中國法制出版社」, 2004년, 457-467면 참조.
40) 劉哲玮, 앞의 논문, 435면.

위와 같이 영미식 사법제도를 모방한 「대청형사민사소송법초안」(大淸刑事民事訴訟法草案)이 막을 내린 뒤 청나라는 재차 자신들의 권력을 유지하기 위해 새로운 방안을 모색하기로 하였다. 청나라는 영미법계보다 대륙법계가 중화법계와 서로 맞물리는 부분이 많다는 것을 인식하여 일본의 법학자 岡田朝太郞[41]을 법전편찬의 고문으로 위임하여 「대청형사소송률초안」(大淸刑事訴訟律草案)을 편찬하였다.[42] 이로써 중국은 영미법계를 편중하던 데로부터 대륙법계의 양상을 나타내는 법률체계를 갖추어 나가게 되었다. 이후 「대청형사소송률초안」(大淸刑事訴訟律草案)의 대부분 규정은 중화민국초기에 계속하여 사용되었다고 한다.[43]

3. 국민당 정권 하의 배심제도

1911년 손중산(孫中山)이 이끈 신해혁명(반제국주의, 반봉건주의 혁명)이 성공을 거두면서 중국에서 2천여 년을 지배해 오던 봉건군

---

41) 岡田朝太郞(1868-1936), 1891년 동경제국대학교 법학과를 졸업한 뒤 일본정부에서 파견하여 독일과 프랑스에서 공부를 하였다. 귀국 후 30세도 안 되는 어린 나이에 동경제국대학교 법과대학의 교수로 임명 받았고 1901년 법학박사 학위를 수여받았다. 1906년 청나라로부터 높은 봉급을 받고 청나라의 형사소송법초안을 편찬하는데 고문으로 있었다. 그의 주요한 저서들로는 「日本刑法論」(1894年, 總則之部 訂正增補3版1895年, 各論之部 訂正增補再版1895年), 「刑法講義」(1903年), 「比較刑法」(出版年不詳). 위 내용은 중국 바이두(百度) 백과전서에서 검색함.

42) 陳剛·何志輝·張維新, 앞의 논문, 126면. 당시 대륙법계의 틀을 가진 독일과 일본 모두 황제제도가 있었다. 중국도 당시 봉건사회에 처해있었으며 황제가 존재하였다. 이처럼 모두 황제제도가 있었다는 점도 중국이 일본의 법전을 모델로 정한 데에 있어서 어느 정도의 영향을 주었을 것이라고 생각된다.

43) 何勤華·李秀淸, "外國法与中國法－20世紀中國移植外國法反思", 「中國政法大學出版社」, 2003년, 488면.

주제도가 종말을 고하고 이듬해인 1912년 1월 1일 중화민국이 창건
되었다. 중화민국 임시정부는 「시정방침」(時政方針)을 공포하였는데
사법방면에 있어서 배심제도와 변호제도를 행하는 것을 격려하였
다.[44] 그러나 중화민국 초창기의 배심제도는 법으로 명문화되지 못
하고 그저 시도하는 단계에 그쳤을 뿐이다.[45]

　1926년 국민당은 정부를 남경(南京)에서 무한(武漢)으로 옮겼다.
1927년 무한국민정부는 참심제와 배심제를 창설할 것에 관한 안을
제기하고 「참심배심조례」(參審陪審條例)를 규정하였다. 이 조례는 총
32조로 구성되었는바 제1조에 의하면 "인민법원은 참심원을 만들어
법률 및 사실관계에 관한 심판을 하도록 한다."고 규정하였는데 이
는 참심제도와 비슷하고 제2조에서는 "현(縣), 시(市)급 법원 및 중앙
법원에 배심원을 만들어 사실관계에 대한 심판을 하도록 한다."고
하여 영미식 배심제도와 비슷한 성질을 띠는 규정을 만들었다.[46]

---

44) 姚琦, "唐紹儀內閣述評", 「貴州大學學報」, 1995년 제1기.
45) 실증자료가 거의 다 사라져서 배심제도의 실제운용에 대해 자세한 내용은
　　알 수 없으나 당시 '중화민국 제1안'으로 불리던 야오룽쩌(姚榮澤)사건에서
　　중화민국임시정부의 배심제도에 대한 태도를 보아낼 수 있다. 이 사건을
　　심리할 때 당시 중화민국정부 사법총장 및 외교총장의 직무를 맡았던 오
　　정방(伍廷芳)은 공정한 심리를 위해서 명망이 높은 자를 뽑아 배심원으로
　　선발하고 피고인에게는 변호사를 선임하게 하여야 한다고 주장하였다. 반
　　면에 상하이(上海)시 군사령관(都督) 진기미(陳其美)는 이를 반대하였다. 결
　　국 손중산(孫中山)이 직접 나서서 이 사건을 지휘하게 되었는데 겉보기에
　　는 7명의 배심원을 사건에 참여시켜 배심원제도를 수용하는 듯 했으나 결
　　과적으로는 배심원들의 의견이 반영되지 않아 배심제도의 본연의 빛을 발
　　휘하지 못했다. 韓秀桃, "民國元年的司法論爭及其啓示-以審理姚榮澤案件爲个
　　案", 「法學家」, 2003년 제2기. 야오룽쩌(姚榮澤)사건은 구 관료가 혁명열사를
　　살해한 사건이다. 劉永峰, "影響民國的司法大案之一：姚榮澤案", 「騰訊网」 참
　　조.http://news.qq.com/a/20110527/000873.htm 최종방문일, 2017년 2월 10일.
46) 그밖에 이 조례에서는 배심원의 자격에 대해서도 규정을 하였는데 중화민
　　국국적을 소지하고 있는 자가 다음과 같은 조건을 갖춘 경우 참심원 또는
　　배심원으로 선발될 수 있었다. ㉠ 법률지식이 있는 자. ㉡ 농업, 공업, 상업

살피건대 이 조례는 두 가지 특징이 있다. 하나는 참심제와 배심제가 병행하여 사용된 것이고, 다른 하나는 국민당이 이 조례를 통하여 당내 구성원을 집결시키려고 한 것이다. 결과적으로 이 조례는 당시의 시대적 배경 하에 만들어진 '중국특색'이 있는 규정이라고 생각된다.

1929년 남경국민정부는 「반혁명사건 배심잠정법」(反革命案件陪審暫行法)을 공포하였다.[47] 이 법은 말 그대로 반혁명사건을 대상으로 배심제도를 적용하였다. 반혁명 사건이라고 하는 것은 국민당 내부에서 국민당을 반대하고 공산당 세력을 지지하는 인사들과 관련된 사건 또는 공산당 당원을 대상으로 삼은 사건이다. 당시 국민당과 공산당은 10년 대치단계(1927-1937)[48]에 돌입하였기 때문에 이러한 상황 하에서의 배심제도는 그야말로 입법자가 공산당을 타파하고 진압하기 위한 정치적 수단으로 이용되었다.[49] 따라서 서방국가의 사법민주적인 배심제도의 법리와는 거리가 멀다고 볼 수 있다.

결과적으로 볼 때 국민당정권 하에서는 사법 엘리트주의를 제창한 원인으로 말미암아 결국 진정한 배심제도를 거의 실행하지 못했다.[50] 일부 운용되었더라도 그것은 국민이 국가권력에 참여하는 영

각 계층에서 업무성적이 있는 자. ⓒ 만 25세 이상 만 65세 이하인 자. 그리고 반혁명당파인 자, 선거권을 박탈당한 자, 아편흡입자 등 10가지 경우를 나열하여 이 경우에 해당되는 자들은 참심원 및 배심원 자격이 없다. 그렇기 때문에 당시 배심원 또는 참심원으로 선발된 자는 모두 국민당 내부의 인사들이거나 국민당을 지지하고 옹호하는 적극분자들로 구성되었다. 韓秀桃, "司法獨立与近代中國", 「淸華大學出版社」, 2003년, 352-355면.

47) 曾憲義, "中國法制史", 「北京大學出版社·高等教育出版社」, 2000년, 340-341면.

48) 당시의 시대배경은 다음과 같다. 중국 공산당과 국민당은 함께 북벌(원세개는 중국을 황제가 존재하는 군주제로 회복할 것을 주장함)세력을 없애기로 하였다. 그런데 1927년 국민당이 공산당을 배신하고 돌아섰다. 따라서 국공양당의 합작관계는 끝나고 10년간의 대치단계에 들어서게 되었다.

49) 商興佳, "試論我國人民陪審員制度存在的問題及完善(上)", 「北京法院网」, 2011년 11월 1일.

미식 배심제도가 아닌 겉핥기식의 배심제도였다고 볼 수 있다.

4. 공산당 정권 하의 배심제도

가. 인민배심원제도의 헌법적 연원(淵源)

(1) 구소련의 헌법과 인민배심원제도

중국이 건국된 후 1954년 제정 헌법은 인민배심원제도를 헌법적인 제도로 명시하였다. 그러나 이것은 건국 이후 인민배심원제도에 대한 최초의 문헌은 아니다. 1951년 중앙인민정부가 「인민법원 잠정조직조례」(人民法院暫行組織條例)에 이미 인민배심원제도는 법원의 기본적인 심판방식임을 규정한 바가 있었다.[51] 이것은 건국 이후 최초로 인민배심원제도를 규정한 문헌이다.[52]

중국 건국 이틀 전인 1949년 9월 29일에 공포된 「공동강령」(共同綱領)[53] 역시 인민배심원제도를 운용하는 데에 관한 근거조문을 두었다.[54] 더 거슬러 올라가 보면 1931년 중국공산당은 「중화소비에트공화국헌법대강」(中華蘇維埃共和國憲法大綱)(이하 '1931년 헌법대강'이

---

50) 劉哲瑋, 앞의 논문, 435면.

51) 제6조 인민이 심판에 참여하는데 편의를 도모하기 위하여 인민법원은 사건의 성질에 따라 인민배심제를 실시한다. 배심원은 해당 사건에 대한 조사에 협조하고 심리에 참여하며 의견을 제기하는 등 권리가 있다.

52) 何家弘, "陪審制度縱橫論", 「法學家」, 1999년 제3기, 41면.

53) 「공동강령」(共同綱領)은 중국이 창건된 이후 사회주의 국가로서 나아가야 할 방향성을 제시하고 기본원칙을 규정하였다.

54) 「공동강령」(共同綱領) 제17조 국민당 반동정부의 일체의 인민을 압박하는 법률, 법령과 사법제도를 폐지하고 인민을 보호하는 법률, 법령을 제정하여 인민사법제도를 건립한다.
   다만 이 조문은 인민배심원제도에 대해 명시적으로 규범하지 않았다. 그러므로 「공동강령」을 중국 배심제도의 연원으로 소추하여 볼 수 없다. 韓大元, "論中國陪審制度的憲法基礎-以合憲論和違憲論的爭論爲中心", 「法學雜誌」, 2010년 제10기, 19면.

라고 함)을 만들었다. 이 문서에는 인민민주권리에 대한 규정이 있었다. 관련 내용을 살펴보면 다음과 같다.

> "중화소비에트공화국은 노동자와 농민의 민주독재 국이다. 소비에트의 정권(政權)은 노동자, 농민, 홍군전사(紅軍戰士) 및 일체 노고민중(勞苦民衆)에 속한다."
>
> "소비에트 정권 하에 모든 노동자, 농민, 홍군전사(紅軍戰士) 및 일체 노고민중(勞苦民衆)은 대표를 선출하여 정권(政權)을 관리할 권리가 있다."
>
> "광범위한 노고민중(勞苦民衆)은 주인이 되고, 인민군중은 참정권을 가지며 국가의 진정한 주인이 된다. 인민은 민주정권(民主政權)을 감독할 권리가 있다."[55]

위 1931년 헌법대강은 중국 공산당이 주도하여 제정한 최초의 성문헌법이다. 살펴본 바와 같이 여기에는 처음으로 헌법의 형식으로 인민이 나라의 주인으로 되는 정치제도와 인민민주권리를 명시하였다. 이것은 노동자·농민 민주정권시기의 인민배심원제도의 건립을 위한 중요한 정치적 기초를 마련하였다. 이어 이 시기 중국공산당이 이끄는 각 혁명근거지에 사법제도가 연이어 수립되었고 1932년에는 「중화소비에트공화국재판부잠정조직및재판조례」(中華蘇維埃共和國裁判部暫行組織及裁判條例)(이하 '1932년 재판조례'라고 함)가 제정되어 점차적으로 통일된 심판기구를 건립하였다.[56] 학계에서는 이 재판조례를 중국 인민배심원제도가 탄생된 상징으로 보고 있다.[57] 이

---

55) 余淼·胡夏冰, "我國人民陪審員制度的起源", 「人民法院報」, 2015년 2월 13일.

56) 余淼·胡夏冰, 앞의 기사.

57) 韓延龍, "中國新民主主義革命時期根据地法制文獻選編(第三卷)", 「中國社會科學出版社」, 1981년, 308-309면.

로부터 1932년 재판조례는 1931년 헌법대강을 기초로 만들어졌다는 것을 추측해 볼 수 있다.

흥미로운 점은 현행 중국 헌법의 전신인 1954년 헌법 및 1949년에 공포된 「공동강령」(共同綱領) 그리고 1931년 헌법대강 모두 사회주의 소련의 헌법을 모델로 하였다는 것이다.[58] 특히 1931년 헌법대강은 1917년 러시아 10월 혁명[59] 이후 만들어진 러시아의 첫 사회주의 헌법인 1918년 러시아사회주의연방소비에트공화국헌법 및 소비에트사회주의공화국연방의 초창기 정치제도를 규정한 1924년 소비에트사회주의공화국 연방기본법을 참조하였다.[60]

---

58) 강광문, "중국 현행 헌법의 계보에 관한 일고찰-인민대표대회제도 관련 규정을 실마리로-", 서울대학교 법학, 제55권 제2호, 2014년 6월, 378-379면. 강광문 교수는 이와 같은 점은 인민대표대회제도 관련 규정에서 입증된다고 한다. 그리고 이 과정에서 중국 헌법의 작성에 깊이 관여한 모택동의 영향은 있었으나 모택동의 헌법 이론 역시 소련의 제도를 기초로 하여 형성된 것이라고 한다. 더 나아가 프랑스 1793년 헌법 및 인민주권원리는 1871년의 프랑스 파리코뮌에 반영되고 이것을 마르크스가 높이 평가하였다. 이는 곧 레닌의 재해석에 의하여 사회주의 국가들의 모델인 러시아와 소련의 헌법에 도입되었고, 마찬가지로 중국의 각종 헌법 문서 및 헌법제도에 영향을 주게 된 것이라고 한다.

이와 같은 맥락에서 필자는 중국의 인민배심원제도 또한 사회주의 소련의 헌법에 기초하였을 것이라는 생각을 하였다. 더 나아가 루소의 인민주권원리 및 파리코뮌이 중국 인민배심원제도와 연관성이 있을 것으로 생각된다. 이 부분에 있어서는 추후 추가적인 연구가 필요하다.

59) 10월 혁명, 혹은 볼셰비키 혁명 (十月革命, 러시아어: Великая Октябрьская социалистическая революция)은 1917년 2월 혁명에 이은 러시아 혁명의 두 번째 단계이다. 10월 혁명은 블라디미르 레닌의 지도하에 볼셰비키들에 의해 이루어졌으며, 카를 마르크스의 사상에 기반한 20세기 최초이자, 세계 최초의 공산주의혁명이었다. 네이버 위키백과에서 검색함.

60) 강광문, "중국 현행 헌법의 계보에 관한 일고찰-인민대표대회제도 관련 규정을 실마리로-", 359면. 이와 관련된 자세한 내용은 357면 이하 참조 바람.

(2) 소비에트 시기의 인민참심원제도

실제로 중국은 적지 않은 부분에서 소련의 모델을 모방하여 사법제도를 만들었다.[61] 제정(帝政) 러시아에서는 1864년부터 시작하여 사법개혁의 일환으로 배심제가 실시되었다.[62] 그러나 19세기 러시아 최대의 개혁 사업의 산물이었던 사법제도는 10월 혁명에 의하여 통째로 부정되었다. 배심제도 역시 이와 같은 운명을 함께 한 것이다.[63] 1917년 10월 혁명 이후 소비에트 시대 소련에 대륙법계의 참심제도와 비슷한 인민참심원제도가 존재하였다. 1917년 11월에 제정된 재판소에 대한 포고 제1호는 구 재판소제도를 부정하고 재판관 1명과 참심원 2명으로 구성되는 참심제를 도입하였다. 구 국가권력 담당자로서의 재판관도 경우에 따라서는 이용할 수밖에 없다고 하는 문제의식을 배경으로, 재판관의 권한을 제한하고 배심제적 원칙을 채택하는 구상도 일시적으로 드러났지만(포고 제2호), 결국은 참심제가 소비에트 권력 하에서 사법을 향한 인민참가의 기본형으로 되어갔다.[64]

혁명초기에는 재판관 자신을 소비에트 권력의 입장에서 보아 정치적으로 신뢰할 수 있는 자, 즉 노동자 농민 출신 중에서 선발하는 것이 문제의 쟁점이 되었지만 이러한 재판 참여의 형태에서 직업재판관과 아마추어인 참심원간의 관계를 어떻게 위치할 것인가 하는 점이 다시 문제가 되었다. 그러나 실제적으로 참심원제는 전문가 내지 재판관의 사실상의 우위를 담보하고 게다가 재판관 자신이 특별한 법조자격이 요구되지 않는 인민의 대표라는 이념이 계속하여 밝

61) 陳瑞華, "陪審團制度与俄羅斯的司法改革", 「中外法學」, 1999년 제5기(총 제65기), 110면.
62) 小森田秋夫, ロシアの陪審裁判(東洋書店), ユーラシア・ブックレット (No.53) , 2003年10月20日, 5면.
63) 小森田秋夫, 앞의 논문, 8면.
64) 小森田秋夫, 앞의 논문, 8면.

혀짐에 따라 오히려 그것을 문제화하지 않는 '인민참가'의 형태로 되었다.[65] 1936년 헌법은 그러한 것으로서의 참심제를 헌법원칙으로 높이고 민사, 형사 모든 제1심 재판에 있어서 직업재판관 1명과 인민참심원 2명이라는 일괄적인 구성으로 절차가 진행되었다. 인민참심원은 직업재판관과 대등한 표결권을 가졌다.[66]

이와 같이 직업법관 1명과 인민참심원 2명이 함께 재판하는 방식은 중국 1932년 재판조례에서도 찾아볼 수 있다.

> 제13조 법정은 노동자 조직으로 구성되어야 한다. 재판부장 또는 재판원이 주심을 맡고 그 외 2명은 배심원이어야 한다.

(3) 소결

살피건대 1932년에 만들어진 재판조례는 인민배심원제도에 관한 내용을 담고 있고 1931년 헌법대강에 기초하였다. 1931년 헌법대강은 사회주의 소련의 헌법을 모델로 하였다. 10월 혁명 이후 소련에서 1명의 직업법관과 2명의 인민참심원으로 구성된 인민참심원재판이 당시 재판의 기본 형태라는 것을 감안해 볼 때, 중국의 인민배심원제도는 소련 소비에트시기에 중국에 도입되었다는 것을 추측해 볼 수 있다.

이와 관련하여 인민이 재판에 참여한다는 점에 있어서 소련과 비교하여 보았을 때 '2명', '노동자' 등 단어는 중국 1932년 재판조례에서도 찾아 볼 수 있다. 그러나 소련은 인민참심원이라는 표현을 쓴 반면에 중국은 인민배심원이라는 표현을 쓰고 있다. 분명 참심제의

---

65) 小森田秋夫, 앞의 논문, 9면.
66) 小森田秋夫, 앞의 논문, 9면; 陳瑞華, "陪審團制度与俄羅斯的司法改革", 110면; 陳瑞華 교수의 논문에서는 인민배심원이 사건의 사실문제와 법률문제를 재판한다고 적혀있다.

실질임에도 불구하고 배심원이라고 하는 용어는 어찌하여 쓰게 되었는지는 추후 더 연구해볼 만한 과제이다.

다만 확실한 것은 소련에서든 중국에서든 인민 참여의 재판은 인민과 정치를 연결시켜 보았다는 것이다. 소련의 경우 '정치적으로 신뢰할 수 있는 자'라는 표현, 중국의 경우 1932년 재판조례의 기초가 된 1931년 헌법대강에서는 '정권', '참정' 등 표현을 통해 인민과 정치를 연계지어 보았다는 점을 보아낼 수 있다.

나. 1949년 건국 이전의 인민배심원제도

중국의 인민배심원제도는 중국 공산당이 이끄는 신민주주의의 혁명[67]의 초창기인 노동자·농민 민주정권시기에 확립되었는데,[68] 이는 구소련의 인민배심원제도의 형식을 본 따서 만든 것이다.[69]

(1) 내용

1932년 재판조례 제13조에 의하면 "법정은 노동자로 구성되어야 한다. 재판부장 또는 재판원이 주심을 맡고 그 외 2명은 배심원이어야 한다." 또한 제14조에서는 "배심원은 職工會, 雇農民工會, 貧農단체 및 기타의 군중 단체에서 선발하고 매 재판마다 다른 배심원으로 2명을 교체하여야 한다." 그리고 제15조에서는 "주심법관과 배심원이 판결문을 결정할 때에는 다수의 의견에 따라야 하며 분쟁이 있는 경우 주심법관의 의견에 따라 판결문의 내용을 결정지어야 한다. 배심원이 특별한 의견이 있고 단호하게 자신의 의견을 보류하고자 하는 경우에는 서면으로 적은 의견서를 봉한 다음 상급재판부에 제출하

---

67) 중국 공산당의 혁명은 1919년 5.4혁명을 전후로 구민주주의 혁명과 신민주주의 혁명으로 나뉜다.
68) 何家弘, "中國的陪審制度向何處去", 「中國政法大學出版社」, 2006년 7월, 266면.
69) 陳瑞華, "陪審團制度与俄羅斯的司法改革", 110-111면.

여 상급재판부가 해당 사건을 처리하는데 참고로 사용하도록 한다."
학계에서는 이 재판조례를 중국 인민배심원제도가 탄생된 상징으로
보고 있다.[70]

항일민주정권시기 각 혁명근거지[71]에서는 인민배심제도에 관한
규정을 세우고 반혁명사건을 제외한 모든 형사, 민사사건에서 모두
배심제를 적용하게 하였다. 인민배심원은 공회, 농회, 부녀회, 청년
회 등 군중단체에서 선발되고 심판원과 동등한 권리를 가졌다. 또한
일부 혁명근거지의 정부에서는 인민배심원제도에 관한 법률문건을
공포하여 정권을 공고히 하려고 시도하였다.

예컨대 1940년에 공포한 「진찰기변구배심제잠정변법」(晋察冀邊區
陪審制暫行辦法)[72] 및 1941년에 공포한 「산동성배심잠정변법」(山東省
陪審暫行辦法) 등이다. 이 법률문건에서는 인민배심원은 항일군중단
체에서 선발되고 인민배심원과 직업법관은 3명을 초과해서는 아니
되고 인민배심원은 사건의 사실관계의 확정과 법률상 적용문제에
대하여 법관에게 의견을 말할 수 있고 법관이 인민배심원의 의견을
채용하지 않을 경우에는 그 이유에 대해서 설명을 해 주어야 한다고
규정하였다.

또한 이 시기에 마시우심판방식(馬錫五審判方式)이라고 하는 유명
한 판결방식이 있었다. 마시우(馬錫五)는 섬감녕변구(陝甘宁邊區)[73]
의 한 법원의 법관이었다. 그는 당시 중국의 특수한 환경(항일전쟁,
법률제도의 미비)을 고려하여 비교적 유연하고 실용적인 심판방식
을 만들었다. 즉 인민군중에 의하고 군중의 의견을 존중하는 전제

---

70) 韓延龍, 앞의 책, 308-309면.
71) 혁명근거지는 중국 공산당이 장기적으로 무장투쟁을 하던 곳을 일컫는다.
　　여기에는 특히 국공 10년 내전시기(1927-1937), 항일전쟁시기(1937-1945), 해
　　방전쟁시기(1945-1950)에 만들어진 근거지를 말한다.
72) 진찰기(晋察冀)는 중국 항일전쟁시기의 혁명근거지 중의 하나이다.
73) 섬감녕(陝甘宁)은 중국 항일전쟁시기의 혁명근거지 중의 하나이다.

하에서 법에 따라 합리적으로 판결을 내리는 판결방식이다.[74] 이와 같은 심판방식은 당내의 군중 노선의 업무방침을 사법재판에 운용되게 함으로써 성공적으로 많은 인민 군중들의 지지를 얻었다고 한다.[75][76] 이 재판방식은 중국의 역사에서 높이 평가되고 있다.[77]

(2) 위와 같은 재판제도를 선택하게 된 계기

그렇다면 혁명근거지는 왜 인민배심원제도를 채택하게 되었는가? 한편으로는 당시 사법기관이 있었다고 하더라도 그 운용에 있어서 전문적이지 못할뿐더러 전문적인 사법지식을 갖춘 인재가 극히 부족하였으므로 인민군중의 인력자원을 빌리지 않으면 안 되는 상황이었다.[78]

다른 한편으로는 공산당 정권 하에서의 인민배심원제도는 체계적이지 못하였다. 그렇기 때문에 당시에는 배심제도 자체가 지니고 있는 사법적 기능의 역할을 발휘하는 것이 주된 목적이 아니라 배심제도를 확립함으로써 인민민주정권의 우월성을 나타내고자 하는 것이 핵심적인 목적이었기 때문이다.[79] 이러한 사고방식은 중국이 건국된 이후에도 계속 이어졌다.[80]

---

74) 張晉藩, 앞의 책, 413-414면.
75) 丁愛萍, "人民陪審員制度的立法現狀及存在問題", 최종방문일, 2017년 1월 3일. http://www.rdyj.com.cn/2003/rdok-04-22.
76) 항일전쟁시기 인민배심원제도는 세 가지 선발방식이 있었다. 첫째로, 재판기관이 직접 조건이 부합되는 인사들을 요청하는 것이고 둘째, 각 민중단체에서 선거를 통하여 배심원을 선발하여 순차적으로 돌아가면서 배심에 참가하는 것이고 셋째로, 기관과 군대에서 대표를 파견하여 배심원으로 사건에 임하게 하는 것이다. 曹永軍, "我國人民陪審員制度興衰的原因和改革設想, 「당代法學」, 2007년 5월, 제21권 제3기(총 제123기), 157면.
77) 자세한 내용은 梁洪明, "馬錫五審判与中國革命", 「政法論壇」, 제31권 제6기, 2013년 11월 참조.
78) 曹永軍, 앞의 논문, 157-158면.
79) 劉哲瑋, 앞의 논문, 435면.

그 당시 중국은 국공 10년 내전과 항일전쟁을 전후로 치렀다. 두 차례의 전쟁 과정에서 중국공산당은 전쟁이 승리를 거두려면 반드시 군중에 의거하고 군중을 앞세워야 한다는 것을 인식하면서 이와 같은 정치적 결단을 내리게 된 것이라고 생각된다. 그렇기 때문에 이 시기 표면상 인민이 사법에 참여하였지만 이것은 사법제도의 형식이 아니라 정치적 제도를 위한 것에 있다는 것을 보여준다.

다. 건국 초기 인민배심원제도

1949년 중국 공산당의 승리로 중화인민공화국이 창건되었다. 1951년 중앙인민정부가 「인민법원 잠정조직조례」(人民法院暫行組織條例)를 공포하였는데 여기에 인민배심원제도가 법원의 기본적인 심판방식으로 명시되어 있었다.[81] 이것은 건국 이래 최초 인민배심원제도를 명시한 문헌이다.[82]

그리고 3년 뒤인 1954년 중국 제정 헌법 제75조에는 "인민법원은 사건을 심판할 때 법률의 규정에 따라 인민배심원제도를 실시한다."라고 규정하여 인민배심원제도를 헌법적으로 자리매김하였다.

1954년 헌법 제정 당시 당내 주요직위를 맡았던 펑전(彭眞)은 중앙보고에서 배심제도에 관하여 다음과 같은 연설을 하였다.

"제1심사건에서 군중이 공정한 배심원을 선거하여 심판에 임하게 하는 것은 짧은 시간 내에 사건의 정황을 요해할 수 있으므로 사건을 쉽고

---

80) 王敏遠, "中國陪審制度及其完善", 「法學研究」, 1999년 제4기.
81) 제6조 인민이 재판에 참여하는데 편의를 도모하기 위하여 인민법원은 사건의 성질에 따라 인민배심제를 실시한다. 배심원은 해당 사건에 대한 조사에 협조하고 심리에 참여하며 의견을 제기하는 등 권리가 있다. 何家弘, "陪審制度縱橫論", 41면.
82) 苗炎, "司法民主 : 完善人民陪審員制度的价值依歸", 「法商研究」, 2015년 제1기 (총 제165기), 122면.

정확하게 처리할 수 있을 뿐만 아니라 이로 인하여 법원과 군중의 관계를 밀접히 하여 군중은 자신이 국가의 주인이라는 것을 실감하게 하고 국가에 대한 책임감을 제고시킨다."[83]

그리고 당시 최고인민법원장직을 맡은 선쥔루(沈鈞儒)도 중국인민정치협상회의 제1기 전국위원회 제1차 회의 중에서 다음과 같이 보고하였다.

"인민의 사법에 대한 업무는 인민에 의존하고 인민에게 편의를 주어 인민을 위해 봉사하는 업무이다. 인민사법 업무자는 반드시 모든 전력을 다하여 인민을 위해 봉사해야 한다. 그러므로 군중 노선은 인민사법업무의 기본문제이고 …"[84]

그밖에 당시 최고인민법원 부원장직을 맡은 장즈랑(張志讓) 역시 인민배심원제도에 대한 생각을 표명하였다.

"인민배심원제도는 인민법원 민주화의 중요한 특징이다. 이 제도는 광범위한 인민 군중을 심판활동에 참여하게 함으로써 인민 군중은 이와 같은 방식을 통하여 국가의 관리 사무에 직접 참여하게 된다."[85]

그들의 연설로부터 건국 이후 중국은 인민배심원제도를 지향하고 군중을 사법에 참여시키는 심판방식을 매우 중히 여겼다는 것을 알 수 있다.

---

83) 彭眞文選, (1941-1990) [M]·北京, 「人民出版社」, 1991년, 238-239면.
84) 沈鈞儒, "加强人民司法建設·頑固人民民主政權", "最高人民法院辦公廳編 : 最高人民法院歷任院長文選"에 실림, 「人民法院出版社」, 2010년, 21면.
85) 張志讓, "憲法頒布后的中國人民法院", 「政法研究」, 1954년 제4기.

같은 해에 공포된 인민법원조직법 제9조에서도 "인민법원은 사건을 심판할 때 합의제를 시행하여야 한다. 인민법원이 제1심 사건을 심판하는 경우 심판원[86]과 배심원으로 합의제를 구성하여 진행하여야 하는데 다만 간단한 민사사건, 경미한 형사사건과 법률이 따로 규정한 경우는 제외한다."라고 규정하여 인민배심원이 접할 수 있는 사건의 범위를 제한하였다.[87] 또한 동법 제35조 제1관에서는 "선거권과 피선거권이 있는 만 23세 이상의 공민은 인민배심원으로 선발될 수 있다. 다만, 정치적 권리를 박탈당한 적이 있는 자는 제외한다."라고 규정하여 인민배심원의 자격을 표명하였다.

동법 제36조에서는 "인민배심원은 직무를 수행하는 기간에 해당 사건의 심판원과 동등한 권리를 가진다."라고 규정하여 인민배심원의 지위를 명확히 규정하였다. 그러나 실무에 있어서는 인민배심원은 직업법관의 지시에 따라 움직였고 재판과정에서도 듣기만 하였으며 일을 하더라도 그것은 재판장이 미리 배치해 놓은 것을 그대로 따라 하기만 하면 되는 것이어서, 실제로 인민배심원과 직업법관은 동등한 권리를 가지지 못하였다.[88] 인민배심원의 직책과 관련하여 또 하나 흥미로운 사실은 인민배심원은 공판기일 이전에 사건관련 자료를 미리 열람하여 사건을 요해하였는데 심지어 형사사건의 공판기일 전 증거조사도 할 수 있었다.[89][90]

---

86) 1951년에 제정된 「인민법원 잠정조직조례」(人民法院暫行組織條例) 및 1954년 제정된 「인민법원조직법」에서 모두 법관의 법률지식에 대한 요구가 없었다. 1983년에 개정된 인민법원조직법에서 법관을 선발할 때 '법률전문지식을 갖춘 자'를 전제조건으로 규정하였다.

87) 참고로 중국은 형사사건, 민사사건, 행정사건 모두 인민배심원제도를 적용할 수 있다. 본문은 범위를 형사사건에 한정한다.

88) 王敏遠, 앞의 논문, 27면.

89) 王敏遠, 앞의 논문, 27면.

90) 이 시기 중국에는 예심제도가 있었는데 공소제기 된 사건에 대해 법원은 예심을 진행하였다. 예심법정에는 직업법관 한 명과 두 명의 인민배심원

더 나아가 동법 제37조에서는 "인민배심원은 직무를 수행하는 기간에 그가 소속되어 있는 직장에서는 기존대로 배심원에게 월급을 지급해야 하고 배심원이 수입이 없는 경우에 인민법원은 그에 적당한 보조를 취한다."라고 규정하여 인민배심원의 생활방면도 보장해 주었다.

20세기 50년대, 건국초기의 인민배심원제도는 매우 흥행하였고 그야말로 황금기를 맞이하였는바,[91] 1956년 전국의 인민배심원은 총 20여만 명에 이르렀다고 한다.[92] 그 때 당시 인구수와 비례해 볼 때 3000명 중 1명이 인민배심원이었던 것이다. 한명의 심판원에게 두 명의 인민배심원이 따랐는데 각 인민배심원들이 1년에 인민법원에게 가서 심판에 참여하는 일수는 보통 10일 정도였다.[93] 그러나 얼마 못 가서 1950년대 말에 이르러 인민배심원제도가 쇠퇴해지기 시작하였다. 그 원인은 좌파사상이 확산되는 정치적 원인도 있었지만 더 중요하게는 인민배심원이 보편적으로 법률적 소질이 낮아 자신의 직책을 제대로 소화하지 못한 데에 있었다.[94]

그러나 이 시기에는 인민배심원이 배석만 하고 심판은 하지 않는 등 현상이 나타나지 않았다. 다만 이 시기의 배심제도 역시 기존과

으로 구성되었고 이 3명의 구성원은 곧 공판기일 합의부 구성원으로 되었다. 중국 최고인민법원이 1956년 10월 17일에 공포한 "各級人民法院民事案件審判程序總結", "各級人民法院刑事案件審判程序總結"등 문건을 참조 바람. 王敏遠, 앞의 논문, 27-28면.

91) 베이징시에서 배심원의 자격으로 재판에 참석했던 어느 한 여성은 "우리 부녀들은 기존의 낡은 사회에서는 정치적 지위가 없었습니다. 그러나 해방이후 남성들과 마찬가지로 배심작업에 참석하게 되었습니다."라고 말한 바가 있다. 王怀安, "我國人民陪審員制度的优越性",「新建設」, 1956년 제1기.

92) 王敏遠, 앞의 논문. 1953년 중국의 인구는 5억 9435만 명으로 집계되고 1964년 중국의 인구는 6억 9458만 명으로 집계되었다.

93) 王敏遠, 앞의 논문, 26면.

94) 苗炎, 앞의 논문, 124면.

마찬가지로 사법의 민주를 실현하기보다는 정치적인 경향이 강했다.

라. 문화대혁명 이후의 인민배심원제도

중국은 1966년부터 10년간 문화대혁명이 있었는데 그 폐해가 사법영역에까지 깊숙이 침습하였다. 그 때 당시 중국의 사법제도는 엄중한 피해를 보았다.

문화대혁명이 끝난 후 1979년부터 1983년 기간까지는 인민배심원제도가 회복되는 단계이다.[95] 이 시기 인민배심원제도에 관한 규정 대부분이 문화대혁명이 일어나기 이전의 규정들을 답습한 것이었다.[96] 이 시기 형사사건 배심재판과 관련된 실증자료가 없어 구체적인 운용상황을 알 수 없으나 당시 전국 인민법원의 업무상황으로부터 그 당시 인민법원의 주요임무가 무엇인지를 가늠해 볼 수 있다. 하나는 문화대혁명시기 및 그 이전 시기 형사재판에 있어서 억울함을 당한 사건, 오판으로 인한 사건을 바로잡는 것이고 다른 하나는 '엄하게 다스린다(嚴打)'라고 하는 지침을 따르는 것이다.[97] 이로부터 알 수 있는바 인민배심원제도가 법원실무의 중점이 아니었고 이에 대한 열정도 많이 떨어진 것은 분명하다.

마. 80·90년대의 인민배심원제도의 약화

당시 중국 입법자들은 기존의 '대민주'사상과 '군중운동'이 인민에게 가져다준 충격을 완화하기 위해서는 새로운 헌법질서를 정비해야 된다는 입법적 결단을 내리게 되었다. 따라서 1982년 헌법 초안 수정의 주요임무는 문화대혁명으로 인한 피해를 하루속히 복구시키는 것이었다. 그리하여 인민배심원제도를 헌법조문에서 삭제하였다.

---

95) 王敏遠, 앞의 논문, 29면.
96) 王敏遠, 앞의 논문, 30면.
97) 王敏遠, 앞의 논문, 30면.

인민배심원제도가 삭제된 원인에 대해서 당시 헌법 수정작업에 참여했던 샤오웨이윈(肖蔚云) 교수는 다음과 같이 말한다.

　　"우리가 논의를 진행하는 과정에서 누군가가 말하기를 '인민배심원은 장기적으로 시행해 오던 중요한 제도이고 그것이 공민의 합법적 권익을 보장하고 사건을 정확하게 처리하는데 있어서 적극적인 역할을 담당한다. 심판작업에 참여하는 것은 결국 인민이 국가의 관리 사무에 참가하는 것인데 이것은 인민이 나라의 주인이 되는 표현이다. 그러므로 계속하여 이 제도를 이어 나가야 한다.'라고 말문을 텄다. 그러자 이에 상반되는 의견은 '인민배심원제도가 훌륭한 제도라는 것은 인정하지만 현재 상황에서 제대로 작동되기에는 많은 어려움이 따른다. 그 원인은 문화대혁명으로 인하여 법제가 완전히 파괴되어 수많은 사람들이 법률 상식조차 없는데 인민배심원이라는 직무를 제대로 수행할 수 있는 자는 극히 적을 것이다. 그리고 인민배심원으로 선발되고자 하는 자도 극히 소수인 데다가 인민배심원들에게 일정한 보수도 지급해야 하는데 현재로서는 그것마저 어려운 상황이니 이러한 상황이 장기적으로 지속되다 보면 인민배심원제도를 헌법에 규정한들 위헌의 소지가 분명 제기될 것이라는 것이다.'라고 반박하였다. 그리하여 결국 인민배심원제도를 헌법조문에 규정하지 못하게 되었다."[98]

　　더 나아가 1983년 인민법원조직법 개정 때에도 인민배심원제도는 삭제되었다. 이 시기의 사회적 배경을 한층 더 깊이 들여다보기로 하자.

　　문화대혁명시기 지식분자들은 모두 농촌으로 내려갔다. 문화대혁명이 끝나자 농촌에 내려갔던 원로 간부들이 속속 본인들의 직장

---

98) 肖蔚云, "我國現行憲法的誕生", 「北京大學出版社」, 2004년, 548면.

으로 복귀하게 되었다.[99] 1978년 개정 헌법에서 인민배심원제도를
규정하였으나 이것은 오히려 군중운동을 연상시키므로 인민배심원
제도에 대해 강한 거부감을 드러냈다.[100] 그들은 문화대혁명 때의
당의 군중노선에 의한 군중운동으로 인해 장기간 억울하게 직장을
잃고 농촌에서 지내왔기 때문에 그에 대한 트라우마가 생겨 사람들
이 모여서 무언가를 하는 것 자체를 매우 싫어했다고 한다.[101] 그렇
기 때문에 배심원을 동원하기도 또 동원되기도 어려웠다.

그리고 1976년 문화대혁명이 끝난 이후 사회적 분위기가 뒤숭숭
하고 사회치안질서를 위협하는 범죄가 날로 느는 등 사회가 매우 불
안정하였다. 그리하여 1983년 9월 2일 전국인민대표대회에서 두 개의
법률[102]이 제정되었고 일명 '엄하게 다스린다(嚴打)'가 시작되었다.
그 두 법률은 공통된 하나의 목표를 지향하고 있는데 그것은 바로
'중하고 빠르게(從重從快)'이다.

비슷한 시기에 공포된 법률과 사법해석은 모두 하나의 입법적 의
도가 있었는데 그것이 바로 위에서 기술한 '중하고 빠르게(從重從快)'
이다. 이러한 사회적 배경 하에서 사법민주를 위한 것이든 기존의
정치적 명목에서든 인민이 사법에 참여하는 인민배심원제도를 시행
하는 것은 '중하고 빠르게(從重從快)'라는 정책을 시행하는데 걸림돌
이 될 수밖에 없었다. 문화대혁명이 끝난지 얼마 안 되는 시점에서
많은 백성들이 곤경에서 허덕이고 먹고 살기에 바쁘기 때문에 인민
이 국가의 주인이 되는 민주의 실현과 권리의 향유에 대해서는 기존

---

99) 曹永軍, 앞의 논문, 158면.
100) 韓大元, 앞의 논문, 21면.
101) 吳玉章, "我國陪審制度的興衰",「讀書」, 2002년 제7기.
102)「사회치안을 엄중하게 위해한 범죄자에 대해 엄하게 징벌하는 데에 관한
    결정」(嚴懲嚴重危害社會治安的犯罪分子的決定)과「사회치안을 엄중하게 위
    해한 범죄자를 신속하게 심판하는 절차에 관한 결정」(關于迅速審判嚴重危
    害社會治安的犯罪分子的程序的決定)이다.

에 비해 열정이 많이 식었다. 따라서 자연적으로 법원에서 실시하는 배심제도에 대한 지지도도 떨어지게 되었다.

그러나 여기에서 한 가지 명확히 해둘 필요가 있는 것은 인민배심원제도의 시행이 전국 범위 내에서 보편적으로 약화되었을 뿐이지 제도가 완전히 사라진 것은 아니라는 점이다.[103] 인민배심원제도가 헌법조문에서 삭제되었지만 당시 형사소송법에는 인민배심원제도를 명시했기 때문이다. 90년대 이후 일부 지역 또는 일부 특정된 사건에 대해서는 계속해서 인민배심원제도를 실시하였다. 예컨대 1996년 베이징시 하이뎬(海淀)구 법원 내에 120여명에 달하는 배심원이 있었고 배심원이 사건에 참여하여 평결을 내린 사건은 1363건에 달하였다고 한다.[104] 문화대혁명 이후 그로 인한 억울한 사건과 오판 사건들이 밀려오면서 직업법관들만 감당하기에는 사건이 너무 많은 데에다가 이 당시에는 법관이 단독으로 사건을 재판할 수가 없었기 때문에 인민배심원을 더욱 필요로 하였고, 법조 인력이 부족한 농촌지역에서는 더욱 그러했기 때문에 '엄하게 다스린다(嚴打)'의 기간을 제외하고는 직업법관은 인민배심원과 함께 재판을 진행한 경우가 많았다.

5. 소결

이상 중국의 배심제도의 연혁에 대해 논의하였다. 위에서 살펴본 바와 같이, 국민당정권과 공산당정권에 있어서 인민배심원제도는 그 본연의 특성을 벗어나 모두 국민당과 공산당이 서로 전쟁을 승리에로 이끄는 하나의 정치적 수단이었다는 것을 알 수 있다. 특히 역사적 맥락에서부터 보면 중국공산당의 법률제도의 정비는 정권과 분

---

103) 王敏遠, 앞의 논문, 31면.
104) "爲了嚴肅執法－北京市海淀區法院陪審工作側記", 「法制日報」, 1997년 3월 1일.

리하여 논의할 수 없다. 그러나 이것을 부정적인 시각으로 바라볼 것은 아니다. 그 당시에는 선진적인 사법제도를 만드는 것보다도 국가를 세워야 하는 것이 최우선이다. 국가가 있어야 법률이 있을 수 있고 더 나아가 선진적인 법제도를 만들 수 있다. 그렇기 때문에 중국 공산당의 이 같은 선택은 특수한 역사적 환경 속에서 살아남기 위한 것으로 당시로서는 최적의 선택이라고 생각된다.

그리고 필자는 중국 공산당이 제정한 배심제도와 국민당이 제정한 배심제도를 나눠서 논의해보았다. 그 결과 서로 다른 정치적 이념을 갖고 있는 두 개의 당이 제정한 법률의 성격도 다르게 표현된다는 것을 알 수 있었다.

요컨대 중국의 인민배심원제도는 공산당이 이끄는 노동자·농민 민주정권시기에 확립되었고 1932년 재판조례에 인민배심원 관련 내용을 담은 규정이 처음 등장하였다. 당시 인민배심원제도는 소련 소비에트시기에 중국에 도입되었다는 것을 추측할 수 있는데, 이것은 사회주의 혁명의 산물이었다.

반면 국민당 정권 하에서의 배심제도는 영미식 배심제도에서 그 기원을 찾아볼 수 있다. 19세기 말 배심제도가 중국에 영입되는데, 이것은 서방국가에서 유학하고 돌아온 자들이 소개한 영미식 배심제도이다. 그들 중 일부가 법전편찬 작업에 관여하면서 영미식 배심제도를 법전에 넣었고, 그러한 법전은 중화민국시기에 일부 삭제, 수정하는 과정을 거치면서 계속하여 사용되어왔다.

따라서 중국 공산당 정권 하에서의 인민배심원제도와 국민당 정권 하에서의 배심제도는 그 맥락이 다르다. 달리 말하면 공산당 정권 하의 인민배심원제도는 사회주의 소련으로부터 도입되었고 국민당 정권 하의 배심제도는 서방유럽국가로부터 배워온 것이다.

중국 건국 이후 인민배심원제도는 헌법으로 자리매김하였고 그 이후 여러 차례 헌법에 명시되었다가 삭제되는 것을 반복하였고 현행 헌법에는 결국 자리매김 되지 못했다.

Ⅲ 인민배심원제도의 현황

1. 유명무실한 인민배심원제도

가. 陪而不審, 審而不議 현상의 원인

오늘날 인민배심원제도는 유명무실하다는 평가를 받고 있다. '배석은 하나 심리는 하지 않는다(陪而不審)', '심리는 하나 토의하지 않는다(審而不議)', '배심을 거절한다(拒絶陪審)' 등 구절이 중국의 인민배심원제도의 현황을 적나라하게 드러내고 있다.

이와 같은 현상은 처음부터 나타난 것이 아니다. 1982년 헌법에 인민배심원제도가 삭제되긴 하였으나 인민배심원을 대량으로 재판에 참가시켰다. 그 원인은 당시 사건이 아주 많은데다가 직업법관의 인원수는 상대적으로 부족하였고, 더 나아가 이 시기 단독심판제도가 없어 직업법관이 혼자 재판을 할 수 없었으므로 인민배심원이 필요했던 것이다. 그러나 그저 부족한 법관의 인원수를 메우는 역할만 했을 뿐이다. 당시 인민배심원들은 이미 퇴직한 사람이 많은가 하면 제대로 배우지 못하거나 가정 일만 하던 사람도 부지기수였다.[105] 그리고 인민배심원은 전체적으로 학력이 낮고 소질이 높지 않아 사실관계를 확정하고 법률을 적용하는데 있어서 부족한 면이 많았다. 일부 배심원은 법률지식이 없는 것은 물론 기본적인 법률용어도 모르는 경우가 많았다. 그리하여 직업법관은 심리 또는 평결을 진행할 때 인민배심원들의 의견을 무시하는 경향이 있었다.[106]

---

105) 吳明童, "我國人民陪審員制度删除揭密", 1999년 형사소송법학회 자료집.
106) 曹永軍, 앞의 논문, 158면.

1996, 1997년에 법원은 심판방식에 대한 개혁을 실시하였는데 이 시기 독임(獨任)심판제도가 도입되었다. 그 이후 법관은 단독으로 재판을 할 수 있었으므로 인민배심원의 역할이 돋보이지 않았고 오히려 걸림돌이 되는 처지에 놓여있게 되었다. 또한 증거법이 실시되면서 법관은 공판정에서 질문을 하고 당사자107)(피고인)와 변호사가 제출한 증거로서 심판을 할 수 있었기 때문에 배심원은 더욱 할 일이 없게 되고 오히려 심판에 장애가 되었다.108) 그리하여 이때로부터 인민배심원은 배석은 하나 심의는 하지 않는가 하면 처음부터 배석을 거절하는 현상이 나타나기 시작하였다. 법원은 인민배심원을 초청하는 것조차 어렵고 초청한다고 해도 그들의 낮은 소질과 책임감 없는 모습에 실망하였다. 반면 인민배심원은 심판과정 중 자신들이 법관의 중시를 받지 못하고 오히려 그들에 의해 무시당하는 것에 불만을 나타냈다.

나. 대안으로서 2004년 인민배심원제도 보완결정109)의 제정

이와 같이 유명무실해지고 있는 인민배심원제도를 살리고자 2004년 입법자들은 인민배심원제도 보완결정을 제정하였다.

---

107) 중국에서의 당사자라고 하는 개념은 한국과 비교하였을 때 차이가 있다. 당사자는 피해자, 자소자(自訴人), 범죄피의자, 피고인, 부대민사소송의 원고와 피고를 가리킨다(중국 현행 형사소송법 제106조). 본문 중국에 대해 논술할 때 당사자는 주로 피고인을 뜻한다. 중국에서의 검사는 당사자가 아니라 사법기관인 인민검찰원의 일원이다. 자소(自訴)는 공소와 상반되는 개념으로 피해자 또는 그 법정대리인 및 가족이 수사기관을 거치지 않고 직접 인민법원에 소를 제기하는 제도를 말한다.
108) 曹永軍, 앞의 논문, 158-159면.
109) 2004년 8월 28일 인민배심원 보완결정은 전국인민대표대회에서 통과되었고 2005년 5월 1일부터 시행되었다.

(1) 결정의 입법취지

이 결정은 "인민배심원제도를 보완하고 공민이 법에 의해 심판활동에 참가하는 것을 보장하며, 사법공정을 촉진하기 위하여 특별히 이 결정을 만들었다."고 그 취지를 밝혔다.

2004년 당시 최고인민법원 부원장직을 맡은 선더융(沈德咏)은 제10기 전국인민대표대회 상무위원회 제8차 회의에서 이 결정의 초안에 대해 보고를 올렸는데 그 내용을 간단히 살펴보자.

> … 인민배심원제도를 보완하는 입법을 하는 것은 실무 중에 존재하는 문제점들을 해결하는 데에 필요한 조치이다. 현재 인민배심원제도가 그 실행에 있어서 규범적이 되지 못하는 데에는 많은 문제가 존재한다. 예컨대 인민배심원의 임직에 관한 요건이 명확하지 않고 일부 인민배심원들의 소질이 낮아 배심작업에 임할 수 없다. 그리고 인민배심원 선발에 관한 내용이 규범적이 못하고 관리 및 감독이 부족하다. 또한 일부 인민배심원들은 법에 의해 자신의 직책을 수행하지 않아 "배석은 하나 심리를 하지 않고 함부로 배석하고 함부로 심리(陪而不審, 亂陪亂審)"하는 현상이 나타나고 있다. …110)

그의 연설로부터 이 결정을 입법하게 된 원인을 분명히 보아낼 수 있다. 즉 인민배심원들이 그들의 직책을 제대로 이행하지 않고 있는 상황에 비추어 이와 같은 결정을 입법하게 된 것이다.

결정이 실시된 이래 입법기관과 사법기관(인민검찰원, 인민법원) 등의 노력으로 인민배심원제도가 어느 정도의 발전을 가져왔다. 시행이 가동된 2005년 그 한 해에 전국 인민배심원 숫자는 48,000만 명111)이

---

110) 沈德咏, "關于完善人民陪審員制度的決定(草案)"에 대한 설명, 「中國人大網」. http://www.npc.gov.cn/wxzl/gongbao/2004-10/20/content_5334603.htm 최종방문일, 2017년 1월 3일.

었는데 2013년 기준 209,500만 명[112]으로 상승하였다. 그리고 배심재판 적용률도 큰 변화를 가져왔는데 2005년 제1심 사건에서의 12.8%[113]이던 데로부터 2014년에 이르러서는 78.2%[114]로 상승했다.[115]

(2) 문제점

중국인민대학 법학원의 허쟈훙(何家弘) 교수는 2010년 1월부터 12월까지 전국에서 292건 형사사건을 발췌하여 실증연구를 진행하였다. 그 결과, 177건이 인민배심원재판으로 이루어졌다. 그 중 98.31%의 인민배심원이 법정에서 한 번의 질문도 하지 않았고 69.49%에 달하는 인민배심원이 재판과정 중 심판장과 교류한 적이 없었다고 한다. 그리고 재판이 끝난 후 사건에 대해 평결을 한 인민배심원은 극히 소수였으며 일부 배심원은 자신이 참여했던 사건이 판결 선고되었음에도 불구하고 판시내용을 모른다고 대답했다.[116]

인민배심원제도 보완결정이 실시된 이래, 각급 인민법원에서 인민배심원제도를 중시하였다. 이에 따라 2005년부터 2014년까지 인민배심원의 인원수가 대폭 증가하였고 인민배심재판 적용률도 눈에 띄게 증가세를 보였음에는 부정할 것이 없다. 그러나 위 실증연구에서 보여주다시피 인민배심원이 재판과정에서 자신의 직책을 제대로

---

111) 최고인민법원장 저우챵(周强)이 2013년 10월 22일 제12기 전국인민대표대회 상무위원회 제5차 회의보고, "最高人民法院關于人民陪審員決定執行和人民陪審員工作情況的報告",「中國人大网」, 2013년 10월 22일.

112) 최고인민법원장 저우챵(周强), 앞의 보고를 참조.

113) 최고인민법원장 저우챵(周强), 앞의 보고를 참조.

114) 周强, "深入推進人民陪審員制度改革",「最高人民法院网」, 2015년 4월 28일.

115) 중국은 형사사건뿐만 아니라 민사, 행정사건에 있어서도 인민배심원재판을 할 수 있다. 그렇게 때문에 이 수치는 형사사건에 한정된 수치가 아님을 밝힌다.

116) 何家弘, "誰的審判誰的權-刑事庭審制度改革的實証研究",「法律出版社」, 2011년, 63-65면; 徐霄桐, 앞의 기사.

이행했는가 하는 것은 의문이 들 수밖에 없다. 달리 말하자면 인민배심원의 '배석은 하나 심리는 하지 않는다(陪而不審)', '심리는 하나 토의하지 않는다(審而不議)' 현상은 본질적으로 개선된 점이 없다.

2. 현행법상 인민배심원제도에 대한 규정

가. 인민배심원재판의 구성

인민법원은 사건을 심판할 때 본법에 의하여 인민배심원제도를 시행한다(중국 현행 형사소송법 제13조). 기층인민법원, 중급인민법원은 제1심 사건을 심판할 때 3명의 심판원117) 혹은 심판원과 인민배심원 총 3명으로 합의부를 구성하여 진행한다. 다만 기층인민법원에서 간이절차118)로 사건을 심판할 때에는 심판원 1인이 단독으로

---

117) 사건을 심판할 때의 직업법관을 말한다. 심판원은 심판요원과 구별되는데 심판요원은 심판원보다 넓은 개념으로써 심판원을 포함한다.

118) 간이절차는 기층인민법원이 간단하고 경미한 제1심 형사사건을 처리함에 있어서 제1심 보통절차에 비해 공판절차를 상대적으로 간이화하여 진행하는 것을 말한다. 중국 현행 형사소송법 제208조에 따르면 기층인민법원이 관할하는 사건에 대해서 다음과 같은 요건에 모두 부합되는 경우 간이절차로 심판할 수 있다. (1) 사건의 사실관계가 명확하고 증거가 충분한 경우 (2) 피고인이 자신의 죄행을 승인하여 지목한 범죄사실에 대해 이의가 없는 경우 (3) 피고인이 간이절차를 적용하는 데에 대해서 이의가 없는 경우이다. 간이절차를 적용하는 경우 3년 유기징역 이하의 형을 선고받을 가능성이 있는 때에는 합의부을 구성하여 심판을 하거나 심판원 1인이 독임심판 할 수 있다. 그러나 3년 이상의 유기징역을 선고받을 가능성이 있는 경우에는 반드시 합의부을 구성하여 심판해야 한다(동법 제210조). 다음과 같은 정황이 있는 경우 간이절차를 적용할 수 없다. (1) 피고인이 맹(盲)인, 농(聾)자, 아(啞)자인 경우 또는 분별능력을 완전히 상실하지 않았거나 자신의 행위능력을 공제할 수 있는 정신질환자 (2) 사회적으로 중대한 영향을 끼친 사건의 경우 (3) 공동범죄에 관한 사건에 있어서 부분적 피고인이 죄를 인정하지 않거나 간이절차를 적용하는 것에 대해 이의가 있는 경우 (4) 기타 간이절차를 적용하여 심리하는 것이 부적

심판할 수 있다(동법 제178조 제1관).[119] 고급인민법원, 최고인민법원
에서 제1심 사건을 심판할 때에는 심판원 3명 내지 7명 또는 심판원
과 인민배심원 총 3명 내지 7명으로 합의부를 구성하여 진행하여야
한다(동조 제2관).[120]

현행 인민법원조직법[121]에서도 인민배심원에 대해 일련의 규정
을 하였다. 인민법원은 사건을 심판할 때 합의제를 시행한다(제9조
제1관). 인민법원은 제1심 사건을 심판할 때에는 심판원으로 합의부
를 구성하거나 또는 심판원과 인민배심원으로 합의부를 구성한다.

절한 경우(동법 제209조). 간이절차는 2012년 형사소송법 개정을 통하여
그 적용범위가 기존에 비해 대폭 확대되었다.

119) 통계에 따르면 2014년 기층인민법원에서 진행된 인민배심원재판은 제1심
보통절차로 진행된 사건의 80%를 차지하고 중급인민법원에서는 40%를
차지하는 것으로 알려졌다. 孫茜, "完善參審机制是陪審制度改革的核心", 「人
民法院報」, 2015년 5월 5일.

120) 중국의 심급제도는 한국과 비교하여 보았을 때 큰 차이가 있다. 중국의
인민법원은 기층인민법원, 중급인민법원, 고급인민법원, 최고인민법원 4
개의 등급으로 나뉜다. 그밖에 군사법원, 해사법원(海事法院), 철로운수법
원(鐵路運輸法院) 3개의 전문법원이 있다. 종래에는 중국 전역에 17개의
철로운수중급법원과 58개의 철로운수기층법원이 있었다. 그런데 2012년 6
월, 철로운수법원 전체를 지방법원에 귀속시켰기 때문에 지금은 철로운
수방면의 전문법원은 없다.
중국에서는 사건의 경중을 나누어 제1심 형사사건을 심판한다. 중국은 2
심 종심이다. 기층인민법원은 제1심 보통형사사건을 관할한다. 다만 본
법에 의하여 상급인민법원에서 관할하는 경우는 제외한다(중국 현행 형
사소송법 제19조). 중급인민법원은 아래와 같은 제1심 형사사건을 관할한
다. (1) 국가안전을 위해하는 사건, 테러활동사건 (2) 무기징역, 사형에 처
할 가능성이 있는 사건(동법 제20조). 고급인민법원에서 관할하는 제1심
형사사건은 전국적으로 중대한 형사사건이다(동법 제21조). 최고인민법
원에서 관할하는 제1심 형사사건은 전국적으로 중대한 형사사건이다(동
법 제22조).

121) 인민법원조직법은 1979년에 제정되었고 1983년, 1986년에 각각 개정되었
으며 현재 2006년 개정된 인민법원조직법을 적용하고 있다.

간단한 민사사건, 경미한 형사사건과 법률의 별도의 규정이 있는 사건은 심판원 1명이 단독으로 심판한다(동조 제2관).

나. 배심재판 대상사건

간이절차로 심리를 진행하는 사건 또는 법률이 별도로 정한 사건을 제외하고, 인민법원은 사회적 영향력이 비교적 큰 제1심 형사, 민사, 행정사건을 심판할 때에는 인민배심원과 법관으로 합의부를 구성하여 진행하여야 한다(인민배심원제도 보완결정 제2조).[122] 여기에서 '사회적 영향력이 비교적 큰 사건'이 구체적으로 어떤 사건을 가리키는지에 대해서는 더 이상 명시한 바가 없다.

이에 대해 2009년 최고인민법원에 의해 공포된 최고인민법원의 「인민배심원 심판활동에 있어서 약간의 문제에 관한 규정」(關于人民陪審員參加審判活動若干問題的規定)에서는 '사회적 영향력이 비교적 큰 사건'을 세 가지로 세분화하였다. 첫째, 집단(群体)이익과 관련된 경우; 둘째, 공공의 이익과 관련된 경우; 셋째, 많은 인민군중이 관심을 가지고 보는 경우 등이다.

다. 인민배심원의 자격, 선출방법

2004년 8월에 제정되어 2005년 5월부터 시행된 「인민배심원제도를 보완할 데에 관한 결정」(關于完善人民陪審員制度的決定)(이하 '인민배심원제도 보완결정'이라고 함)에서는 중국 공민이 인민배심원으로 선발되는 경우에 있어서 중화인민공화국 헌법을 옹호하고 만 23세 이상 이어야 하며 품행이 좋고 바르고 단정해야 하고 신체가 건강해

---

122) 이 규정을 살펴보면 제1심 사건의 합의재판은 인민배심원과 직업법관이 함께 합의부를 구성하여 재판해야 된다는 것으로 이해된다. 그러나 이에 대해 현형 형사소송법 제178조에서는 합의재판은 직업법관 3명으로도 합의부를 구성할 수 있다고 규정하였다.

야 할 뿐만 아니라 전문대학 이상의 학력을 요구한다(인민배심원제
도 보완결정 제4조). 그리고 인민대표대회 상무위원회의 구성원[123]
과 인민법원, 인민검찰원, 공안기관, 국가안전기관, 사법행정기관[124]
의 공무원 그리고 직업 변호사 등은 인민배심원으로 선발될 수 없다
(동 결정 제5조). 또한 범죄로 인하여 형사처벌을 받은 자 및 공직에
서 제명당한 자는 인민배심원이 될 수 없다(동 결정 제6조).

현재 법원은 주로 인민대표대회 대표(人大代表), 정협위원(政協委
員)[125], 전문가 학자(專家學者) 및 지역사회 관계자(社區工作者)를 초
청하여 인민배심원직을 담당하도록 하고 있다. 아울러 일반 군중가
운데서 대표를 선출하여 인민배심원직을 담당하는 시스템을 강화하
여 일반군중이 인민배심원으로 되는 비율을 높이고 있다.[126]

다음으로 인민배심원의 선출방법이다. 본 결정 제4조의 요구에
부합되는 공민의 직장 또는 호적등록지의 기층조직에서 기층인민법
원에 추천하거나 또는 본인이 직접 신청한다. 이에 대해 기층인민법
원은 동급 인민정부 사법행정기관과 회동하여 적격심사를 진행한다.
심사를 마친 후 기층인민법원장이 인민배심원 적임자를 동급 인민
대표대회 상무위원회(입법기관)에 제출하여 임명해 줄 것을 제청한
다(동 결정 제8조).

베이징시 시청(西城)구의 인민법원에서 실증조사를 실시한 연구
결과에 따르면 조사에 참가한 83명 인민배심원 중 75명(90%)에 달하

---

123) 주로 인민대표를 말함.
124) 여기에서 사법행정기관은 국무원의 부서인 사법부를 가리킨다. 여기에는
    지방의 사법국도 포함된다.
125) 정협은 정치협상회의(政治協商會議)의 약칭이다. 정치협상회의는 중국의
    애국통일전선(愛國統一戰線)이다. 여기에는 현재 공산당을 비롯한 8개의
    민주당파, 무당파민주인사, 인민단체, 55개 소수민족, 대만동포, 홍콩·마
    카오동포 등이 포함된다.
126) 최고인민법원장 저우챵, 앞의 보고를 참조.

는 인민배심원이 추천에 의해 선발되었고 8명(10%)은 본인의 신청에
의해서 이루어졌다고 한다.[127]

라. 인민배심원의 권한, 임기

인민배심원은 법원의 심판활동에 참가함에 있어서 심판장을 담
임할 수 없는 것 외에 직업법관과 동등한 권리를 행사한다(동 결정
제1조). 인민배심원의 임기는 5년이다(동 결정 제9조).

Ⅳ. 인민배심원제도를 활성화하는 것이
중국을 위한 올바른 길인가?

그렇다면 이와 같이 유명무실한 인민배심원제도를 활성화 하는
것이 과연 중국을 위해서 올바른 선택인가에 대해 분석해 볼 필요가
있다.

1. 인민배심원제도의 존폐에 관한 논쟁

가. 인민배심원제도를 폐지하고자 하는 입장

사실 중국 내에서 인민배심원제도에 대해 부정적인 시각으로 바
라보는 학자들이 있다. 인민배심원제도 폐지를 주장하는 한 학자에
의하면 인민배심원제도가 아니어도 사법민주는 실현할 수 있다고
하였다. 중국의 법관은 인민대표대회의 선거 또는 임명에 의하고,
법원장은 인민대표대회에 업무를 보고하기 때문에 대의제 방식으로
민주가 실현된다는 것이다. 또한 인민배심원제도가 아니어도 사법

---

127) 祖鵬·李玉華, "人民陪審員制度的理論与實踐－以北京市西城區人民法院爲研究
對象－", 「法律出版社」, 2012년 4월, 7면.

의 공정을 실현할 수 있다고 한다. 즉 재판공개제도, 변호제도, 상소제도 등은 불공정한 재판을 막을 수 있다고 주장한다.[128] 또 중국인민대학교 천구이밍(陳桂明) 교수는 배심원이 진정 군중을 대표하고 있는 것인가에 의문을 제기하면서 배심원은 민주적인 의미에서 보았을 때 그저 상징적인 의미만 가질 뿐이라고 하였다. 그리하여 중국의 인민배심원제도는 배심제도의 본연의 취지를 잃었기 때문에 가치가 없다고 한다.[129] 그밖에 중남정법대학교 장더먀오(張德淼) 교수는 중국 법원의 재판의 공정성을 담보하는 데에 있어서 가장 중요한 역할을 직업법관이 담당해야 한다고 하였다. 현재 중국에서 기존의 군인들이 직업법관으로 되어있는 경우가 많고 법률전문가가 직업법관으로 되어있는 경우가 적기 때문에 직업법관의 질을 높여 전문화의 방향에로 나아가야 한다고 지적하였다. 그러면서 인민배심원재판이 전문화를 떨어뜨리는 제도중의 하나라고 말하였다. 그 원인은 일반 군중이 법률의식이 박약한데 그러한 자들이 재판을 하면 감정의 영향을 받는 것이 쉽기 때문이라고 하였다.[130]

나. 영미식 배심제도를 도입하고자 하는 입장

전 서남정법대학교 총장 룽쭝즈(龍宗智) 교수는 참심제의 폐단을 지적하면서 영미식 배심제도를 도입할 것을 주장하였다. 참심제 하에서는 법률전문가가 아닌 자에게 법률판단을 맡기는 것에 문제가 있다고 하면서, 중국의 인민배심원들은 보편적으로 소질이 낮고 대부분 심판에 필요한 법률지식을 갖추지 못하였을 뿐만 아니라 심지

---

128) 吳丹紅, "中國式陪審制度的省察-以關于完善人民陪審員制度的決定爲硏究對象", 「法商硏究」, 2007년 3월, 136면.
129) 蘇永欽, "司法制度的再改革", 「台湾月旦出版社」, 1998년, 84-90면을 참조. 이 논문에서는 천구이밍(陳桂明) 교수의 입장에 대해 언급하였다.
130) 張德淼·周佑勇, "論당前我國實現司法正義的條件和途徑", 「法學評論」, 1999년 1월, 26-27면. 그러나 현재 직업법관 대부분이 사법고시를 통과한 자들이다.

어 일부는 법에 대해 아무것도 알지 못하는데, 그런 상황 하에서 인민배심원이 도덕적 또는 개인적 취향에 따라 법률판단을 하는 것은 매우 위험한 일이라는 것이다. 그렇게 되면 결국 일반 국민들이 법관의 의지에 치우치게 된다고 지적했다.[131]

다. 인민배심원제도를 존치하고자 하는 입장

대다수의 학자들은 인민배심원제도를 중국의 실정에 근거하여 개혁을 하는 것으로 중국식 인민배심제도를 만들어야 한다고 주장하였다.[132] 그 원인은 인민배심원제도는 국가 법률로써 확립된 법률제도로, 중국의 수많은 인민이 국가정권에 참여하는 중요한 경로이자 민주를 실현하는 중요한 특징이기 때문이라고 하면서 특히 사법권은 처음부터 인민이 수여해준 것이라는 점을 강조하였다.[133]

라. 인민배심원제도의 위헌성 논쟁

이와 관련하여 현행 인민배심원제도는 위헌이라는 입장이 있다. 이 입장에 따르면 인민배심원제도는 1982년 헌법에서 삭제되었기 때문에 헌법적 근거가 없고 입법자의 이와 같은 결단은 결국 이 제도에 대한 부정적 태도를 드러낸 것이라고 주장하였다.[134] 이에 대해 중국인민대학 한다위안(韓大元) 교수는 인민배심원제도가 헌법에 명시되지 않은 것만 가지고 위헌여부를 판단하는 것은 편파적인 주장이라고 반론하면서, 비록 인민배심원제도가 헌법에 직접적으로 규정되지 않았지만 헌법이 지니고 있는 인권보장, 군중의 사법에 대한

---

131) 龍宗智, "中國陪審制 : 出路何在", 「南方周末」, 2001년 2월 9일.
132) 齊文遠, "提升刑事司法公信力的路徑思考", 「現代法學」, 2014년 3월, 제36권 제2기, 27-28면 참조. 그는 영미식 배심제의 모델을 주장하였으나, 완전한 영미식 배심제도의 도입은 반대하였다.
133) 王利明, 앞의 논문, 61면.
134) 房保國, "我國陪審制度改革十大論綱", 「上海法學硏究」, 2001년 제1기.

참여 등 기본이념에 부합되는 것이라고 하였다.[135]

2. 인민배심원제도를 유지해야 할 필요성

가. 사법민주의 실현

1982년 헌법에서 인민배심원제도의 삭제와 관련하여 여러 가지 원인이 있는바, 문화대혁명의 '대민주'의 군중운동으로 인하여 피해를 입은 사람들은 '군중운동'과 내재적 연관이 있는 인민배심원제도에 대해 반감을 드러낸 것이 그 중 하나의 원인이다.[136] 그밖에 헌법에 인민배심원제도를 규정하지 않은 것은 규범체계의 내부적 통일성을 유지하기 위함이라고 주장하는 견해도 있다. 즉 헌법 제126조의 규정에 따르면 "인민법원은 법률규정에 따라 독립적으로 심판권을 행사하고 행정기관, 사회단체 그리고 개인의 간섭을 받지 아니한다." 이 조문의 의미는 "심판권은 법원이 법에 따라 행사하는 것이고 기타 어떠한 기관이든지 심판권을 행사할 수 없다."이다. 달리 말하자면 심판권은 헌법에서 부여받은 권리이기 때문에 법관만이 행사할 수 있고 인민배심원이 심판권을 행사하는 것은 헌법의 규정과 충돌된다고 한다. 그리하여 인민배심원제도가 헌법적 기초를 잃었다고 한다.[137]

어찌되었든 간에 현행 헌법에 인민배심원제도가 규정되지 않았다. 그러나 헌법의 명문규정 여부 하나만을 가지고 위헌을 판단하는 유일한 기준이 되어서는 안 된다. 현행 헌법에서 충분히 인민배심원제도의 이념적 기초를 찾아낼 수 있다. 우선 현행 헌법 제2조의 규정

---

135) 韓大元, 앞의 논문, 22면.
136) 吳玉章, 앞의 논문, 105-111면을 참조.
137) 陳家新, "人民陪審員制度的改革", 「政法論壇 : 中國政法大學學報」, 1990년 6기, 32-37면을 참조.

에 따르면 "중화인민공화국의 일체 권력은 인민에게 속한다." 이에 따라 사법권은 인민으로부터 나오는 것이고 인민이 행사해야 하고 인민에게 복무해야 하며 인민의 감독을 받아야 하는데, 이것은 사법권의 민주성을 표현하는 것이 된다.[138] 이에 따라 사법권 역시 인민에게 속하는 것이기 때문에 인민은 사법권을 향유할 수 있어야 한다. 인민이 사법권을 향유하는 가장 좋은 방법은 인민이 사법에 참여하는 것인데 그것이 바로 인민배심원제도라고 생각된다.

다음으로 중국 헌법 제41조는 "공민은 어떠한 국가기관과 국가업무요원(國家工作人員)[139]에 대하여 비평과 건의를 제기할 권리가 있다. 그 어떠한 국가기관과 국가업무요원(國家工作人員)의 위법직무태반행위에 대하여 고소, 고발, 검거할 권리가 있다."고 규정하였다. 이러한 규정은 곧 공민이 감독권을 갖고 있다는 것을 말한다. 인민배심원제도는 공민이 직접 심판활동에 참가하여 감독하는 것인데 이것은 공민의 심판권에 대한 감독을 나타낸다. 이러한 의미에서 볼 때 공민의 사법권에 대한 감독은 인민배심원제도 존재가치의 가장 중요한 헌법적 기초가 되는 것이다.[140]

나. 사법부 독립의 실현

사법부의 독립을 강화하는 것에 대한 문제는 오늘날 사법개혁의 중점이다. 사법부의 독립을 강화하기 위해서는 인민을 사법재판에 참여시켜야 한다. 특히 중국의 경우 법원에 행정적인 외압이 가해지거나 법원 내부에서 이루어지는 상하급간의 간섭이 가해지는 경우가 많다. 이러한 상황 하에서 인민이 재판에 참여하게 되면 외부의

---

138) 韓大元, 앞의 논문, 22면.
139) 국가업무요원은 일체 국가기관, 기업, 사업 기관(예컨대 공립 학교·의원·과학 연구 기구 등) 및 기타 법률에 의하여 공무에 종사하는 사람을 말한다.
140) 韓大元, 앞의 논문, 22면.

압력을 막을 수 있다.[141] 직업법관은 어디까지나 관리(官吏)다. 관직자는 외부의 불공정한 요구를 거절할 경우 자신에게 다가올 불이익을 감내하면서까지 외압을 물리치려고 하는 경우가 드물다. 그렇기 때문에 공정하지 못한 재판이 나올 수 있는 가능성이 충분하다.[142] 그러나 관리(官吏)인 직업법관과는 달리 인민은 일반 시민이다. 일반 시민은 관직자가 아니기 때문에 외압을 뿌리친 것에 대한 위험이 없다.[143] 그러므로 인민은 공정한 판단을 하게 된다. 인민이 직업법관과 함께 내린 재판은 외부의 압력이 가해지지 않은 재판이기 때문에 공정하므로 그러한 재판결과에 대해 일반 시민들은 믿음을 가지게 된다.

더 나아가 인민배심원재판을 하는 것은 직업법관의 중립성을 강화할 수 있다. 현재 중국의 인민검찰원과 인민법원은 모두 사법기관에 속한다. 그러한 관계로 인민법원과 인민검찰원은 선천적으로 관계가 친밀하다. 인민배심원이 참가하지 않는 재판에서는 공소인이 법관을 설득하기가 비교적 쉽고 경우에 따라서는 피고인을 제압할 가능성이 충분히 존재한다고 생각된다. 그러나 인민배심원재판은 사회의 일반 인민들로 구성된 재판이기 때문에 그들은 인민검찰원과의 왕래가 거의 없다. 검사는 공판정에서 직업법관 뿐만 아니라 인민배심원들도 설득해야 하기 때문에 인민검찰원과 인민법원의 '친밀한 사이'를 떼어놓을 수 있다.[144] 그렇게 되면 인민이 재판에 참여하는 경우에 직업법관은 중립성을 지키려고 노력할 것이고 이렇게

---

141) 王利明, 앞의 논문, 61면; 陳衛東, "公民參与司法 : 理論·實踐及改革", 11면.

142) 2015년 12월 3일에 열린 사법체제개혁토론회에서 최고인민검찰원 검찰위원회 전직위원인 장더리(張德利)의 보고에 따르면, 2015년 1월부터 10월까지 인민법원의 효력이 발생한 형사판결에 대해 불복한 사건은 2106건에 달한다고 한다. http://live.jcrb.com/html/2015/1110.htm 최종방문일, 2017년 1월 3일.

143) 王利明, 앞의 논문, 61면.

144) 施鵬鵬, "審判中心 : 以人民陪審員制度改革爲突破口", 「法律适用」, 2015년 제6기, 23면.

하는 것으로 공판기일에 변호인은 공소인과 대등하게 싸울 수 있기 때문에 피고인의 방어권을 보장하는 데에도 유리하다.

3. 인민에 대한 기대가능성

가. 일반시민의 판단능력

사법재판에 인민을 참여시키는 것에 대해 반론을 제기하는 학자들에 의하면 직업법관은 전문적인 직업훈련을 받은 자이기 때문에 사실판단과 법률판단을 함에 있어서 일반 시민보다 직업능력이 우월하다고 한다. 그러나 인민은 보통시민이기 때문에 소질이 아무리 높아도 직업법관을 대체할 수는 없다고 한다.[145] 그러나 일반 시민이라고 하여 판단능력이 없는 것은 아니다. 오히려 일반 시민은 풍부한 사회생활 경력이 있다. 그러한 경험은 고도의 전문성을 가진 직업법관으로서는 대체할 수 없는 것이다. 그렇기 때문에 일반시민이 심판능력이 없다고 하여 심판에 참여하는 것마저 부정해버리는 것은 바람직하지 않다.[146]

이러한 사법엘리트주의 사상은 사법의 민주를 실현하는 데에 있어서 더욱 설득력이 떨어진다. 헌법의 민주적 가치로 놓고 볼 때 배심제도는 수많은 인민들의 의지를 반영하는 것이므로 사법엘리트주의를 취해서는 안된다.[147]

나. 일반시민의 편견

일반시민은 편견을 가지고 있기 때문에 재판에 참여해서는 안된다고 하는 주장이 있다. 그러나 이 역시 인민배심원제도를 부정해버

---

145) 吳丹紅, 앞의 논문, 136면.
146) 陳衛東, "公民參与司法 : 理論·實踐及改革", 11면.
147) 韓大元, 앞의 논문, 24면.

리는 이유가 될 수 없다. 사실 일반시민뿐만 아니라 직업법관도 마찬가지로 편견이 생길 수 있다. 오히려 중국은 직업법관이 공판기일 전 사건기록을 읽을 수 있기 때문에 습관적으로 피고인을 유죄추정 해버리는 경우가 많기 때문에 일반인이 편견이 더 적다.[148] 그러므로 일반인이 재판에 참여하면 직업법관의 편견을 바로잡을 수도 있는 것이다. 따라서 일반시민이 편견을 가진다는 이유로 인민배심원제도를 부정하는 것은 논리적인 근거가 부족하다고 생각된다.

다. 인민배심원재판으로 인한 과대비용

인민배심원이 재판에 참여하는 것으로 인하여 사법비용이 많이 소모되고 소송비용도 올라간다는 비판이 있다.[149] 이에 대하여 부정할 수는 없다. 그러나 인민배심원재판으로 인하여 얻는 이득과 소모된 사법비용은 서로 비교 불가한 것이다. 배심재판은 사법의 민주화를 실현하는 길이고 사법의 공정성을 도모하여 정의로운 사회를 만들어 나가는 것이기 때문에 돈으로 계산하는 것은 타당하지 않다. 오히려 불공정한 재판과 오판으로 인하여 행하여지는 재수사, 재심 등의 비용도 상당할 것이라고 본다. 그렇기 때문에 과대한 사법비용을 근거로 인민배심원제도를 부정하는 것은 어리석은 일이라고 생각된다.

V. 인민배심원제도의 최근동향

1. 인민배심원제도의 발전방향의 설정

인민배심원제도와 관련하여 주목해야 할 것은 2014년 10월 23일

---

148) 陳衛東, "公民參與司法 : 理論·實踐及改革", 11면.
149) 吳丹紅, 앞의 논문, 136면.

중국공산당 18차 중앙위원회 제4차 전체회의에서 심의하여 통과된 「중공중앙(중국 공산당 중앙위원회)의 전면적으로 의법치국을 추진할 데에 관한 중대한 문제에 대한 결정」(中共中央關于全面推進依法治國若干重大問題的決定)(이하 '중공중앙결정'이라고 함)이다. 여기에서는 인민군중이 사법에 참여하는 것을 보장하여야 한다고 정하고 인민배심원제도를 보완하여 제도의 신뢰성을 높여야 한다고 지적하면서 "인민배심원은 더 이상 법률적용 문제를 심리하지 않고 사실인정 문제에 대해서만 참여하여 심리한다."고 명시하였다.

의법치국(依法治國)을 대주제로 하는 중공중앙결정은 중국의 인민배심원제도의 발전방향을 가리켜준 셈이다. 국가가 인민배심원제도의 문제점을 인식하고 이에 대한 해결책을 제시함으로써 그러한 방향으로 인민배심원제도를 개선하고자 하는 의지가 돋보인다.

2. 인민배심원제도의 개혁방안 주요내용

중공중앙결정에서의 인민배심원제도에 대한 결정을 구체적으로 추진하기 위해 최고입법기관의 위임으로 2015년 4월 24일 최고인민법원과 사법부(司法部)150)에서 함께 「인민배심원제도의 개혁시범방안」(人民陪審員制度改革試点方案)151)을 만들었다.

이 방안에 따르면 2015년 5월부터 일부 지역에서 시범작업을 시작하였다. 시범기간은 원칙적으로 2년이다. 이번 시범작업에는 베이징(北京), 허베이(河北), 헤이룽쟝(黑龍江), 쟝수(江蘇), 푸젠(福建), 산둥(山東), 허난(河南), 광시(广西), 충칭(重慶), 산시(陝西) 등 10개 省市가 참가하게 되었다. 최고인민법원은 시범작업이 끝난 뒤 경험을 정리

---

150) 제2장 각주 1 참조.
151) 이 방안은 기본원칙, 주요내용, 방안에 대한 실시, 조직보장 등 총 4개 부분으로 구성된다.

하고 실효성에 대해 전면적으로 평가하여 관련 법률의 개정을 추진할 계획이다.152) 이에 따라 추후 2년간 실시되는 개혁시범방안의 귀추가 주목된다.

다만 여기에서 주의해야 하는 것은 이 방안은 현행법이 아니라 시범적으로 운용되는 것이다. 그러므로 이하에서 기술하게 되는 방안의 내용은 전국적으로 그 효력을 미치는 것이 아니라 어디까지나 위에서 정한 10개의 省市에 제한되어 있고 시범기간은 2년으로 기간이 만료되면 위 방안의 효력이 사라진다. 그리고 위 10개의 省市를 제외한 기타의 지역은 여전히 현행법을 적용하고 있다는 점을 염두에 두고 읽기를 바란다.

이 방안의 주요내용153)은 다음과 같다.

첫째, 인민배심원의 선발조건에 관한 개혁이다. 선거권과 피선거권을 지니고 있는 만 28세 이상의 공민은 원칙적으로 인민배심원으로 선발될 자격이 있다. 그러나 인민대표대회 상무위원회 구성원이거나 인민법원, 인민검찰원, 공안기관, 국가안전기관, 사법행정기관의 직원 그리고 변호사는 인민배심원이 될 수 없다. 범죄로 인하여 형사처벌을 받았거나 공직에서 제명당한 경우에도 인민배심원이 될 자격이 없다. 그밖에 타인의 의사를 정확히 이해할 수 없거나 자신의 의사를 표현할 능력이 없는 자도 인민배심원이 될 수 없다.

여기에서 주의해야 할 점은 직업, 연령, 민족, 성별 등을 막론하고 사회의 각 계층에 있는 사람들 모두 사법에 참여하도록 이끌어 인민배심원의 광범성과 대표성을 실현해야 하는 것이다.

둘째, 인민배심원의 선발과정이다. 기층인민법원과 중급인민법원은 5년마다 현지인 또는 현지 상주거주자 중에서 조건에 부합되는

---

152) "人民陪審員制度改革試点方案", 「人民法院報」, 2015년 5월 22일.
153) "人民陪審員制度改革試点方案". 필자는 주요내용 전부를 그대로 번역하지 않고 내용이 변하지 않는 전제 하에서 일부 생략하여 번역하였다.

자 중 임의로 후보자를 선발하여야 하는데 후보자의 인원수는 현지 법원의 직업법관 인원수의 5배 이상에 이르러야 한다. 인민배심원재 판을 할 수 있는 사건에 대해서 인민법원은 당사자에 인민배심재판을 받을 권리가 있음을 고지한다. 당사자(피고인)는 인민배심원에 대해 회피(기피)154)를 신청할 수 있다.

셋째, 인민배심원의 참심 가능한 사건의 범위를 확대한다. 집단이 익사건, 사회공공이익사건, 인민군중이 관심을 가지고 지켜보는 사건 또는 사회적으로 비교적 큰 영향력이 있는 제1심 형사, 민사, 행정사 건에 대해서는 원칙적으로 인민배심원재판으로 진행한다. 그리고 10 년 이상 유기징역, 무기징역에 처할 수 있는 사건도 마찬가지다.

그밖에 형사사건의 피고인이 인민배심원재판을 신청한 경우에는 인민배심재판으로 진행할 수 있다.

넷째, 인민배심원 참심 사건의 시스템을 보완하는 것이다. '陪而 不審, 審而不議'하는 현상을 막고자 각각의 인민배심원이 매년 심리 할 사건수를 비례에 알맞게 합리적으로 설정한다. 그리고 인민배심 원이 공판기일 전에 사건기록을 열람하도록 시스템을 구축해야 한 다. 구체적으로 인민법원은 공판기일 전 인민배심원이 사건을 열람 하도록 해야 하고 인민배심원들이 사건기록을 열람하고 심판에 잘

---

154) 한국 형사소송법에서 회피의 개념과 중국 형사소송법에서의 회피의 개념
은 다소 차이가 있다. 한국에서는 법관자신이 스스로 제척사유나 그 밖
의 불공평한 재판을 할 염려가 있다고 생각하는 경우 자발적으로 직무집
행에서 물러나는 것을 말한다. 반면, 중국의 경우 회피는 심판요원, 검찰
요원, 수사요원이 해당 사건 및 사건의 당사자와 이해관계 또는 기타 특
수한 관계가 존재하여 사건을 공정하게 처리하는 데에 영향을 미치는 경
우 그 소송활동에 참가할 수 없는 것을 말한다(동법 제28조 내지 제32조).
회피는 자행(自行)회피, 신청에 의한 회피, 명령(指令)에 의한 회피 세 가
지 종류가 있다. 본문에서는 주로 신청에 의한 회피를 다루게 되는데, 이
것은 한국의 기피와 유사한 개념이다. 다만 본문은 중국의 용어를 그대
로 직역하여 표현하기로 한다.

임할 수 있도록 편의를 제공하야 한다.

법정심리과정에서 인민배심원이 본인의 권리를 잘 발휘하도록 해야 한다. 인민배심원은 심판장의 동의를 거쳐 법정에서 사건을 함께 조사하고 직접 질문하고 조정업무를 진행할 권리가 있다. 인민배심원은 합의부의 평의에 참가한다. 인민배심원의 의견은 합의부 기록에 적어야 한다.

다섯째, 인민배심원의 직권에 대한 개혁이다. 이번 시행을 거쳐 경험을 쌓아 점차적으로 인민배심원은 더 이상 법률적용에 관한 문제는 심리하지 않고 사실인정에 관한 문제에 대해서만 심리를 하도록 한다.

다시 말해서 인민배심원은 사건 평의과정에서 사건의 사실인정 문제에 관해서는 독립적으로 의견을 발표하고 법률적용 문제에 있어서는 더 이상 의견을 표하지 않는다. 심판장은 인민배심원에게 사실관계의 쟁점을 고지하고 인민배심원들로 하여금 사실인정을 둘러싸고 의견을 표시하도록 인도한다. 그리고 사실인정에 필요한 증거자격, 증거의 증명력, 소송절차 등 및 주의해야 할 사항에 대해 설명을 한다. 다만 인민배심원이 독립적으로 사실을 판단하는 것을 방해하지 못한다.

인민배심원과 직업법관은 함께 사실인정에 대해 책임져야 한다. 만약 사실인정에 대한 의견이 불일치한 경우 다수의 의견에 따라야 하되 소수의견은 기록에 적어야 한다. 그러나 인민배심원 다수의 의견과 직업법관의 의견이 중대한 차이가 있을 뿐만 아니라 사실인정에 있어서 인민배심원의 다수의 의견이 증거법칙에 위반되어 법률적용이 잘못되거나 오판을 가져올 우려가 있는 경우에는 해당 사건을 법원장에게 넘기고 법원장은 심판위원회[155]에 사건을 회부할 것

---

155) 심판위원회는 인민법원 내부의 재판업무를 지도하는 역할을 한다. 심판위원회는 중대한 사건 또는 난해한 사건에 또는 기타 재판업무에 대해 논의

인지에 대해 결정한다.

여섯째, 인민배심원의 퇴출과 징계에 대한 보완이다. 인민배심원으로 선발된 자는 정당한 이유가 없이 그 직무에 대한 이행을 거절하지 못한다. 다만 직업, 생활, 질병 등 여러 가지 요소로 인하여 더이상 인민배심원의 직책을 이행하기 곤란한 경우에는 그 직무를 면제한다.

일곱째, 인민배심원의 직무이행 보장제도이다. 인민배심원의 선서제도를 구축하고 권리와 의무를 제정한다. 인민배심원의 개인정보와 신변보호에 대한 법률보호를 강화하고 인민배심원제도를 해한행위에 대해 상응한 처벌규칙을 만든다.

살피건대 이번에 공포된 중공중앙결정은 10년 전에 공포된 인민배심원제도 보완결정에 비교하여 보았을 때 본질적인 차이가 있다고 생각된다. 기존에는 그저 인민배심원의 인원수를 증가하고 적용률을 높이는 등 형식적인 차원에서 보여지기 위한 것에 치중하여 이루어진 것이라면 중공중앙결정은 진정으로 문제점을 파악하고 그에알맞은 해결책을 제시하였다.

3. 소련에서의 참심제도의 쇠퇴와 배심제의 재도입

중국의 입법모델이 된 소련의 경우 소비에트 시기에서부터 걸어오던 참심제는 2001년 12월에 제정된 형사소송법전에 의해 포기되고형사배심재판으로 방향을 틀었다.[156] 소련은 참심제를 실시한 후 재판에서 인민참심원이 직업재판관에 수긍해가는 현상이 생겼는데 이것은 공연한 비밀로 되었다.[157] 그러다가 페레스트로이카시기[158]에

한다. 심판위원회는 법원장, 부법원장, 庭長(부장판사) 등으로 구성된다.
156) 小森田秋夫, 앞의 논문, 11-12면.
157) 인민참심원은 직업재판관과 대등한 표결권을 가지고 따라서 참심원 2명

들어서서부터 참심제의 형해화가 해결해야 하는 문제로서 본격적으로 언급되었다. 형해화라는 현실인식을 공유하면서도 그 원인에 대해서는 사람마다의 법의식 저하를 문제로 보는 견해와 오히려 참심원의 존재를 경시하는 자세 쪽을 문제로 보는 견해가 있었다. 그리하여 개혁방향에 대해서도 참심원의 인원수를 늘이는 것으로 재판관과의 권력적 관계를 변화시킬 수 있다는 생각 및 참심원의 소송상 지위를 변화시킬 수 있다는 생각을 하였다.159) 그리하여 고르바초프가 집권한 이후 소련 법학계와 사법계에서 개개의 재판에 참여하는 인민참심원의 인원수를 늘이는 방안으로 개혁을 건의하였는데, 기존 합의부 구성원 중 2명이 참심원이던 것을 4명, 6명까지 확대시키자는 것이다. 이렇게 하는 것으로 한편으로는 더 많은 사람들에게 사법권에 참여할 수 있는 기회를 주고 다른 한편으로는 사법에 가해지는 정치적 외압을 막겠다고 하였다.160)

그러나 예상치 못한 곳에서 문제가 나타났다. 즉 사법참가의 형태로서의 참심제의 시비를 운운하기 이전에 애초 참심원을 확보하는 것 자체가 어려워졌기 때문이다. 과거에는 인민참심원이 직업법관에 의해 수긍해감에도 불구하고 그것만으로도 인민참심원에 선발

의 의사가 재판관의 의사에 우위한다는 것도 이론상으로는 가능하지만, 전문직에 동반하는 관료성을 몸에 익힌 재판관들은 앞으로 한 참심원의 수동성은 가려지기 쉬웠다. 그들에게 부착된 '수긍하는 사람들'이라는 별명은 이러한 것을 명백히 가리키고 있다. 小森田秋夫, 앞의 논문, 9면.

158) 페레스트로이카(러시아어: перестро́йка perestroika)는 '재건', '재편'의 뜻을 가진 러시아어로 미하일 고르바초프가 1985년 3월 소련 공산당 서기장에 취임한 후 실시한 개혁정책을 가리킨다. 소련의 정치뿐 아니라 세계 정치의 흐름을 크게 바꾸어 놓았다. 네이버 위기백과. 또한 이것은 1985년 4월에 선언된 소련의 사회주의 개혁 이데올로기이다. 페레스트로이카는 소련의 정치, 경제, 사회, 외교 분야에서의 스탈린주의의 병폐로부터 시작되었다. 네이버 두산백과.

159) 小森田秋夫, 앞의 논문, 10면.

160) 陳瑞華, "陪審團制度与俄羅斯的司法改革", 110면.

되는 것은 명예로운 것이라고 생각했기 때문에 매년 2주간 정도 인민참심원을 파견하는 직장 측에서도 인원수의 확보에는 장애가 없었으나, 시장경제화 속에서 사람들은 공공의 일보다도 자기의 벌이에 정신을 기울이지 않을 수 없게 되었고 경쟁적인 환경 속에서 직장에 보다 큰 헌신을 요구하는 기업 쪽에서도 직원을 밖으로 내보내고 싶지 않았기 때문이다.[161]

아울러 소련은 1990년, 1991년에 사법개혁을 하였는데 당시 개혁가들은 사법제도의 주요한 폐단은 사법제도는 정부가 정치적 목표와 사회를 통제하는 수단이었던 것, 인민이 사법권을 유효적으로 행사하지 못하게 되자 사법제도와 사법기구에 냉담한 태도를 보인 것, 부패와 직업윤리를 위배하는 현상이 사법관원 중에 보편적으로 존재하였던 것 등이 있었다. 개혁가들은 상술한 소련 사법제도에서 나타난 문제가 1864년 개혁 이전 러시아 사법제도 개혁 때와 비슷하다고 하여 1864년 당시 사법개혁을 진행하였던 데로부터 영감을 얻어 사법개혁에 대한 구상을 내놓게 되었다.[162]

VI. 소결

우선 인민배심원제도 자체를 폐지하고자 하는 입장에 대해서는 동의할 수 없다. 배심원이 형사사법에 참여함으로써 권력의 균형을 실현할 수 있을 뿐만 아니라 외압을 막아 사법부패를 예방할 수 있다. 더 나아가 인민배심원제도는 국가와 인민 사이의 거리를 좁혀 인민이 사법에 대한 신뢰를 증진시키는 데에 없어서는 안 되는 제도이다. 특히 오늘날 중국의 형사사법에 대한 신뢰도가 떨어져 사법시

---

161) 小森田秋夫, 앞의 논문, 10면.
162) 陳瑞華, "陪審團制度与俄羅斯的司法改革", 111면.

스템과 일반 시민이 대립되는 정서가 높아지고 있는데 인민배심원 제도를 폐지하면 거리를 좁힐 수 있는 기회를 놓쳐 사법에 반감이 더 고조될 것이다. 그렇기 때문에 인민배심원제도를 폐지해서는 안된다.163)

다음으로 헌법에 인민배심원제도가 명시되지 않은 것만으로 이에 대해 위헌성을 주장하는 것은 논리가 부족하다. 오히려 헌법의 규정 곳곳에서 인민배심원제도의 민주적 정당성을 찾아볼 수 있다. 현행 헌법 하에 모든 권력은 인민에게 속한다. 달리 말하자면 모든 권력은 인민으로부터 나온다. 그렇기 때문에 사법권도 인민에게 속한다. 또한 인민은 모든 국가기관 및 국가업무요원(國家工作人員)에 대한 감독권을 가지고 있다. 인민이 사법권을 향유하는 동시에 감독권을 행사할 수 있는 것이 바로 인민배심원제도이다. 따라서 인민배심원제도의 헌법적 기초는 충분히 있다고 생각된다.

중국에 있어서 인민배심원제도는 필요하다. 인민이 사법에 참여하는 것으로 사법부에 가해지는 외압을 막을 수 있다. 사법재판은 어디까지나 공권력으로 지탱되기 때문에 유효적인 감독이 결여되는 경우 사법권은 남용되거나 부패되기 쉽다.164) 그러나 인민이 재판에 참여하게 되면 이러한 현상은 변화된다. 인민배심원은 위에서와 같은 이해관계에 처해 있지 않기 때문에 공정한 재판을 하게 된다. 재판이 공정하면 인민은 사법부를 신뢰하게 된다.

인민배심원제도가 사법제도임에는 위에서 설명하였다. 이와 동

---

163) 齊文遠, 앞의 논문, 27면.

164) 何家弘, "從偵査中心轉向審判中心-中國刑事訴訟制度的改良", 「中國高校社會科學」, 2015년 2월, 142면. 중국에 있어서 법원장은 공산당조직위원회 또는 정부기관의 고위급 공무원이 법원의 원장으로 임명되는 경우가 매우 많기 때문에 이 같은 이해관계는 사법기관이 지방당위원회 행정부처의 의지에 따라 강제로 변화될 수밖에 없다고 한다. 박종근 외, "중국 사법독립의 현황과 문제점 및 향후 대책", 강원법학 제41권(2014. 2), 132면.

시에 인민배심원제도는 정치제도이기도 하다.[165] 인민배심원제도는 중국 건국 이전 가장 어렵고 가장 힘들었던 시기에 중국과 함께 걸어온 역사가 깊은 제도이다. 인민배심원제도는 건국 이래 사법제도의 발전에 있어서 비록 흥행과 위축을 반복했지만 중국 법제의 발전 행렬에서 빠진 적이 없었다.

그리고 90년대 말 다소 위축되어 있는 인민배심원제도에 대해 입법자들은 곧 '인민배심원제도 보완결정'을 반포하여 이 제도를 살리고자 노력하였고 2014년 중공중앙 결정에서는 인민배심원제도를 재차 언급하였는바 이것은 당과 국가가 인민배심원제도의 가치를 지키고자 하는 의지를 보여준다는 것을 알 수 있다. 더 나아가 최고인민법원 법원장이 매년 전국인민대표대회에서 올리는 업무보고에도 인민배심원제도의 현황과 앞으로의 개선점에 대해 항상 언급하곤 한다. 이 역시도 인민배심원제도가 중국에서 각광받고 있다는 것을 설명해주는 대목이다.

다만 중국에서 단지 인민배심원의 인원수만 늘이고 인민배심원제도의 문제의 실질을 짚어내지 못한다면 인민배심원제도의 개혁은 성공할 수 있을지 의문이 든다. 러시아의 경우에도 배심재판에 대해 개혁을 함에 있어서 참심원의 인원수를 늘이는 것으로 변화를 주려고 시도하였으나, 인민참심원의 직장 측에서 자신의 직원을 밖에 내보내고 싶지 않아했기 때문에 인민참심원을 데려오기가 어려웠다.

중국도 경제가 발전됨에 따라 직장에서 할 일이 많아졌기 때문에 국가기관, 사업기관 또는 기업의 관리자가 자신의 직원을 오랫동안 밖으로 내보내는 것을 꺼려할 것이라고 생각된다. 이 길을 이미 걸

---

165) 토크빌 저, "미국의 민주주의", 박지동 역, 한길사, 1985년, 270면. 토크빌은 "배심원제도는 사법적 측면과 정치적 측면 등 두 가지 별개의 측면에서 고찰될 수 있다."고 하였다. 그밖에 施鵬鵬, 앞의 논문 22면; 苗炎, 앞의 논문, 128면.

어온 러시아가 중국에 경종을 울려준다. 그렇기 때문에 재판에 참여한 인민배심원이 속히 자신의 생업에 복귀할 수 있도록 하는 절차의 신속한 진행을 위한 방안이 논의되어야 할 것이다.

제2절 한국의 배심제도

Ⅰ. 국민참여재판제도의 도입계기

국민의 신뢰를 받는 사법부를 만드는 것은 오늘날 선진국가로 나아감에 있어서 반드시 필요한 것이다. 한국은 지금까지 역사적 무대에서 한 번도 배심이나 참심의 형식으로 재판을 진행한 적이 없었다. 그렇다면 오로지 직업법관으로만 재판을 진행해 오던 한국이 무엇 때문에 사법 활동에 국민을 참여시키려 했는가? 이에 대해서는 논의해 볼 필요가 있다.

1. 사법에 대한 국민의 신뢰를 제고

권위주의 정권하에서 한국 사법부의 최대의 과제는 '사법부의 독립'을 확보하는 것이었다. 정권이 권력을 움켜쥘수록 사법부의 독립은 위협을 받았다. 1987년 6월 민주항쟁 이후 민주제도가 정착되기 이전에 한국의 사법부는 정권의 외압에 제대로 대응하지 못하였다.166) 심지어 사법부는 정권의 요구에 따라 인권을 탄압하는 재판을 하였는데, 가장 극단적인 예가 사법살인이라 불리우는 것으로 정치적 반대자에 대하여 재판을 통한 처형을 한 사례들이다.167)168)

---

166) 한인섭, "한국의 배심원재판-준비과정과 시행원년의 성과를 검토한다-", 서울대학교 법학, 제50권 제2호, 2009년 6월, 688면.

167) 한인섭, "한국의 배심원재판-준비과정과 시행원년의 성과를 검토한다-", 688면. 정치인 조봉암에 대한 처형(1959년), 언론인 조용수에 대한 처형(1962년), 인민혁명당의 재건을 목적으로 한 활동을 했다는 조작에 의한 8인의 처형(1975년) 등이 사법살인의 대표적인 예로 꼽는다. 이들 중 일부

1987년 6월 민주화항쟁 이후 입법 및 행정에 이어 사법 권력에 대한 개혁이 요구되었다. 이것은 권위주의 해체와 더불어 권위주의 사법에 대한 불만과 불신의 표출이었다.[169] 이와 같은 개혁의 요구에 부응하기 위하여 사법부 내에서도 사법제도개혁을 위한 노력을 해왔는바, 1993년 사법제도발전위원회를 구성하여 '국민을 위한 개혁'과 '사법권의 독립'을 기본방향으로 삼고 민주화를 기본이념으로 정하여 사법개혁을 추진하기 시작했다.[170] 그리고 1999년에는 사법개혁추진위원회가 구성되어 개혁방안을 제시하였다.[171]

그러나 90년대에 이루어진 사법개혁은 방안만 제시하였을 뿐 이를 구체적으로 실현할 수 있는 후속추진기구를 별도로 설치하지 않고 관련 정부부처에 맡긴 이유로 개혁방안을 입법화, 제도화하는 데에 실패하였다.[172] 여기에는 여러 가지 원인이 있는데 무엇보다도 90년대 이후 사법개혁을 주도했던 개혁의 주체가 바로 개혁대상이었다는 점에서 내부로부터의 개혁의지가 미흡했기 때문이라고 한다.[173]

는 2005년 이후 일련의 재심재판을 통해 무죄가 선고되었다. 한인섭, "한국의 배심원재판-준비과정과 시행원년의 성과를 검토한다-", 688면.
이와 관련하여 이용훈 전 대법원장은 2008년 9월 26일 사법 60주년 기념식에서 "권위주의 체제가 장기화하면서 법관이 올곧은 자세를 온전히 지키지 못해 헌법의 기본적 가치나 절차적 정의에 맞지 않는 판결이 선고되기도 했다."고 말했다고 한다. 이와 같은 발언은 회환의 과거를 바로 잡기 위한 것으로부터 비롯된 것이라고 볼 수 있다.
168) 당시 사법부의 상황과 관련하여 자세한 내용은 한인섭, "'회한과 오욕'의 과거를 바로 잡으려면-사법부의 과거청산을 위하여", 84면 이하 참조 바람.
169) 하태훈, 앞의 논문, 577면.
170) 이재홍, "사법제도의 세계화 추진방향", 형사정책연구 제6권 제1호, 통권 제21호(1995. 3), 5-8면.
171) 사법개혁위원회, "사법개혁위원회 자료집(Ⅶ), 국민과 함께하는 사법개혁-사법개혁위원회 백서", 2005, 8-11면; 한상희, "사법개혁, 좌절과 실패의 역사", 계간 민주, 제5호, 2012, 47-49면.
172) 김선수, "사법개혁 리포트", 박영사, 2008, 3면.

21세기에 들어 새로운 목표가 추구되었다. 사법은 직업법관만의 것이 아니라, 국민 모두의 것이어야 한다는 것이다. 그 동안 한국 사회에서 국민은 재판의 대상에 불과했다. 재판은 직업법관만이 하는 것이고 일반시민은 어디까지나 객체에 불과하였던 것이다. 법정에서의 재판은 전문가들인 법조인만이 알 수 있는 형태로 진행되었고 재판을 받고 있는 당사자조차 법정에서 이루어진 내용에 대해 이해할 수 없는 상황이 벌어졌던 것이다. 이러한 폐단을 극복하기 위하여 사법개혁위원회는 형사재판에서의 국민참여제도를 도입하기로 건의하였던 것이다.174) 2004년에 구성된 사법개혁위원회는 재판에 시민을 수용함으로써 각계각층의 국민들의 다양한 가치관과 상식이 융합되어 재판의 과정과 결과에 대한 국민적 신뢰가 높아져야 한다는 논의가 나오는 중에 출범했다.175) "국민의 사법참여에 대한 시대적 요청을 수용하고 국제적 기준에 맞는 사법제도를 확립하기 위하여 '국민의 사법참여'에 관한 방안을 검토하여 오면서 공청회를 열어 각 계층의 의견을 청취하고, 모의배심·참심 재판을 진행"하면서, 사법참여제도에 대한 준비를 하고 있었다.176) 이로써 사법에 대한 불신을 해소시키고, 민주적 정당성을 강화하고 투명성을 제고함으로써 궁극적으로 국민으로부터 신뢰받고 존중받는 사법을 확립할 수 있으리라고 판단했던 것이라고 생각된다.177)

이와 같이 한국에서의 사법개혁은 항상 미완의 과제였다. 국민이 사법을 불신하고 또 불신의 근원은 국민에게 사법의 독립에 대한 확고한 믿음을 주지 못한 데에 있다는 것을 항상 의식하고 있었다. 국

---

173) 한상희, 앞의 논문, 55면.
174) 김선수, 앞의 책, 29면.
175) 한인섭, "한국의 배심원재판-준비과정과 시행원년의 성과를 검토한다-", 689-690면.
176) 사법개혁위원회, "사법개혁위원회 자료집(Ⅶ), 181면.
177) 사법개혁위원회, "사법개혁위원회 자료집(Ⅶ), 181-182면.

민주권의 민주체제에서 국가기관은 국민의 신뢰로부터 정당성을 찾는다. 국민의 신뢰를 잃은 국가기관은 정당성을 상실하고 국민의 관심으로부터 멀어져 결국 민주주의의 고사로 이어진다. 나아가 신뢰의 상실이 극도에 달하는 경우 체제전복으로 이어질 수 있다. 국민의 신뢰는 국가기관 존립 자체의 토대가 되는 것이다.[178]

비록 21세기 이전에도 사법개혁을 항상 시도해왔지만 국민이 사법에 대한 불신을 잠재우기에는 미흡했다. 한 국가의 사법제도를 개혁하는 것이 결코 쉬운 일 만은 아니다. 무엇보다 중요한 것은 본인이 본인을 개혁한다는 한계를 뛰어넘어야 한다. 이 와중에 논의된 것이 국민을 사법에 참여시키는 것이다. 또한 그것으로 한계를 극복해보려고 시도했던 것이다. 무엇보다 이번에 국민참여재판이 성공적으로 도입될 수 있었던 것은 사법부가 국민과의 소통을 위한 개혁을 하고자 하는 의지와 국민이 사법에 참여하고자 하는 의지가 시기적으로 볼 때 맞물렸던 것이라고 생각된다.

사법부는 분쟁을 해결하는 마지막 단계이다. 법원은 국민들이 자신의 권리를 보장받을 수 있는 최후의 보루이다. 즉 진실을 말해줄 수 있는 최후의 길이다. 이러한 법원이 만약 관료화되어 정치적 권력에 의해 움직이면 국민의 최후의 희망을 밟아버리는 셈이 된다. 전관예우, 유전무죄, 무전유죄 등은 모두 사법의 불신을 일으키는 단어들이다.[179] 그렇기 때문에 법원이 국민으로부터 신뢰를 얻기 위해

---

178) 이상원, "사법신뢰형성구조와 재판의 공개", 서울대학교 법학, 제53권 제3호, 2012년 9월, 308면.

179) 사법에 대한 국민의 신뢰에 대하여 참여연대 사법감시센터가 의뢰하여 전국 만19세 이상 남녀 1,000명을 대상으로 진행한 설문조사에서 대법원의 신뢰도를 묻는 질문에 대해서 신뢰한다는 응답 43.5%, 신뢰하지 않는다는 응답이 55.5%가 나타나 국민이 평소 대법원과 대법관에 대해 가지는 인식은 부정적인 것으로 나타났다. 참여연대 사법감시센터, 대법원 및 대법관에 대한 인식 조사 결과 보고서(2012. 5. 22), 7면 이하.

서는 사법의 정치화를 막고 오로지 법과 양심에 따라 사법권을 행사
하여야 한다.

법조유착과 비리에 대한 불신은 예전이나 지금이나 한국 국민들
의 의식 속에 남아있는 듯하다. 불신의 근원은 사법의 독립에 대한
확고한 믿음을 주지 못하는 데에 있다고 볼 수 있다. 사법부의 독립
을 이룩할 수 있는 가장 효과적인 방법이 바로 국민을 사법에 참여
시키는 것이라고 생각된다. 일반 시민들로 이루어진 배심원들은 공
개된 법정에서 진실공방이 펼쳐지는 것을 생생하게 볼 수 있다.

더 나아가 검사와 변호인이 배심원들을 상대로 눈높이를 맞추어
최선을 다하여 주장하고 설득하는 모습, 그리고 실체적 진실을 발견
하고 알맞은 양형판단을 하고자 고민하는 재판관의 진실된 모습은
배심원들에게 그대로 생생하게 전달된다. 이로써 사법부의 위상이
높아지고 국민과 법원 사이의 간격이 좁아질 수 있다. 이러한 순환
이 반복되다 보면 국민은 사법부를 신뢰하게 될 것이다.

2. 조서재판의 폐해

가. 종래의 형사재판

종래 한국 형사재판은 유무죄와 양형이 공개된 법정에서 심리를
통하여 이루어진 것이 아니라 수사기록과 법관의 집무실에서 이루
어지는 조서재판이라는 비판이 끊임없이 제기되고 있었다.[180] 이러
한 조서재판의 관행은 그 연원을 거슬러 올라가보면 일제강점기 하
에 일본인 판사에 의한 일본어에 기한 재판을 하다 보니 일본어를
할 수 없는 조선인의 경우 일일이 통역인 또는 번역인을 붙여야 하
지만 이는 현실적으로 번거롭기도 하고 많은 비용마저 소요되기 때

---

180) 민영성, "공판중심주의와 공정한 재판", 법조 2006·2(Vol. 593), 98면.

문에 일선 수사기관에서 조선인 경찰관리가 작성하는 조서에 절대
적인 증거능력을 인정하여 이를 증거로 사용하여 유죄판결을 내렸
던 암울했던 역사적 사실에 소급된다.[181]

한국의 경우 형사소송법이 제정되기 이전까지의 실무를 놓고 보
면, 경찰이 기록을 만들고 검사는 기록을 만드는 것 외에 공소장을
작성하여 법원에 넘겼다. 법원은 공판기일 전 그 기록을 낱낱이 읽
어보고 또 증거물도 보고 재판에 임하였다.[182]

1953년 제정 형사소송법 당시 한국 입법자들은 공소장일본주의의
도입문제에 대해 심각한 논의를 하였으나, 소송경제의 요청과 증거
멸실 방지의 이유에서 택하지 않았다.[183] 그러다가 1982년 말 형사소

---

181) 신동운, "형사사법제도의 개선방향",「사법제도개선방향」, 교육과학사, 1992,
  200면.
182) 신동운, "공소장일본주의에 관한 일고찰", 두남 임원택 교순 정년기념 사
  회과학의 제문제(1988), 677면. "… 얼마 후에 단독재판도 담당하게 되었는
  데 군의 재판은 특색이 있었다. 그 특색은 양형(量刑)에 있었다. 군은 기
  록을 다 읽고는 양형을 정한 후 그로부터 감형(減刑)될 조건과 중형(重刑)
  될 조건을 적기(摘記)하여 두고 공판을 열어서 심리가 끝난 후에는 다시
  최후적 양형을 정한 다음에 검사의 구형의견을 들으나 그 의견은 들어
  둘 정도로 한다는 것이다." 이것은 당시 재판상황을 그대로 보여주는 구
  절이다. 이 글은 신동운, "효당 엄상섭 형사소송법논집", 서울대학교출판
  부, 2006, 253면 중에서 발췌한 것임.
183) 신동운, "공소장일본주의에 관한 일고찰", 678-680면 참조.
  그러나 검찰실무에서는 공소제기 시 모든 기록을 법원에 제출하는 것이
  아니라 당사자주의와 예단방지를 표방하여 공소제기 시 공소장만 제출하
  고 그 외의 일건 기록이나 증거물은 원칙적으로 공판기일에 제기하는 관
  행이 있었다고 하는 평가가 있다. 이와 같은 관행이 생성된 이유에 대해
  서 "현행법이 기본적으로는 검사가 소송에 관계되는 서류를 반드시 공소
  장과 함께 이송하여야만 하는 것이 아니기 때문에(한국 제정 형사소송법
  제274조를 참조) 이를 법원으로서도 강요할 수가 없는 것이고 기실 구의
  용법 시대의 직권주의 소송구조 하에서 공소장에 일건기록과 증거물을
  필요적으로 첨부하여 제출하라는 것도 아니었다. 다만 직권주의적인 심
  리의 구조를 취했던 관계상 관행적으로만 이를 실천하고 있었던 것뿐이

송규칙에 법관의 예단방지의 이유에서 공소장일본주의가 도입되었다. 이에 따라 문제가 생기는 것은 당시 한국 형사소송법에서는 피고인의 방어준비를 위한 변론자료의 획득이 공소장일본주의를 구실로 차단되며, 사실심리로서의 피고인 신문이 종료한 다음에야 비로소 수사기록과 증거물이 검사에 의하여 제출되는 관계로 피고인에게 기습적인 공격이 가해지게 되는 결과를 초래하게 되었다.[184] 법관의 예단배제 차원의 측면에서는 공소장일본주의는 꽤 설득력이 있으나 당시 형사소송법 공판절차의 진행순서를 고려하지 아니한 채 단순한 명분용으로 이 제도를 도입한 데에는 적지 않은 문제가 있어 보인다.[185]

그렇다면 공소장일본주의가 도입된 후 과연 법관에 의한 예단배제가 제대로 작동되었는가? 답은 아니다. 피고사건이 세간의 이목을 집중시키는 경우 또는 대형사건이어서 사실관계와 쟁점이 복잡한 경우 재판부는 비공식적인 통로로 제공한 사건기록을 낱낱이 읽어 사안의 쟁점을 파악한 후 공판심리에 임하였다고 한다.[186]

한국은 2007년 개정 전의 형사소송법도 이념적으로는 공판중심주

었다. 이러한 과거의 우리나라의 형사소송운용의 역사적인 배경이나 전통을 무시할 수 없는 현재의 실정으로 오히려 검사로서는 당사자주의의 주장과 사건에 대한 예단방지라는 이유를 표방하고 공소 제기 시에는 먼저 공소장만을 제출하고 그 외의 일건 기록이나 증거물은 원칙적으로 공판 기일에 제기하는 것이 더욱 효율적이고 공소수행상 편의하다는 이유에서 현재는 전국 검사가 동일한 보조(步調)를 취하고 있는 것 같다."라고 한다. 권오병, "공소장일본주의", 법정 제18권 7호(1963), 43면. 그러나 위 논문을 읽어보면 그러한 관행은 일본의 것인지 한국의 것인지 불분명한 부분이 있다고 생각된다.
184) 신동운, "공소장일본주의에 관한 일고찰", 682면.
185) 같은 생각. 신동운, "공판절차에 있어서 피고인의 방어권 보장 -수사기록 열람·등사권 확보를 중심으로-", 164-165면.
186) 신동운, "공판절차에 있어서 피고인의 방어권 보장-수사기록 열람·등사권 확보를 중심으로-", 165면.

의를 지향하고 있었다. 그러나 형사재판의 현실은 수사기록에 의존
하는 경향이 강하였다. 법원실무에 있어서는 공소장일본주의를 채
택하고 있었으나 형사재판실무는 '수사기록의 신빙성 검토'와 '수사
기록을 통한 형량결정'이 오히려 주류를 이루고 있었는바, 이것은 대
륙법계적인 법과 실무를 가지고 있었던 일제 강점기 이래의 전통이
고 많은 사건을 짧은 시간 내에 처리해야 하는 현실상 어쩔 수 없는
부분이었다고 한다.[187) 이에 따라 유무죄와 양형에 관한 판단은 공
개된 법정에서 이루어지지 않고 법관의 집무실에서 수사기록을 중
심으로 이루어진다는 비판이 적지 않았다.[188) 서면심리와 조서재판
이 일상화되었던 것이다.[189)

나. 종래 형사재판 하에서의 폐단

조서재판은 사법경찰관이나 검사 등 수사기관이 수사과정에서
피의자나 참고인 등을 추궁하여 그 진술을 기재한 조서의 증거능력
을 원칙적으로 인정하고 이를 유죄의 증거로 함으로써 형사재판이
법정에서의 공방에 의하기보다는 법관의 집무실에서 수사기관 작성
의 조서를 확인하는 형태로 이루어지는 것을 말한다.[190) 형사소송에
있어서 법관은 조서재판을 하다 보니 조서의 중요성이 커질 수밖에
없었다. 따라서 수사기관은 조서를 더욱 열심히 만들게 되는데 그
과정에 강압수사 나타나고 조서에 자백을 담아내기 위해 고문도 마
다하지 않게 되는 것이다.[191) 그로 말미암아 수사과정에서 유리한

---

187) 이재홍, 앞의 논문, 16-17면.

188) 신동운, 앞의 책, 830면.

189) 한인섭, "국민의 사법참여-그 구체적 실현방안, 한국형 배심제의 도입을
    위하여", 국민의 사법참여 공청회, 사법개혁위원회/ 한국공법학회, 2004,
    135면.

190) 김선수, 앞의 책, 240면.

191) 이와 관련해서는 신동운, "공판절차에 있어서 피고인의 방어권 보장-수

진술을 얻어내기 위해 가혹행위 및 피고인의 인권침해가 유발되었던 것이다.[192] 이로 인하여 결국에는 오판이나 억울한 사건이 생기게 되었던 것이다.[193]

3. 국민참여재판과 공판중심주의

가. 공판중심주의 의의

위에서 기술한 바와 같이 그동안 한국의 형사재판은 소위 조서재판 또는 서류재판으로 이루어짐으로써 피고인의 방어권이 충분히 보장되지 못하고 공개재판의 원칙에 충실하지 못하였다는 비판이 있었다.[194] 또한 형사절차가 축약, 생략되는 것이 일상화되어 방청객들은 내용을 알 수 없어 진정한 공개재판이 이루어지지 못하고 재판이 형식화 되었다는 비판이 제기되었다.[195]

이와 같은 재판형식은 형사재판절차가 수사기관이 제출한 조서를 비롯한 각종 기록을 다시 확인하는 절차로 전락할 위기에 처해 있기 때문에 한국에서는 공판중심주의에 대한 재검토를 촉구하였던 것이다.[196] 한국은 이와 같은 사법불신을 제거하기 위하여 2004년 말부터 진행된 사법개혁을 진행하는 과정에서 공판중심주의적 법정심리절차의 확립이 주된 화제가 되었고 이를 실현하기 위하여 형사소송법 개정에서 공판절차의 대대적인 개편을 단행하였다.[197] 2007년

사기록 열람·등사권 확보를 중심으로", 서울대학교 법학, 제44권 제1호, 2003년, 141-150면.

192) 김선수, 앞의 책, 240면.

193) 1987년 박종철 고문치사사건, 2002년 서울중앙지검 고문치사사건 등이 대표적이다.

194) 김선수, 앞의 책, 239-240면.

195) 사법개혁위원회, 사법개혁위원회 자료집(Ⅵ), 2005. 1, 264-267면.

196) 민영성, "공판중심주의와 공정한 재판", 99면.

197) 신동운, 앞의 책, 830면.

개정 형사소송법의 입법취지는 국민의 사법참여권을 인정함과 동시에 조서재판을 극복하고 공판중심주의적 형사절차 구현에 초점을 두고 있었다.[198]

이와 관련하여 2006년 9월 지방법원을 순시하던 당시 이용훈 대법원장은 "검찰의 조서를 집어던져라"라는 발언을 하여 화제가 된 바가 있었다.[199] 그러나 당시 이용훈 대법원장의 진의는 현재 이루어지고 있는 서류 중심의 재판을 극복하고 공개된 법정에서의 진술과 증거조사 중심의 재판을 확립하여야 한다는 점에 있는 것이라고 생각된다.[200] 이와 같은 발언은 검찰과 법원 사이의 힘겨루기라는 점도 있어 보인다.[201] 그러나 공판중심주의를 강조했다는 점은 긍정할 바라고 사료된다.

오늘날 한국의 형사소송법이 채택하고 있는 공판중심주의는 형사사건의 실체에 대한 유무죄의 심증 형성은 법정에서의 심리에 의하여야 한다는 원칙을 말한다.[202] 형사절차 가운데 법원이 피고사건

---

198) 사법제도개혁추진위원회, 사법선진화를 위한 개혁, 2006, 24면.

199) 서울신문, 2006년 12월 21일, 3면.

200) 같은 생각. 김선수, 앞의 책, 279면.

201) 2005년 4월말부터 7월까지 사법제도개혁추진위원회에서 공판중심주의 확립을 위한 형사소송법 개정안을 만드는 과정에서 검찰의 집단반발로 말미암아 공판중심주의라는 화두가 한국 사회를 뒤흔든 적이 있었다. 당시 사법제도개혁추진위원회에서는 '조서재판'을 극복하고 공판중심주의를 강화하고자 피고인이 법정에서 내용을 부인하면 검사 작성 피의자신문조서를 유죄의 증거로 할 수 없다고 하는 방안을 마련하고자 하였다. 학계나 시민단체에서도 이와 같은 입장이었다. 그러나 이에 대해 검찰은 수사력의 약화를 초래하고 실체진실발견과 정의실현이라는 형사사법의 이념을 훼손할 우려가 있다고 강력하게 반발하였다. 법원은 이에 대해 처음에는 학계와 시민단체와 입장을 같이 하였으나 막판에 이르러서는 일선 판사들의 반대와 준비 부족을 이유로 피고인의 내용 부인만으로는 검사 작성 피의자신문조서의 증거능력을 부정하는 것에 반대하였다. 김선수, 앞의 책, 279-280면.

202) 2006. 12. 8. 2005도9730, 공 2007, 162.

에 대해 심판을 행하는 절차 가운데 핵심을 이루는 것이 제1심 공판 절차이며 이 절차에서도 가장 중요한 것이 공판기일의 절차이다. 그렇기 때문에 공판중심주의는 사건의 확인(특히 공소범죄사실의 존부의 확인)은 이러한 의미의 공판에서 행하여져야 한다는 것을 뜻한다.[203]

공판중심주의는 공개된 법정, 구두변론, 조서의존의 탈피 등을 핵심요소로 하기 때문에 공개재판의 원칙, 구두변론주의, 직접심리주의가 구체적인 실천원칙으로 거론되고 있다.[204]

우선 공개재판의 원칙과 관련하여 한국 헌법 제109조에 "재판의 심리와 판결은 공개한다."라고 규정한 것은 공개재판의 원칙을 보장

사실 한국에서 공판중심주의의 개념에 대하여 여러 가지 해석이 있다. 이와 관련하여 김성돈, "공판중심주의의 바람직한 운용방향", 대검찰청, 2010, 9면 이하 참조.

공판중심주의와 관련된 최근 판례로는 대법원 2015. 8. 20. 2013도11650 전원합의체 판결 「한명숙 전 총리 정치자금 수수 사건」이 있다. 이 판례에서 공판중심주의에 대한 이념은 다수의견과 소수의견으로 나뉘었다. 다수의견은 "충분한 증명력이 있는 증거를 합리적인 근거 없이 배척하거나 반대로 객관적인 사실에 명백히 반하는 증거를 아무런 합리적인 근거 없이 채택 사용하는 등으로 논리와 경험의 법칙에 어긋나는 것이 아닌 이상, 법관은 자유심증으로 증거를 채택하여 사실을 인정할 수 있다."고 하였다. 반면 소수의견은 "공판중심주의 원칙과 전문법칙의 취지에 비추어 보면, 피고인 아닌 사람이 공판기일에 선서를 하고 증언하면서 수사기관에서 한 진술과 다른 진술을 하는 경우에 공개된 법정에서 교호신문을 거치고 위증죄의 부담을 지면서 이루어진 자유로운 진술의 신빙성을 부정하고 수사기관에서 한 진술을 증거로 삼으려면 이를 뒷받침할 객관적인 자료가 있어야 한다. 이 때 단순히 추상적인 신빙성의 판단에 그쳐서는 아니 되고, 진술이 달라진 데 관하여 그럴 만한 뚜렷한 사유가 나타나 있지 않다면 위증죄의 부담을 지면서까지 한 법정에서의 자유로운 진술에 더 무게를 두어야 함이 원칙이다."고 하였다.

203) 신양균, "바람직한 형사재판의 방향", 저스티스 통권 제78호(2004.4), 128면.
204) 신동운, 앞의 책, 830면.

한 것이다. 공개주의는 일반 국민에게 심리를 방청하는 것을 허용하는 것으로, 비밀로 재판을 행하는 밀행주의에 대립되는 개념이다.[205] 공개재판의 원칙은 공판절차의 심리과정을 일반 국민들에게 공개함으로써 한편으로는 법관의 책임을 제고하고 다른 한편 재판의 공정성에 대한 국민의 감시를 가능하게 하기 때문에 형사사법에 대한 국민의 신뢰를 보장하는 데에 그 취지가 있다.[206]

다음으로 구두변론주의는 법원이 당사자의 구두에 의한 공격·방어를 근거로 하여 심리·재판하는 주의를 말한다.[207] 2007년 개정된 형사소송법 제275조의3은 "공판정에서의 변론은 구두로 하여야 한다."고 규정하여 구두변론주의를 명시하였다.

마지막으로 직접심리주의는 법관의 면전에서 직접 조사한 증거만을 기초로 삼을 수 있다는 원칙을 말한다.[208] 직접심리주의는 법관으로 하여금 정확한 심증을 형성하게 하고 피고인에게 증거에 관하여 직접적인 의견진술의 기회를 부여함으로써 실체적 진실발견과 공정한 재판을 달성하는 데에 기여한다.[209]

나. 국민참여재판의 도입과 공판중심주의

그러나 국민참여재판제도의 도입은 단지 하나의 재판형태의 도입에 그치지 않고 그동안 문제되었던 형사사법의 구조와 특징 전반을 재구성하기 위한 지렛대가 될 수 있을 것이라고 생각된다.[210] 그

---

205) 신동운, 앞의 책, 821면; 이재상, 형사소송법(제9판), 418면.
206) 신동운, 앞의 책, 821면.
207) 이재상, 앞의 책, 420면.
208) 2006. 11. 24. 2006도4994, 공 2007, 96; 신동운, 앞의 책, 833면; 이재상, 앞의 책, 422면.
209) 신동운, 앞의 책, 833면.
210) 같은 생각. 한인섭, "한국의 배심원재판-준비과정과 시행원년의 성과를

원인은 배심원은 일반 시민들 사이에서 선출된다. 선출된 배심원들은 각자 자신의 생업이 있을 것이다. 그러므로 공판정에서의 배심원 역할을 마친 후 빨리 생업에 복귀해야 한다. 그러기 위해서는 공판기일이 신속하게 진행되어야 한다. 이에 따라 집중심리가 필요한 것이다. 만약 심리가 띄엄띄엄 진행되면 배심원들은 생업을 뒷전으로 하고 몇 번이고 법원에 나와야 하는 상황이 발생하기 때문에 이렇게 되면 시민들은 생업을 포기해야 하는 정도에까지 이를 수도 있다. 그런데 일반 시민들은 생업을 포기하면서 배심원으로 되려고 하지 않을 것이라고 생각된다. 그렇기 때문에 공판기일이 지연되면 시민참여의 적극성이 떨어지고 국민참여재판은 성공적으로 정착되지 못하는 상황에 직면하게 될 수도 있다.[211] 따라서 집중심리주의가 기본원칙으로 규정되었다(한국 현행 형사소송법 제267조의2).

또한 배심원들은 공판기일 전에 기록을 볼 수 없고 공판정에서 구두로 된 질문도 할 수 없다. 다만 피고인·증인에 대하여 필요한 사항을 신문하여 줄 것을 재판장에게 요청할 수 있을 뿐이다(국민의 형사재판 참여에 관한 법률 제41조 제1항). 이와 같이 배심원은 서면에 의한 질문은 가능하다. 그러나 법관 또는 검사, 변호인과 같이 직접 구두로 피고인, 증인에 대한 신문이 이루어지는 것이 아니어서 자유롭지 못하고 어디까지나 한계가 있어 보인다. 그렇기 때문에 검사와 변호인은 일반인의 눈높이에서 배심원들이 잘 알아들을 수 있도록 간단하게 설명해야 하고 자신의 주장을 배심원들에게 설득해야 한다. 이에 따라 반드시 구두로 변론해야 한다. 그러므로 조서는 기존과 같은 큰 역할을 발휘하지 못하고 의미가 없어진다.

배심재판과 공판중심주의는 갈라서 의논할 수 없다. 배심재판은 그 대상이 되는 사건의 수와 관계없이 필연적으로 종래 조서재판을

검토한다-", 687면.
211) 신동운, 앞의 책, 838면 참조.

가능하게 했던 형사소송법 규정과 수사 및 재판 관행을 개선할 것을 요구하고 있는 것이다.212) 형사배심제의 도입은 기존의 형사절차, 형사 관행에 일대 혁신을 초래할 수밖에 없다. 종래 형사소송법상의 이론적 원칙들과 한국의 형사현실이 괴리된 이유 중의 하나는 배심제를 상정하고 성립된 제도들을 오직 직업법관에 의한 재판으로 해결해 가려고 할 때 생기는 문제점들이다. 그러나 배심제가 도입되면 형사절차의 변화는 선택이 아니라 필수가 되는 것이다.213)

아울러 국민을 사법절차의 객체로 취급하던 전관예우나 유전무죄, 무전유죄라는 고질병이 더 이상 힘을 발휘하지 못한다. 그 원인은 참여재판은 전관예우는 관심이 없는 일반 국민이 배심원으로 참석하여 시민의 눈높이로 판단하기 때문에 유전무죄, 무전유죄라는 말이 발붙일 곳이 없게 되기 때문이다. 참여재판에서는 전관출신의 변호사와 돈 있는 자가 일반 서민들보다 특혜를 받을 수 없으므로 그 동안 사법부에 쌓여 왔던 국민의 불신을 해소하고 사법의 공정성을 도모할 수 있을 것이다.214)

Ⅱ. 국민참여재판제도의 입법과정

1. 국민참여재판제도의 출범

가. 사법개혁위원회의 활동

한국시민의 사법참여운동은 1990년대부터 논의되었다. 1995년 감영삼 대통령의 위촉으로 구성된 세계화추진위원회와 대법원은 공동

---

212) 민영성, "공판중심주의와 공정한 재판", 97면.
213) 안경환·한인섭, 배심제와 시민의 참여, 집문당, 2005, 57면.
214) 김병수·민영성, "국민참여재판의 활성화 방안에 관한 연구", 형사정책, 제23권 제1호(2011), 37면.

으로 사법개혁구상을 입안하였는데, 이것은 '시민의 사법참여가 태동하는 모습'을 보여주었다.[215] 그러나 이 시기에는 사법개혁을 요구하는 목소리는 높았어도 시민이 사법에 '참여하겠다'는 목소리는 크지 않았다.[216] 21세기에 들어선 이후 2003년 8월 대법관 임명을 둘러싸고 논란이 야기되었는데 최고법원의 법관을 직업법관으로만 충원해 오던 종래의 관행에 대한 비판이 주된 내용이었다. 이를 계기로 대통령과 대법원장은 대폭적인 사법개혁 작업을 추진하기로 하고 대법원 산하에 사법개혁위원회를 설치하는 데에 합의하였다.[217] 2003년 10월 사법개혁위원회가 21명의 위원으로 구성되는데 그 주된 의제의 하나가 바로 '국민의 사법참여제도의 도입'을 채택하는 것이었다. 그리고 2004년 위원회를 마감하면서 '국민사법참여제도의 도입을 건의'하였다.[218]

이후 사법개혁위원회의 건의내용을 구체적·체계적으로 추진해 나가고 건의안을 정책화하고 입법화하기 위하여 2005년 1월 대통령 산하에 사법제도개혁추진위원회가 설치되었다. 위원회는 국무총리와 국무총리급 민간인을 공동위원장으로 하고 관계 부처 장관과 민간위원 총 20명으로 구성되었다. 위원회 산하에는 기획추진단이 조직되어 사법참여제도에 관하여 연구·검토를 하였고 관련분야 전문가를 중심으로 구성된 사법제도개혁 실무추진위원회는 기획추진단이 성안한 법률안 초안을 바탕으로 전문적인 심의와 검토에 임하였다.[219]

---

215) 심희기, "1990년대 한국의 형사사법 개혁운동의 성과와 전망", 형사정책. 제13권 제1호(2001), 358-360면 참조.
216) 심희기, 앞의 논문, 367면.
217) 申東雲, 韓國における國民參與裁判の新たな展開·刑事法ジャーナル, 2012 vol.32 「特集·裁判員裁判と國民參與裁判」, 102면 이하 참조.
218) 사법개혁위원회, 사법개혁위원회 자료집(Ⅶ), 181면 이하 참조.
219) 신동운, "한국의 국민참여재판제도의 현황과 발전방향", 「人民參與審判國際硏討會議手冊」, 司法院, 中華民國103年7月14日, 203면.

사법제도개혁추진위원회가 마련한 법률안 초안은 정부안으로 채택되어 2005년 12월 국회에 넘겨졌고 국회는 2007년 4월 30일 '국민의 형사재판 참여에 관한 법률'을 통과시켰다. 같은 일자로 국민참여재판을 전제로 한 형사소송법의 전면개정안이 함께 통과되었다. 다만 국회는 2008년 1월부터 이 법률을 시행한다고 하였다. 그리하여 한국은 직업법관의 재판만을 받아들이던 데로부터 국민이 사법에 참여하는 국민참여재판을 받아들이게 된 것이다.[220]

나. 제도도입을 둘러싼 찬반논쟁과 합헌성여부

(1) 제도도입을 둘러싼 찬반논쟁

한편 국민참여재판제도의 도입을 둘러싸고 논의과정에서 소송비용의 과다 등 배심재판의 비효율성, 배심원의 법률적 비전문성으로 인한 오판 위험성이나 인맥중심의 한국사회에서의 재판의 공정성 확보의 어려움 등을 이유로 내세워 국민의 형사재판참여를 반대하는 목소리도 적지 않았다.[221] 그러나 당시 국민여론, 시민단체 등이 제도 도입에 대해 긍정적인 입장[222]을 보였다. 그리고 대법원이 전

---

220) 한인섭, "한국의 배심원재판 -준비과정과 시행원년의 성과를 검토한다-", 686면.

221) 이동희, "국민참여재판의 성과와 과제-최종형태안에 대한 평가와 제언을 포함하여-", 저스티스 통권 제146-3호(2015. 2. 한국법률가대회 특집호 II). 73면.

222) 한국방송(K-TV)이 전국의 성인남여 1,038명을 대상으로 실시한 2003년 10월의 여론조사에서는 제도 도입에 찬성한 비율이 80.6%였고 반대가 16.6%였다. 그리고 2003년 12월 대법원이 여론조사기관에 위탁하여 실시한 여론조사에서는 제도 도입에 찬성한 비율이 81.3%였고 배심원으로 선발된 경우에 참가할 의사가 있는지에 대하여는 85.9%가 긍정적인 답변을 했다. 그밖에 사법제도개혁추진위원회가 외부연구기관에 의뢰하여 조사한 여론조사 결과에 의하면 제도도입에 찬성한 비율이 89.4%였다(사법제도개혁추진위원회, 국민참여재판제도에 대한 인식조사, 2005. 12).

국의 판사 836명을 대상으로 실시한 내부의 설문조사에서도 배심제
내지 참심제의 도입에 찬성한 의견이 전체의 53%, 반대가 39.1%를 차
지하였고 구체적인 형식에 대해 참심제를 선호하는 의견이 전체의
36.8%, 배심제는 28.8%, 일본식의 재판원제도가 24.2%였다. 그밖에 법
무부와 경찰청 등의 국가기관에서도 찬성의견이 제시되기도 했다는
점도 제도도입에 긍정적인 작용을 했다고 볼 수 있다.223)

(2) 국민참여재판제도의 헌법적합성 논쟁

한국 헌법의 규정에 따르면 모든 국민은 헌법과 법률이 정하는
법관에 의하여 법률에 의한 재판을 받을 권리를 가진다(헌법 제27조
제1항). 여기에서 '법률이 정한 법관'은 '헌법과 법률이 정한 자격과
절차에 의하여 임명되고 물적 독립과 인적 독립이 보장된 법관'을
의미한다고 통상 해석된다.224) 이 해석대로라면 사법부에 속한 직업
법관만이 여기에 해당하기 때문에 직업법관이 아닌 시민이 재판에
관여하면 위헌이라는 것이다. 이와 관련하여 기존의 교과서를 비롯
한 다수의 헌법학자들은 배심제는 배심원이 사실의 판정에만 관여
하고 법률판단에는 참여하지 않기 때문에 합헌이지만, 참심제는 참
심원이 법률판단까지 하므로 위헌이라고 주장하고 있는데 이 견해
가 가장 유력했다.225)

---

223) 이동희, 앞의 논문, 73면.
224) 헌법재판소 1993. 11. 25. 91헌바8 결정.
225) 허영, 한국헌법론, 박영사, 2005, 370면; 성낙인, 헌법학(제3판), 법문사,
   2003, 538면; 권영성, 헌법학원론, 법문사, 2007, 597면; 장영수, 헌법학, 홍문
   사, 2007, 891면; 홍성방, 헌법학, 현암사, 2006, 635면; 강경근, 헌법, 법문사,
   2004, 878면.
   그밖에 배심제와 참심제 모두 위헌이라는 입장이 있다. 이 입장과 관련
   하여 외국의 여러 국가가 배심제이든 참심제를 수용하고 있는 것은 그
   국가의 헌법들의 개방성에 연유하든 또는 직접 명문규정을 둔 결과인 까
   닭이다. 그렇기 때문에 한국 헌법이 이를 수용하는 것은 문제가 있다는

　법조문을 문리해석상으로 볼 때 법관은 사법부에 소속된 직업법
관만을 의미한다고 보는 것이 마땅하다. 그러나 배심제나 참심제는
사법에 대한 국민의 참여를 실현하기 위한 제도로서 선진적인 민주
국가에서 보편적으로 채택되어 있는 제도이다. 그런데 이들 국가와
마찬가지로 국민주권주의를 내세우고 있는 한국에서 헌법적합성이
배제된다고 하는 것은 상식에 맞지 않다는 비판이 제기되었다.[226)]

　이에 대한 근거는 이 조항은 국민의 재판받을 권리를 보장하기
위한 규정으로 새겨야 할 것이지 배심 또는 참심과 같은 국민참여의
재판형태를 배제하기 위한 헌법적 결단으로 이해하기는 어렵다는
것이다. 또한 내용적으로 보더라도 배심재판의 경우 법관을 배제한
채 재판한다는 것이 아니라 법관과 함께 재판하며 법관의 설시를 처
음부터 끝까지 받고 있는 것이기 때문에 배심이든 참심이든 국민주
권의 헌법체제 하에서 위헌론은 합당하지 않다고 하는 주장이 있었
다.[227)] 더 나아가 민주주의의 본질에 더 부합하는 제도가 유독 한국

　　것이다. 그러므로 한국의 관련 헌법조항을 개정하지 않는 한 위헌성의 의
　　심이 뒤따를 수밖에 없다고 본다. 권영설, "국민의 사법참여제도와 헌법",
　　국민의 사법참여공청회, 사법개혁위원회/한국공법학회, 38면 이하 참조.
　　그리고 배심제와 참심제 모두 합헌이라는 입장이 있다. 이 입장에 있어
　　서 독일을 예로 들고 있다, 독일의 경우 참심제에 관한 헌법상의 명문규
　　정이 없다. 그럼에도 불구하고 합헌으로 인정되고 있다. 독일 연방헌법재
　　판소는 참심원의 재판참여에 관한 문제는 입법자의 재량에 맡겨진 것으
　　로 판단하고 있다는 점을 근거로 제시했다. 그밖에 일본에서 최근에 참
　　심제라고 볼 수 있는 재판원제도가 시행되고 있다는 점을 근거로 들었다.
　　일본의 재판원제도는 직업법관 3명과 일반시민인 재판원 6명이 재판부를
　　구성해 유무죄 판단에서 형량까지를 함께 정하는 방식으로서 2004년 5월
　　참의원의 의결로 도입이 확정되어 2009년부터 시행되어 오고 있다.
226) 김승대, 국민의 사법참여 공청회, 토론문, 99면.
227) 한인섭, "한국의 배심원재판-준비과정과 시행원년의 성과를 검토한다-",
　　691면. 위헌론에 대한 비판과 관련해서는 안경환·한인섭, 앞의 책, 91-97면
　　참조 바람.

헌법상의 몇몇 규정에 의하여 위헌이 된다는 것은 '일견 상식에 어긋난 결론'으로 되기 때문에 법관에 의한 재판을 받을 국민의 권리가 다른 국민을 전적으로 배제할 권리로 변질되는 것은 허용될 수 없는 것이라고 하였다.[228] 다만 위헌론의 존재자체를 부정해 버릴 수 없기 때문에 입법화 단계에서 '최소한의 위헌가능성도 없애기 위한' 제도설계를 하게 되었다고 한다.[229]

(3) 국민참여재판의 효력

이러한 국민참여재판의 위헌성 소지에 대하여 가정 먼저 해소해야 할 문제는 국민참여재판의 효력이다. 즉 배심원의 평의 및 평결과 관련된 부분인데 입법자들은 이에 대해 '권고적 효력'을 가진다고 규정하였다. 그렇기 때문에 법관은 평결에 대해 기속되지 않을 뿐더러 때로는 이를 무시하고 판결할 권한을 가진다.[230]

다. 논의성과

사법개혁위원회는 국민의 사법참여를 포함하여 사법개혁의 과제로서 선발된 안건 전반에 대하여 검토를 진행하였는바, 그 활동의 결과로서 2004년 12월 31일에 발표한 '사법개혁을 위한 건의문'에서 배심제와 참심제의 요소를 혼합한 모델의 국민참여재판제도를 5년간 시범실시(연간 100~200건 정도)한 후 한국에 적합한 국민의 형사사법참여모델을 완성하여 실시할 것을 제안했다.[231]

---

228) 김승대, 앞의 토론문, 100면.
229) 한인섭, "한국의 배심원재판 -준비과정과 시행원년의 성과를 검토한다-", 691면.
230) 국민의 형사재판 참여에 관한 법률, 법률 제8495호. 제46조 제5항은 "제2항부터 제4항까지의 평결과 의견은 법원을 기속하지 아니한다."고 규정하였다.
231) 건의문에서는 "2012년부터 국민의 사법참여가 실질적으로 보장되는 완성

그 후 사법제도개혁추진위원회가 사법개혁위원회의 건의서의 제 언과 마찬가지로 우선은 "제1단계의 국민의 사법참여제도"를 도입한 다는 방침으로 배심제와 참심제를 혼합한 모델의 국민참여재판제도 를 약 5년간 시범실시한 후 그 실시경과를 분석하고 헌법상의 문제 를 해명하면서 한국에 적합한 최종적인 국민참여재판의 모델의 성 안한다고 하는 계획을 세웠다. 이러한 방침은 국민참여재판법에 입 법적으로 반영되어 있다.[232]

2. 국민참여재판제도의 형태

가. 한국 국민참여재판제도의 성격

그렇다면 국민참여재판제도는 배심제인가 참심제인가? 한국에서 국민참여재판제도를 도입할 당시 그 성격을 둘러싸고 논의가 치열 했다. 그 입법형태에 있어서 가장 많이 논의된 것은 독일의 참심제 와 미국의 배심제였다.[233] 독일의 참심재판은 직업법관 1명과 시민 법관 2명, 혹은 직업법관 3명과 시민법관 2명으로 구성되고, 미국의 배심재판은 직업법관 1명과 배심원 12명으로 구성되는 것이 원칙이 다. 독일의 참심재판 하에서 시민법관은 직업법관과 함께 사실을 인 정하고 양형을 한다. 반면에 미국의 배심재판 하에서 배심원은 사실

된 제도를 실시하는 것을 목표로 하며, 우선 제1단계 국민사법참여제도 를 고안 실시하여 그 시행성과를 실증적으로 분석한 후, 한국에 적합한 완성된 국민사법참여제도를 설계하여 2012년에 시행하며, 제1단계 국민 사법참여제도의 시행에 있어서는 배심이나 참심과 같은 단일한 기본모델 을 결정하지 않고 배심·참심의 요소를 혼합한 제도를 모델로 한다"라는 취지가 제시되어 왔다. 사법개혁위원회, 사법개혁을 위한 건의문(2004. 12. 31), 28-30면.

232) 이동희, 앞의 논문, 72면.

233) 한인섭, "한국의 배심원재판 -준비과정과 시행원년의 성과를 검토한다-", 692면,

인정만 하고 양형은 직업법관이 최종판단을 하게 된다.

배심재판이나 참심재판 모두 각자의 장단점을 갖고 있다. 전문적 지식이 필요한 사건에서 배심재판을 하게 되면 일반인들이 판단하기 어려운 상황도 있고 사회적 이슈가 되는 사건의 경우 자신의 입장에 따른 선입견이 충분히 있을 수 있기 때문에 증거에 의하지 않은 사실판단을 내릴 염려가 크다는 지적이 있다. 특히 여론에 의한 감정적인 재판이나 혈연, 학연, 지연 가타 개인적 감정에 따른 감정적 판단의 우려가 있다.234)

반면에 참심제 하에서의 시민법관은 직업법관과 동일한 지위에서 양형판단까지 할 수 있다는 점을 놓고 볼 때, 언뜻 보면 독일에서 시민의 관여범위가 더 넓은 듯이 보이지만 실제로 참심재판 하에서는 시민은 직업법관의 영향력에 휘둘리게 되고 직업법관이 사실판단과 법적용을 거의 주도해버린다는 데에 그 결정적 결함이 있다.235)

다만, 사법개혁위원회의 논쟁과정을 통해 관찰한 바로는 사법부의 고위층에 이를수록 배심재판의 모델을 그다지 선호하지 않았고, 국민의 사법참여를 채택하여야 한다면 독일식 참심제가 더 낫다는 입장이었다. 시민들에게 재판권을 넘겼을 때, 시민들만의 평의·평결을 제대로 믿을 수 있겠는가 하는 우려에서였다.236) 결국 사법개혁위원회는 타협안으로 다음과 같이 정리했다. 첫째, 배심·참심요소를 혼용한 한국형 국민참여재판의 모델을 만들어낸다. 둘째, 사건의 경중과 피고인의 자백 여하에 따라 참여시민의 수를 달리한다. 직업법

---

234) 손기식, "국민을 위한 사법", 「국민과 사법」심포지엄 - 사법의 접근성, 공정성, 국민의 사법참여 -, 대법원, 2000, 37면.

235) 한인섭, "국민의 사법참여 - 그 구체적 실현방안, 한국형 배심제의 도입을 위하여", 국민의 사법참여 공청회, 128면; 한인섭, "한국의 배심원재판 - 준비과정과 시행원년의 성과를 검토한다.", 692면.

236) 한인섭, "한국의 배심원재판 - 준비과정과 시행원년의 성과를 검토한다 -", 692-693면.

관은 3명으로 고정적이지만 일반시민은 5~9명으로 융통성을 둔다. 셋째, 유무죄의 평결에서는 일반시민들이 논의 후 의견을 개진하고 유죄로 직업법관과 참여시민들의 합의가 이루어지면 양형단계에서는 참여시민들은 직업법관와 함께 양형에 관하여 토의하고 그에 관한 의견을 개진한다.[237)]

사법제도개혁추진위원회는 구체화 단계에서 보다 배심제적 방향으로 제도설계를 했고 국회는 이를 수용했다.[238)] 그리하여 「국민의 형사재판 참여에 관한 법률」 제13조에서는 "배심원의 수는 법정형이 사형·무기징역 또는 무기금고에 해당하는 대상사건에 대한 국민참여재판에는 9인의 배심원이 참여하고, 그 외의 대상사건에 대한 국민참여재판에는 7인의 배심원이 참여한다. 다만, 법원은 피고인 또는 변호인이 공판준비절차에서 공소사실의 주요내용을 인정한 때에는 5인의 배심원이 참여하게 할 수 있다."라고 규정되어 있다.

나. '배심원' 명칭의 유래

참여시민의 명칭을 무엇이라고 할 것인가에 대해서도 논쟁이 있었다. '사법참여인', '시민판사', '시민법관'등 여러 가지 용어들이 오르내렸지만 결국에 채택된 것은 '배심원'이라는 용어이다. '시민판사'나 '시민법관'이라는 명칭에 대해서는 법원측에서 강하게 반발하였다.[239)] 그러나 '배심원'이라는 용어는 몇 가지 장점을 갖고 있다. 우선 한국 국민들이 미국의 영화 또는 드라마를 통해 배심원이라는 용어와 그 역할에 대해 친숙하다. 그렇기 때문에 배심원이라 칭할 경

---

237) 한인섭, "한국의 배심원재판-준비과정과 시행원년의 성과를 검토한다-", 693면.
238) 한인섭, "한국의 배심원재판-준비과정과 시행원년의 성과를 검토한다-", 693면.
239) 김선수, 앞의 책, 154면 참조.

우 국민들은 자신의 역할에 대해 쉽게 이해할 수 있다. 다음으로 위에서 언급하다시피 입법과정에서 이미 배심제적 틀을 많이 수용하고 있었다. 이러한 점에서 볼 때 한국의 국민참여재판은 영미식 배심재판과 비슷하고 '배심원'이라고 하는 용어가 가장 적합하다.[240]

3. 주요내용[241] (2007. 6. 1 제정)

가. 대상사건의 적용범위

사법개혁위원회의 건의안에서는 형사중죄사건에 대해 시민사법참여를 건의한다고 했을 뿐, 구체적으로 배심과 참심 중 어떤 방향으로 시행할 것인가에 대해서는 결론을 내리지 못하였다.[242]

국민참여재판이라고 하는 새로운 제도의 시행이 실무에 어느 정도 업무부담을 가져올 것인지에 대해서는 사실상 예측하기가 어렵다. 직업법관만이 형사재판을 해오던 국가에서 새로운 형태의 재판이 도입되고 또 그것이 국민의 기본권리와 긴밀히 연관되어 있기 때문이다. 이러한 점을 감안하여 한국은 국민참여재판을 도입할 때 두 단계를 거치도록 하였다. 우선 1단계는 시행 첫 5년간으로 이 기간에 국민참여제도를 고안 실시하여 그 시행성과를 분석한 후 한국형 모델을 확정한다. 그 다음 2단계에 이르러 국민사법참여가 실질적으로 보장되는 완성된 제도를 시행한다는 것이다.[243] 즉 입법자들은 이러

---

240) 한인섭, "한국의 배심원재판-준비과정과 시행원년의 성과를 검토한다-", 694면.
241) 이하 주요내용은 국가법령정보센터 「국민의 형사재판 참여에 관한 법률」의 제정·개정이유를 참조하였음.
242) 이와 관련하여 구체적인 논의과정은 안경환·한인섭, 앞의 책, 32면 이하를 참조.
243) 한인섭, "한국의 배심원재판-준비과정과 시행원년의 성과를 검토한다-", 695면.

한 구상에서 출발하여 대상사건의 기준을 정하되 시행경과를 지켜
보면서 탄력적으로 대상사건의 범위를 조절하는 방법을 채택하였다.
　그리하여 고의로 사망의 결과를 야기한 범죄, 강도 및 강간이 결
합된 범죄, 강도 또는 강간에 치상·치사가 결합된 범죄, 일정범위의
수뢰죄 등을 중심으로 대상을 정하되, 합의부 관할 사건 중 대법원
규칙이 정하는 사건도 적용대상으로 하였다(2007년 국민의 형사재판
참여에 관한 법률 제5조).

나. 피고인의 의사

　법원은 피고인이 국민참여재판을 원하는지 여부에 관한 의사를
서면 등의 방법으로 반드시 확인하도록 하였다(2007년 국민의 형사
재판 참여에 관한 법률 제8조 제1항). 피고인은 공소장 부본의 송달
을 받은 날부터 7일 이내에 국민참여재판을 원하는지 여부를 기재한
서면을 제출하도록 하고, 피고인이 서면을 제출하지 아니한 때에는
국민참여재판을 원하지 아니하는 것으로 보도록 한다(동조 제2항,
제3항).

　한국의 경우 국민참여재판은 피고인의 의사가 확인되는 경우에
만 실시하기로 되어 있다(동법 제8조 제1항). 피고인이 원하지 아니
하는 사건은 국민참여재판에서 제외된다(동법 제5조 제2항).

　국민의 형사재판 참여에 관한 법률 제정 당시 사법제도개혁추진
위원회는 피고인의 의사에 반하여 국민참여재판을 실시할 경우 헌
법 제27조 제1항에서 정하는 '헌법과 법률이 정한 법관에 의한 재판
을 받을 권리'에 대한 침해를 우려하여 피고인의 신청이 있는 경우
에만 국민참여재판을 진행하는 신청주의를 채택하였다.[244]

---

244) 2013 국민참여재판제도의 최종 형태 결정을 위한 공청회 자료집, 대법원
　　 국민사법참여위원회(이하 '위 공청회 자료집'이라고 함), 67면.

다. 참여재판의 배제사유

배심원·예비배심원·배심원후보자 또는 그 친족의 생명·신체·재산에 대한 침해 또는 침해의 우려가 있어서 출석에 어려움이 있거나 이 법에 따른 직무를 공정하게 수행하지 못할 염려가 있다고 인정되는 경우, 공범 관계에 있는 피고인들 중 일부가 국민참여재판을 원하지 아니하여 국민참여재판의 진행에 어려움이 있다고 인정되는 경우, 그밖에 국민참여재판으로 진행하는 것이 적절하지 아니하다고 인정되는 경우에는 법원이 국민참여재판을 하지 아니하기로 하는 결정을 할 수 있도록 한다(2007년 국민의 형사재판 참여에 관한 법률 제9조).

라. 배심원의 인원수

법정형이 중한 사형 등에 해당하는 대상 사건의 경우에는 국민참여재판의 배심원의 수를 9인으로 하고, 그 외의 대상 사건의 경우에는 배심원의 수를 7인으로 하되, 피고인 또는 변호인이 공판준비절차에서 공소사실의 주요내용을 인정한 때에는 배심원의 수를 5인으로 하도록 한다(2007년 국민의 형사재판 참여에 관한 법률 제13조 제1항). 배심원의 결원 등에 대비하여 5인 이내의 예비배심원을 둘 수 있도록 한다(동법 제14조 제1항).

마. 배심원의 자격

배심원은 만 20세 이상의 대한민국 국민 중에서 선정된다(2007년 국민의 형사재판 참여에 관한 법률 제16조). 배심원은 결격사유에 해당되거나 제척사유에 해당되는 경우 배심원으로 선정될 수 없다(동법 제17조, 제19조).

국회의원, 지방의회의원, 변호사, 법원·검찰공무원, 경찰, 군인 등 다른 배심원에 대하여 과도한 영향을 줄 수 있거나 배심원으로의 직무수행에 어려움이 있는 직업을 가진 사람은 배심원으로 선정될 수 없도록 하였다(동법 제18조).

바. 배심원 선정절차

배심원은 지방법원장이 그 관할구역내에 거주하는 만 20세 이상인 국민 중에서 무작위 추출 방식으로 정한다. 지방법원장은 매년 주민등록자료를 활용하여 배심원후보예정자명부를 작성하도록 하고, 법원은 국민참여재판을 할 때에 배심원후보예정자명부에서 필요한 수의 배심원후보자를 무작위 추출 방식으로 정하며, 법원은 선정기일을 지정하여 결격사유나 제척사유가 있거나 불공평한 판단을 할 우려가 있는 자를 배제한 후에 그 중에서 배심원과 예비배심원을 무작위의 방법으로 선정하도록 한다(2007년 국민의 형사재판 참여에 관한 법률 제22조 내지 제31조).

사. 공판준비절차의 도입

국민참여재판은 철저한 공판중심주의적 심리절차가 요구되므로 이에 따라 공판준비절차를 도입하고, 공판준비기일을 지정하여 당사자의 주장과 증거를 정리하도록 한다(2007년 국민의 형사재판 참여에 관한 법률 제36조, 제37조).

배심원은 피고인·증인에 대하여 필요한 사항을 신문하여 줄 것을 재판장에게 요청할 수 있고 재판장의 허가를 받아 필요한 사항을 필기할 수 있도록 하는 한편, 심리 중 법정이탈 금지의무와 평의·평결 또는 토의에 관한 비밀 누설 금지의무 등을 지도록 한다(동법 제41조).

아. 참여재판의 기속력

(1) 사실인정에 관한 평의와 평결

한국의 경우 배심원의 평의와 평결은 배심제적 요소와 참심제적 요소를 모두 시험실시할 수 있도록 입법화되었다. 우선 유무죄의 평의와 평결에 관련하여 변론종결 후 재판장은 법정에서 공소사실의 요지와 증거능력 등에 관한 사항을 설명한다(2007년 국민의 형사재판 참여에 관한 법률 제46조 제1항). 배심원들은 재판장의 설시를 듣고 함께 평의실로 이동하여 독자적으로 평의하고 만장일치를 원칙으로 하는데 이 과정에는 법관이 관여하지 않는다. 다만 배심원 과반수의 요청이 있으면 심리에 관하여 법관의 의견을 들을 수 있다(동법 제46조 제2항). 평의에서 배심원이 만장일치에 이르지 못한 경우 배심원은 반드시 법관의 의견을 들어야 한다. 이 경우 배심원은 다수결로 평결한다. 배심원들에게 의견을 제시한 법관은 배심원의 평결에 관여할 수 없다(동법 제46조 제3항). 즉 평결은 배심원들에 의해서만 이루어진다.

　여기에서 살펴보면 배심원의 의사결정은 전원일치의 원칙을 일단 지켜야 한다는 것을 알 수 있다. 즉 한국의 제도 하에서 배심원들은 전원일치의 결론을 도출해낼 필요성이 있다. 이렇게 한 이유는 단순다수결 하에서 견해차이가 있는 경우 서로를 설득하려면 힘겨운 토론과 논쟁을 회피할 수 있기 때문에 개인적 편견과 선입견에 합리적 이성이 자리를 내놓을 우려가 있다는 폐해를 염려했기 때문이다.[245] 그러한 점을 감안하여 전원일치를 원칙으로 하고 전원이 일치되는 의견에 이르지 못할 경우 법관의 의견을 들은 후 그에 따른 두 번째 평의가 진행되고 이때는 다수결로 정하는 방법으로 입법화되었다.

　(2) 양형에 관한 평의와 평결

　평결이 유죄인 경우 배심원은 법관과 함께 양형에 관하여 토의하

---

245) 한상훈, "사개추위의 「국민의 형사재판 참여에 관한 법률」 성안시 쟁점과 결론", 국민의 사법참여연구회, 국민참여재판-어떻게 준비하고 진행할 것인가, 자료집(2007. 6. 1) 참조.

고 개별적으로 양형에 관한 의견을 개진한다. 재판장은 양형에 관한 토의 전에 처벌의 범위와 양형의 조건 등에 대해 설명한다(동법 제46조 제4항). 그리고 배심원의 평결과 양형의견은 법원을 기속하지 않는다(동법 제46조 제5항). 이와 관련하여 배심원은 양형의 평의와 평결에서 '의견을 개진'할 뿐이지 양형의 평결은 할 권한이 없다. 양형의 권한은 어디까지나 직업법관에게 있으며 양형을 정하는 과정에서 직업법관은 배심원의 의견을 참고할 수 있을 뿐이다. 다만 재판장은 판결선고 시 피고인에게 배심원의 평결결과를 고지하여야 하며, 배심원의 평결결과와 다른 판결을 선고하는 때에는 법정에서 그 이유를 설명하도록 되어 있다(동법 제48조 제4항). 또한 판결서에는 배심원의 의견을 기재할 수 있으며(동법 제49조 제1항), 배심원의 평결결과와 다른 판결을 선고하는 때에는 판결서에 그 이유를 기재하여야 한다(동조 제2항).

　미국은 배심원이 사실확정 및 유무죄 평결을 하고 법관이 양형판단을 한다. 배심원의 평결은 전원일치로 내려야 함이 원칙이다. 독일은 법관과 참심원이 유무죄 판단 및 양형 판단 모두에 거쳐 공동으로 토의하고 다수결로 정한다. 공동참여와 다수결이 원칙이다. 한국의 국민참여재판제도를 살펴보면 평의과정에서 배심원이 법관의 의견을 듣거나 법관과 양형토의를 하는 것은 참심제적 요소를 나타내지만 반면에 법관의 개입이 없이 배심원들만에 의하여 평결이 이루어지도록 한 것은 배심제적 요소의 반영이라고 할 수 있다. 즉 한국의 국민참여재판은 배심제적 요소에 참심제 요소를 가미하였다고 볼 수 있다. 이러한 모델은 미국, 독일과 다른 한국만의 '독창적인 방식'이다.[246] 그 결과 한국에서의 국민참여재판에서 배심원의 평의와 평결은 권고적 효력만 가진다.

---

246) 한상훈, "사개추위의 「국민의 형사재판 참여에 관한 법률」 성안시 쟁점과 결론"을 참조.

III. 첫 5년의 시행경험 및 검토

1. 첫 5년 결산

가. 신청 및 처리 상황[247]

【제1심 접수/처리/미제 건수】

[2008. 1. 1 - 2013. 12.31]

접수		처리								미제
		합계		국민참여재판		배제		철회		
		건수	비율	건수	비율	건수	비율	건수	비율	
2008년	233	215	92.3	64	27.5	61	26.2	90	38.6	18
2009년	336	308	91.7	95	28.3	75	22.3	138	41.1	46
2010년	437	413	94.5	162	37.1	75	17.2	176	40.3	70
2011년	489	494	101.0	253	51.7	63	12.9	178	36.4	65
2012년	752	672	89.4	274	36.4	124	16.5	274	36.4	145
2013년	732	779	106.4	345	47.1	116	15.8	318	43.4	98
합계	2,979	2,881	96.7	1,193	40.0	514	17.3	1,174	39.4	-

2008년 1월 1일부터 2013년 12월 31일까지 6년 동안 접수된 2,979건의 국민참여재판 신청사건 가운데 1,193건이 국민참여재판으로 진행되었다.

한국에서는 국민참여재판이 많이 실시되고 있지 않다.[248] 이와 관련하여 이 기간 동안 피고인 스스로 사건을 철회한 건수는 1,174건

---

247) 신동운, "한국의 국민참여재판제도의 현황과 발전방향", 앞의 대만 司法院 회의자료, 223면.

248) 2008년 1월 1일부터 2012년 12월 31일까지 5년 동안 국민참여재판의 전체 대상사건은 41,691건이다. 그 중 2,232건이 국민참여재판을 신청하였는데 신청율은 5.4%로 매우 저조한 편이다. 5년간 월 평균 37.2건이 접수된 셈이다. 위 공청회 자료집, 대법원 국민사법참여위원회, 124-126면.

으로 전체의 39.4%에 달하는데 매우 높다는 것을 볼 수 있다.

나. 배심원 평의와 평결[249]

【평결/판결 일치 여부】

[2008. 1. 1 - 2012. 12.31]

구분	일치		불일치		합계	
	건수	비율	건수	비율	건수	비율
건수(비율)	782	92.2%	66	7.8%	848	100.0%

배심원의 평의와 평결과 관련하여 총 848건에 대해 유죄 또는 무죄의 평결이 내려졌다. 그 중 유죄평결이 624건, 무죄평결이 75건이다.[250] 그리고 배심원의 평결과 재판부의 판결이 일치한 사건은 782건으로 전체의 92.2%를 차지하고 불일치한 건수는 66건(7.8%)이다. 평결과 판결이 불일치한 사건 중 항소심에서 유무죄가 바뀐 사례가 2건 있었다.[251] 다시 말해서 항소심이 1심 배심원들의 손을 들어준 것이다.

다. 높은 항소율

【국민참여재판으로 진행된 경우의 항소율】 [252]

[2008. 1. 1 - 2012. 12.31]

판결 건수	항 소						미항소	
	검 사		피고인		전 체			
	건수	비율	건수	비율	건수	비율	건수	비율
848	386	45.5%	542	63.9%	695	82.0%	153	18.0%

---

249) 위 공청회 자료집, 145면.
250) 위 공청회 자료집, 144면.
251) 위 공청회 자료집, 145면.
252) 위 공청회 자료집, 142면.

【1심 형사합의사건의 항소율】 253)

[2008. 1. 1 - 2012. 12.31]

판결 건수	항 소					
	검 사		피고인		전 체	
	건수	비율	건수	비율	건수	비율
98,876	24,445	24.7%	48,038	48.6%	57,463	58.1%

【항소심에서의 처리】 254)

[2008. 1. 1 - 2012. 12.31]

접수 (인원)	처리(인원)							미제
	소계	파기		항소기각		항소취하		
		건수	비율	건수	비율	건수	비율	
683	628 100.0%	148	23.6%	476	75.8%	148	23.6%	39

【항소심 파기현황】 255)

[2008. 1. 1 - 2012. 12.31]

구분	국민참여재판 항소심 현황				전국 고등법원 파기율
	처리건수	판결건수	파기건수	파기율	
건수(비율)	628	624	148	23.6%	40.4%

판결 선고된 사건 중에서 항소를 제기한 사건은 695건으로 82%를 차지하였다. 같은 기간 일반재판으로 진행한 경우의 항소율 58.1%에 비하여 보면 상당히 높은 것이다. 더 나아가 항소율을 당사자 별로 살펴보면 검사의 항소가 386건으로 45.5%, 피고인의 항소가 542건으로 63.9%를 나타내고 있는데 이는 같은 기간 제1심 형사합의부사건에 있어서의 검사의 항소율 24.7%보다 높고, 피고인의 항소율 48.6%보다 높다.

---

253) 위 공청회 자료집, 142면.
254) 위 공청회 자료집, 146면.
255) 위 공청회 자료집, 165면.

그런데 여기서 유의해야 할 점은 국민참여재판사건에 대한 항소심의 파기이다. 항소심에서 처리된 628건 중 476건(75.8%)이 항소기각되고 148건(23.6%)이 파기되었다. 이는 같은 기간 각급 고동법원의 제1심 합의부사건의 원심 파기율 40.4%보다 낮은 수치이다. 이로부터 알 수 있는바 항소심은 국민참여재판으로 진행된 제1심 판결을 존중하는 경향을 보이고 있다.

2. 검토

앞서 본 바와 같이 국민참여재판의 신청율은 5.4%로 매우 저조하다. 만약 이대로 계속되어 간다면 현재의 국민참여재판은 결국 국민이 사법에 참여하는 시늉만 하는 것에 불과하고 배심재판을 하고 있다는 명목만 지니고 있는 제도로 전락될 가능성이 크다. 이를 막기 위해서는 이와 같은 저조한 신청율이 나타나게 된 원인을 분석하는 것이 선행되어야 할 것이다. 저조한 신청율과 관련하여 대표적으로 지적되는 문제점은 국민참여재판에 대한 사회적 인지도가 낮다는 점이다. 이처럼 피고인이 신청 후 스스로 철회한 건수가 상당히 많은 편인데 그 이유에 대하여는 개개의 사건별로 구체적인 사유가 파악되지 않았으나 개괄적으로 볼 때 다음과 같다. 피고인들은 이와 같은 제도가 있다는 사실 자체를 모르거나 설사 알더라도 그것이 구체적으로 어떠한 제도인지 잘 모르는 경우가 많다고 한다. 또한 알더라도 별다른 실익이 없을 것 같아 철회한 경우가 있는가 하면 피고인 자신에게 유리한지 불리한지를 판단하기 어렵기 때문에 국민참여재판 신청을 꺼려하는 경우가 있다고 한다.[256)]

그리고 법원이나 검찰, 변호인의 참여재판에 대해 소극적인 태도

---

256) 위 공청회 자료집, 김혜정 토론문, 101면.

를 보이고 있다는 점도 국민참여재판 실시의 저조한 원인으로 들 수 있다. 국민참여재판으로 인하여 법조인들의 업무 부담이 증가되는 것은 부정할 수 없다. 판사의 업무량이 증가하는 것은 물론이다. 검사의 경우 통상의 재판에 비하여 배심원들에게 설득하기 위하여 입증준비나 공소유지 단계에서 월등히 많은 업무량과 노력이 요구되고 있고 변호사의 경우에도 종래의 변호행태에 익숙한 입장에서 통상의 재판보다 어렵고 많은 업무임에도 특별히 고액의 선임비용을 받기 어렵다는 점이다. 그리고 무엇보다 설사 노력하여 무죄의 평결을 받더라도 기속력이 없어 유죄로 뒤집힐 가능성이 있다는 점을 감안하면 국민참여재판에 대한 기피경향은 쉽게 짐작되는 일이다.[257] 그밖에 수사가 모두 끝난 상황 하에서 공판절차에 이르러 법원으로부터 국민참여재판을 진행할 것이라는 통지를 받으면 수사과정에 있어서 모든 부분을 재차 확인, 체크해야 하기 때문에 업무량이 증가된다고 한다.[258]

다만 신청율에 있어서 2012년 7월 이후부터 신청사건 수가 급증한 것이 눈에 뜨인다. 그 원인은 2012년 7월부터 국민참여재판 대상사건을 합의부 관할사건 전체로 확대된 것에 기인한 것이라고 생각된다.

Ⅳ. 2012년 법률 개정 및 최근 입법동향

1. 개정이유 및 내용

국민의 형사재판 참여에 관한 법률은 2012. 1. 17일자로 다음과 같

---

257) 이동희, 앞의 논문, 86-87면
258) 2015년 제8회 한·중 형사소송법학회 국제학술대회에서의 공식석상에서 나온 발언이다.

은 내용으로 개정되었다. 국민참여재판 대상 사건의 죄명을 법률에
직접 규정하고 일정한 범위를 정하여 대법원규칙에 위임하는 이원
적 방식을 취하고 있으나, 법원의 재판에 건전한 국민의 상식을 반
영하고 사법신뢰의 향상을 위하여 국민참여재판 대상 사건을 「법원
조직법」 제32조 제1항에 따른 합의부 관할사건으로 확대하고, 성폭
력범죄의 피해자 등이 국민참여재판을 원치 않는 경우가 많음에도
불구하고 피해자의 이러한 의사를 반영할 수 있는 명문의 규정이 없
어 2차적 피해가 우려되므로 성폭력범죄 피해자가 국민참여재판을
원하지 않는 경우 또는 성폭력범죄 피해자를 보호할 필요가 있는 경
우에는 국민참여재판 배제결정 또는 통상절차 회부결정을 할 수 있
도록 함으로써 성폭력범죄 피해자의 안전 및 보호에 만전을 기하려
는 것이다.259) 개정된 법률은 2012년 7월 1일부터 시행되었다.

2. 최근 입법동향

가. 국민사법참여위원회의 활동

2008년 1월부터 시행된 국민참여재판이 곧 9년차에 접어들었다.
앞에서 이미 언급한 바와 같이 사법개혁위원회는 5년간의 시행성과
를 분석하여 한국형 참여재판의 최종형태를 결정하도록 건의한 바
가 있다(국민의 형사재판 참여에 관한 법률 제55조). 이러한 사법개
혁의 요구에 따라 국민참여재판 시행 5년째가 되는 2012년 7월에 대
법원 산하에 국민사법참여위원회가 발족했다. 위원장 1인을 포함하
여 13인의 비상근 위원으로 구성된 위원회는 7차례의 회의를 거쳐
건의문 초안을 마련하였다. 위원회는 공청회를 거쳐 2013년 2월 대법
원장에게 건의문을 제출하고 활동을 종료하였다.260)

---

259) 국가법령정보센터 「국민의 형사재판 참여에 관한 법률」의 제정·개정이유
를 참조하였음.

국민사법참여위원회의 건의내용 및 2013년 3월 6일 동 위원회에서 의결한 개정안의 내용을 간략하게 정리해보면 다음과 같다.

첫째, 실시방식이다. 현행 국민참여재판제도는 제도 시행 초기의 위헌시비를 차단하기 위하여 피고인이 적극적으로 희망하는 경우에 있어서만이 참여재판을 실시하도록 되어있다. 그러나 사법의 민주적 정당성과 투명성을 증진시키는 국민참여재판제도의 취지를 보다 활성화하기 위하여 국민의 관심사가 집중되는 일부 사건에 대해 신청이 없더라도 참여재판을 실시해야 하는 것이 아닌가 하는 주장이 제기되어 왔다. 그리하여 위원회는 피고인의 신청주의를 유지하면서 필요한 경우 법원의 직권 또는 검사의 신청에 따른 결정으로 국민참여재판에 회부할 수 있도록 함으로써 일부 강제주의 요소를 도입하였다(개정안 제5조 제3항). 이 경우 피고인은 불복할 수 없도록 하였다.[261] 이번 건의문 가운데서 일부 강제주의 요소를 도입한 것이 가장 두드러진 변화라고 평가된다.[262]

그러나 강제주의 요소의 도입과 관련하여 강제주의는 단지 피고인의 신청권 제한 측면에서만 의미가 있을 뿐, 실질은 법원과 검사가 절차회부권한을 나누어 가지는 것에 불과하다고 보는 비판적인 견해도 있다. 이에 따르면 최종안이 도입하고자 하는 일부 강제주의는 지나치게 낙관적이라 보고 있다.[263]

둘째, 배심원의 평결 효력이다. 이와 관련해서는 법적 기속력을 부여하지는 않지만 '평결을 존중하여야 한다'고 하였다. 다만 배심원의 평결이 헌법이나 법률 등에 위반되거나 부당한 경우 평결결과와

---

260) 위 공청회 자료집, 9면 이하 참조 바람.

261) 위 공청회 자료집, 79면.

262) 신동운, "한국의 국민참여재판제도의 현황과 발전방향", 앞의 대만 司法院 회의자료, 219면.

263) 김봉수, "국민참여재판 최종형태에 대한 비판적 고찰", 형사법연구 제26권 제4호, 2014, 171면.

달리 판결할 수 있다(개정안 제46조 제5항).

이번 건의내용에 있어서도 배심원의 평결 효력을 명확히 부여하지 않았다. 그 원인은 국민참여재판법 제정 초기에 논의되던 위헌논란이 헌법재판소와 대법원의 판례 등을 토대로 아직 위헌시비가 완전히 종식되지 않은 것으로 판단하였기 때문이다.[264] 그리하여 기존과 마찬가지로 배심원의 평결은 권고적 효력을 유지하였다. 다만 기존보다 권고적 효력의 정도를 강화하여 '사실상 기속력'을 부여하는 방안을 채택하였다.[265]

이에 대해 5년의 시범운영이 끝난 시점에서 여전히 법적 기속력을 부여하지 않는 것은 위헌론 뒤로 숨는 것이고, 이것은 결국 국민참여재판을 시행할 의지가 없음을 시인하는 것과 다를 바가 없다고 하는 지적이 있다.[266] 살피건대 배심원 평결의 기속력 여부도 중요하나 배심원이 정확하고 독립적으로 평결에 임할 수 있도록 제도적 정비가 선행되어야 할 것이다. 그것이 국민의 사법참여의 확대라는 국민참여재판이 자리를 잡는 데 첫걸음이 되기 때문이다.[267]

셋째, 배심원의 평결방식이다. 현행 국민참여재판법에서는 만장일치를 원칙으로 하고 이에 이르지 못하면 단순다수결에 따르도록 되어있다. 그러나 국민사법참여위원회는 배심원의 평결에 사실상의 기속력을 부여하는 것과 연계지어 배심원의 평결방식을 3/4 이상 가중다수결로 평결하도록 하였다(개정안 제46조 제3항). 즉 배심원의 3/4 이상이 찬성하는 경우에만 유죄 또는 무죄 평결이 성립되는 것으로 한 것이다. 만약 가중다수결을 얻지 못한 사건의 경우에는 재

---

264) 김종호, 국민참여재판제도의 최종 형태(주제발표), 위 공청회 자료집, 39면 이하 참조.
265) 위 공청회 자료집, 54면.
266) 김봉수, 앞의 논문, 174면.
267) 2013 국민참여재판제도의 최종형태 결정을 위한 공청회 결과 보고, 116면. 필자도 이에 대해 의견을 같이 하는 바이다.

판부가 배심원의 평결 없이 판결을 선고하도록 하되 이 경우에도 배심원의 의견을 참고할 수 있도록 하였다(동조 제6항).[268]

이에 대해서도 '배심원평결 없이' 판사가 판결을 선고하게 될 가능성이 높아질 수 있을 것을 우려하여 가중다수결제의 도입취지가 왜곡되지 않기 위해서는 제6항의 배제사유는 삭제되어야 한다는 비판적인 견해가 있다.[269]

넷째, 배심원의 수이다. 이와 관련해서 기존의 5인제를 폐지하고 7인제와 9인제 두 가지 유형만을 유지하였다(개정안 제30조 제1항 3호 삭제). 5인 배심제의 폐지는 공청회에서 나타난 의견을 반영한 것인데 국민사법참여위원회는 자백사건에 대해 시행되던 5인 배심제가 실무상 별다른 의미가 없다고 판단하였기 때문이다.

그리고 국민사법참여위원회는 기존의 의견제시절차를 그대로 유지하기로 하고 다만 법관의 '의견' 청취가 자칫하면 유무죄에 관한 의견이 청취로 오해될 여지가 있다는 점을 고려하여 법관의 '의견'을 법관의 '설명'으로 바꾸기로 하였다.[270]

더 나아가 국민참여재판의 법정 구조를 변경시키로 하였는데 그 원인은 배심원이 검사 쪽에 나란히 위치하여 있으므로 피고인과 변호인은 배심원의 표정과 반응을 살필 수 있는 반면 검사는 그렇게 할 수 없다는 데에 있다. 국민사법참여위원회는 이러한 지적을 받아들여 미국의 배심재판에서처럼 검사는 좌측, 피고인과 변호인은 우측에 각각 법대를 향하여 나란히 앉도록 법정 구조를 변경하였다.[271]

그밖에 배심원 연령을 만 20세 이상에서 만 19세 이상으로 변경하고, 재판장의 설명사항에 검사주장의 요지를 포함시켰고, 재판에 참

---

268) 위 공청회 자료집, 59면 이하 참조.
269) 김봉수, 앞의 논문, 176면.
270) 위 공청회 자료집, 69면 이하.
271) 위 공청회 자료집, 80면.

여한 배심원의 수와 유무죄 및 양형에 관한 배심원의 의견을 판결서에 필수적으로 기재하도록 하였다.

나. 법무부 1차 수정안의 내용

이후 법무부는 위 수정안을 독자적으로 수정하거나 별도의 내용을 추가한 수정안(이하 '1차 수정안'이라 함)을 2013년 10월 11일자로 입법예고한 바가 있다.

1차 수정안 내용은 다음과 같다.

첫째, 배심원의 평결효력과 관련하여 법원이 평결과 다른 판결을 선고할 수 있는 사유에 '대법원 판례에 위반되는 경우'와 평결의 내용이 논리법칙·경험법칙에 위반되는 경우 그 밖의 평의·평결의 절차 또는 내용이 부당하다고 인정할 만한 사유가 있는 경우'를 추가하였다(1차 수정안 제46조 제5항).

둘째, 배심원 평결의 방식과 관련해서 피고인과 변호인이 최후진술과정에서 새로운 쟁점이나 사실관계에 관한 의견을 진술한 경우 재판장은 검사에게 이에 대한 의견을 진술할 기회를 주도록 하고 피고인과 변호인도 위 검사의 의견 진술이 끝난 후에 재판장의 허가를 얻어 다시 이에 대한 의견을 진술할 수 있도록 하였다(1차 수정안 제45조의2 '피고인의 최후진술과 검사 등의 재의견진술'신설).

셋째, 실시요건과 관련해서는 강제실시 방식 중 검사의 신청에 의한 방식만 남기고 법원의 '직권'에 의한 실시방식을 삭제하였다(1차 수정안 제5조 제3항).

다. 법무부 2차 수정안의 내용

같은 해 2013년 12월 31일 법무부는 또다시 일부내용의 수정을 가하여 수정법률안(이하 '2차 수정안'이라 함)을 재차 입법예고하였는데 수정내용은 다음과 같다.

첫째, 국민참여재판 대상사건 중에서 '법원조직법 제32조 제1항 제6호에 따라 지방법원 합의부의 권한에 속하는 사건'-공직선거법위반사건이 제외된다(2차 수정안 제5조 1항 1호). 둘째, 배제결정과 관련하여 검사의 신청에 따라 법원이 배제결정을 할 수 있도록 하고 범죄의 성질 기타 사정으로 국민참여재판으로 진행하는 것이 불공평한 판단을 초래할 우려가 있는 경우 등을 배제사유에 추가하였다(2차 수정안 제9조 1항).

이와 같이 현재에 2차 수정안의 내용을 바탕으로 한 정부안이 2014년 6월 제19대 국회에 제출된 상태이다.[272]

법무부 2차 수정안에 있어서 주목할 만한 부분은 대부분의 선거범죄가 국민참여재판 대상에서 제외된다는 것이다. 이에 대해 "선거범죄 등 정치적 사건에 대한 참여재판은 배심원 개인의 주관적 정치성향에 따라 동일 사안에 대해 지역별로 평결이 달라질 개연성이 크기 때문에, 공정성·신뢰성 문제로 참여재판제도의 안정적 운용 자체가 어려워질 뿐 아니라 자칫 참여재판이 선거범죄를 정당화하거나 선거결과에 불복하는 수단이 악용될 소지가 있다."고 보는 시각이 있었다.[273]

그러나 이와 같은 처사는 국민참여재판의 취지를 퇴색시킬 수 있다는 반론이 제기되었다. 물론 선거사범에 대한 참여재판의 결과를 놓고 감성재판이라는 우려가 현실화 되었다는 비판이 있는 것은 사실이다.[274] 그러나 "불공정한 재판의 우려는 참여재판만의 탓으로

---

272) 이동희, 앞의 논문, 69면, 83면.

273) 중앙일보,「선거사건, 참여재판에서 뺄 필요 있나」2014년 1월 11일 기사 참조 바람.

274) 시인 안도현씨는 2012년 대선 때 박근혜 대통령 후보에 대한 허위 사실을 퍼뜨린 혐의로 기소되어 국민참여재판을 받았다. 배심원 7명은 만장일치로 무죄평결을 내렸으나 이와 정치적 입장을 달리하는 언론들은 이를 '감성재판'이라고 하며 비판을 가했다. 이 사건에 대해 재판부는 선고기일을

돌릴 것이 아니라 재판지 변경을 의무화한 형사소송법에 따라 해결해야 할 일이다."라고 비판하였다.[275] 법무부의 이와 같은 처사는「공직선거법」에 따른 선거법 위반사건 등에서 참여재판의 여지를 봉쇄하기 위한 것이라고 보고 있다.[276]

또한 판단자의 자질과 관련해서는 법관의 경우에도 나타날 수 있는 문제이고, 한국의 국민참여재판은 사법의 민주화 및 투명성의 확보를 목적으로 도입된 만큼 '국민'의 사법참여권 보장이 보다 강조되어야 되는 것이기 때문에 공정성을 해한다는 이유를 제시하는 논리는 설득력이 약하다고 지적하였다.[277]

법무부는 2013년 10월과 12월 두 차례에 거쳐 입법예고를 한 바가 있다. 이처럼 연달아 두 번 입법예고를 한 것은 이례적인 일이라는 평가를 받고 있다. 이것은 정부 측이 정치적 사건에 대한 국민참여재판의 결론을 문제 삼았기 때문이라고 보는 견해가 있다.[278]

연기한 후 유죄를 선고하였다. 반면 서울시 교육감 조희연씨는 선거법 위반 혐의로 기소되어 국민참여재판을 받았는바, 그에 대해서는 유죄평결이 내려졌다. 이번 평결에 대해서 언론은 별다른 이의를 제기하지 않았다. 이 사건에서 재판부도 유죄를 선고하였다.

275) 중앙일보, 앞의 기사.
276) 신동운, "한국의 국민참여재판제도의 현황과 발전방향", 앞의 대만 司法院 회의자료, 221면.
277) 김봉수, 앞의 논문, 172-173면.
278) 신동운, "한국의 국민참여재판제도의 현황과 발전방향", 앞의 대만 司法院 회의자료, 220면.

제3절 양국 배심제도의 비교

Ⅰ. 도입취지의 차이

1. 민주적 정당성

한중 양국 모두 배심제도와 관련된 법률이 있다. 한국의 「국민의 형사재판 참여에 관한 법률」은 사법의 민주적 정당성과 신뢰를 높이기 위한 것에 목적이 있고(현행 국민의 형사재판 참여에 관한 법률 제1조), 중국의 「인민배심원제도 보완결정」은 기존의 인민배심원제도를 보완하고 공민이 법에 의해 심판활동에 참가하는 것을 보장하며, 사법공정을 촉진하기 위한 것에 목적이 있다.

한국의 경우 '민주적 정당성'이라는 문구가 눈에 뜨인다. 그러나 중국은 그러한 단어가 없다. 그렇다면 한국에서의 '민주적 정당성'은 어떤 의미를 가지는가?

한국 헌법 제1조 제2항에서는 "대한민국의 주권은 국민에게 있고 모든 권력은 국민으로부터 나온다."고 하여 국민주권원리를 명시적으로 규정하였다. 국민은 권리의 주체이다. 그러나 모든 권력을 직접 행사하는 것이 아니라 국가기관을 통해서 권력을 행사하게 된다. 선거와 투표는 주권자인 국민이 그 주권을 행사하는 통로이다. 이와 관련하여 헌법재판소의 결정을 보도록 하겠다.

"민주주의 국가에서의 국민주권의 원리는 무엇보다도 대의기관의 선출을 의미하는 선거와 일정사항에 대한 국민의 직접적 결정을 의하는 국민투표에 의하여 실현된다. 선거는 오늘날의 대의민주주의에서 국민이

주권을 행사할 수 있는 가장 중요한 방법으로서, 선거를 통하여 국민은
선출된 국가기관과 그의 국가권력의 행사에 대하여 민주적 정당성을 부
여한다."[279)]

이로부터 알 수 있는바, 한국의 국민은 선거를 통하여 주권을 행
사할 수 있고 선거를 통해 선출된 국가기관과 그에 따른 권력은 민
주적 정당성을 지닌다. 한국은 3권분립의 국가이다. 그 가운데 입법
부인 국회와 행정부 수뇌인 대통령은 국민의 직접선거에 의해 선출
된다. 그러나 사법부인 대법원의 법관은 국민에 의해 직접 선출된
것이 아니라 대통령의 임명에 의한다. 그렇기 때문에 사법부는 민주
적 정당성이 결여되었다고 볼 수 있다. 이런 상황 하에서 국민이 사
법에 참여하는 것으로 사법부의 민주적 정당성을 보장할 수 있다.
　중국의 경우 '민주적 정당성'이라는 문구를 찾아볼 수 없다. 중국
의 현행법상 인민배심원은 직업법관과 동등한 권리를 향유하고 있
다. 역사적 맥락으로부터 살펴보면 중국의 인민배심원제도의 사회
주의 이념 하에서의 발달된 제도인바, 결국에는 인민이 인민을 재판
하고자 하는 것이다. 이에 따라 인민은 누구든지 재판관이 될 수 있
다. 이와 같은 이념 하에서는 인민이 직접 사법권을 행사하는 것이
되기 때문에 그 자체로서 정당성을 갖게 된다. 따라서 중국의 인민
배심원제도는 민주적 정당성이라는 단어는 사용하지 않은 것으로
생각된다.

2. 재판의 신뢰와 공정성

한국은 '사법의 신뢰'를 국민참여재판의 취지로 정하고 있다. 그

---

279) 헌법재판소 1999. 5. 27. 98헌마214 결정.

렇다면 무엇 때문에 이것을 취지로 삼았는가?

한국은 1910년부터 35년간 일제 강점기시대에서 살았다. 당시에는 한국 땅에 입법기구가 없었다. 그리하여 1911년 「조선형사령」에 의한 "의용형법"과 "의용형사소송법"을 사용하였다. 일제 당국의 관점에서 보면 의용의 대상이 되는 일본의 법률은 감히 손을 댈 수 없는 신성한 것이었다.[280] 그리고 당시 일본의 식민지국가인 한국 땅에서는 배심법의 적용이 배제되어 경험할 기회조차 없었다.[281] 건국 이후 한국은 권위주의 정권시대를 거쳐 오면서 법조유착과 사법에 대한 불신이 여전히 국민들의 의식 속에 남아있다. 무전유죄·유전무죄가 그러한 상황을 잘 표현하는 구절인데, 형사재판에 있어서 돈이 있고 없는 것에 따라 유무죄가 갈리는 것이다.

그렇기 때문에 무엇보다 사법에 대한 국민의 신뢰를 제고시키는 것을 우선으로 하여 여러 차례 사법개혁을 하였고 드디어 2007년 국민참여재판제도가 입법적으로 자리매김한 것이다. 아울러 위에서와 같이 금전과 형벌이 연관되어 있으므로 특히 형사재판에서 배심제도를 적용하였다고 생각된다. 한국에서의 사법에 대한 신뢰의 제고는 항상 미완의 과제였다. 따라서 한국은 이와 같은 역사적 맥락에서 출발하여 국민의 사법에 대한 신뢰를 제고하는 것을 입법의 목적으로 둔 것이라고 생각된다.

중국의 경우 '사법에 대한 신뢰'라는 문구가 없다. 반면 '사법의 공정성'이라는 단어를 찾아볼 수 있다. 인민이 재판에 참여하는 것을 통하여 법원이 올바른 판단을 내릴 수 있도록 감독하는 것이고 법원은 인민의 감독 하에 공정한 재판을 하여 인민들로 하여금 재판이 공평하고 정의롭다는 것을 느끼게 해준다.

---

280) 신동운, "향후 형사법 개정의 방향-형사소송법의 개정을 중심으로-", 서울대학교 법학, Vol.46 No.1, 2005, 103면.
281) 이동희, 앞의 논문, 80면.

양국은 입법목적에 대해 각각 '사법에 대한 신뢰', '사법의 공정성의 담보'라는 표현을 썼고 문구상의 차이가 있다. 그러나 양자는 서로 다른 것이 아니라 하나로 이어져 있다. 즉 사법의 공정성을 담보하게 되면 결국 국민은 재판이 정의롭다고 느껴 사법에 대한 신뢰를 가지게 되는 것이다. 그렇기 때문에 이 부분에 대해서는 특별한 차이점이 없어 보인다.

Ⅱ. 현행법상 양국의 배심제도의 비교

1. 대상사건의 범위

한국은 합의부 관할 사건에 대해 국민참여재판이 적용된다(현행 국민의 형사재판 참여에 관한 법률 제5조 제1항 제1호).[282] 피고인의 신청주의를 원칙으로 하여 피고인이 국민참여재판을 원하지 않으면 국민참여재판을 적용하지 않는다(동조 제2항). 공범의 관계에 있어서도 피고인들 중 일부가 국민참여재판을 원하지 않아 국민참여재판의 진행에 어려움이 있다고 인정되는 경우 법원은 국민참여재판을 하지 않기로 결정할 수 있다(동법 제9조 제1항 제2호). 더 나아가 성폭력범죄의 처벌 등에 관한 특례법 제2조로 인한 피해자 또는 그 법정대리인이 국민참여재판을 원하지 않는 경우에도 법원은 국민참여재판을 하지 않기로 결정할 수 있다(동조 동항 제3호).

중국의 경우 형사재판은 간이절차를 적용하는 사건 이외에는 원칙적으로 합의부를 구성하여 심판을 진행하는데 심판원들로 구성되거나 심판원과 인민배심원들로 구성된다고 되어있다(중국 현행 형

---

282) 2012. 1.17일자로 개정되어 2012. 7.1자로 시행되었다.

사소송법 제178조). 이와 관련하여 인민법원은 사회적 영향력이 비교적 큰 형사 또는 민사 또는 행정사건을 제1심으로 심판하는 경우에 인민배심원과 법관으로 합의부를 구성하여 진행하여야 한다. 그밖에 형사사건의 피고인 또는 민사사건의 원고, 피고 및 행정사건의 원고 등이 인민배심원이 합의부의 구성원으로 참가하여 심판할 것을 신청한 사건도 인민배심원제도가 적용된다(인민배심원제도 보완결정 제2조)고 규정하여 대상사건의 적용범위를 한층 더 명확히 규정하였다. 그러나 사회적 영향력이 크다는 것은 어느 정도를 놓고 말하는지에 대해서는 명확히 규정한 바가 없기 때문에 이에 대한 판단은 법원의 재량에 맡길 수밖에 없다.

요컨대 중국은 형사, 민사, 행정사건 모두에 대해 배심재판을 적용할 수 있는 반면 한국은 형사사건에 대해서만 배심재판이 적용된다. 그리고 한국의 경우 배심재판 적용여부를 결정함에 있어서 피고인의 의사를 매우 중요시한다는 것을 알 수 있다. 이와 관련하여 중국의 경우에도 피고인이 합의부 구성원에 인민배심원을 참가시킬 것을 요구하면 배심재판을 적용하도록 되어있다.

2. 권한

한국의 배심재판은 일부 참심제의 요소를 가미하고 있으나 전체적으로 보아 배심제의 틀을 갖고 있다. 배심원은 법관의 설시에 따라가기 때문에 법률판단은 하지 않는 것으로 되어있다. 배심석의 위치로부터 보아도 배심원들의 좌석은 직업법관과 떨어져 배치되었다. 법정구조와 관련하여 많은 논란의 과정을 거쳐 3명의 법관이 법대 위에 앉고 배심원과 예비배심원은 법대 옆쪽으로 앉으며 검사는 배심원 쪽에, 변호인과 피고인은 그 맞은편에 검사를 마주보고 앉는 것으로 결정을 하였다.[283] 배심원은 유무죄에 대한 판단을 할 수 있다. 다만 이에 대해서는 권고적 효력만 가진다(현행 국민의 형사재판 참여에 관한 법률 제46조 제5항). 달리 말하자면 배심원들의 유무죄에 대한 평의, 평결은 판결에 영향을 미치지 않는다. 그리고 양형판단에 있어서는 의견을 제시할 권한이 있다(동법 제12조 제1항).

중국의 인민배심원은 심판장을 담임하지 못하는 것을 제외하고는 심판원과 동등한 권리를 가진다(인민배심원제도 보완결정 제1조). 즉 사실인정과 유무죄에 대해 모두 판단한다. 그러므로 인민배심원은 공판정에서 당연히 질문을 할 수 있게 된다. 공판기일 피고인의 최후진술 절차가 끝난 후 심판장은 휴정을 선포하고 합의부는 평의를 진행한다(중국 현행 형사소송법 제195조). 여기에서 인민배심원은 합의부의 구성원이므로 심판원과 함께 사실인정과 양형판단에 대한 평의를 진행하고 판결을 내린다.

그러나 실무에서 인민배심원이 법관과 동등한 지위를 가지는 것은 거의 불가능하다. 그것은 그들이 법률 문외한으로 법률에 대한 지식이 없기 때문에 자연적으로 법관의 의지에 따라가게 된다. 많은 학자들도 인민배심원의 법률 소질이 높지 않은 것이 배심재판이 효과적으로 운용되지 못한 가장 중요한 원인으로 보고 있다.[284] 인민배심원은 단지 법관의 조수에 불과할 뿐이다.

인민배심원은 직업법관과 함께 재판석에 앉는다. 다만 중간석에는 심판장이 앉는다.

3. 배심원의 자격, 선정방법과 임기

가. 자격

한국의 경우 배심원으로 선정될 수 있는 나이는 만 20세 이상이

---

283) 김선수, 앞의 책, 124면.
284) 苗炎, 앞의 논문, 125면.

다(현행 국민의 형사재판 참여에 관한 법률 제16조). 그 중 법을 어겨 배심원자격이 결격되는 경우 또는 직업상의 요인으로 인하여 배심원이 될 수 없는 경우, 당해 사건과 이해관계가 있어 배심원이 될 수 없는 경우를 제외하고는 모두 배심원으로 선정될 수 있다(동법 제17조 내지 제19조).

중국의 경우 중화인민공화국의 헌법을 옹호하고 만 23세 이상의 건강한 사람은 인민배심원으로 선정될 수 있다(인민배심원제도 보완결정 제4조 제1관). 다만 중국은 배심원을 선정함에 있어서 학력에 대한 요구가 있는데, 인민배심원은 전문대학이상의 문화정도[285]를 요한다(동조 제2관). 그리고 입법기관의 구성원이거나 인민법원, 인민검찰원, 공안기관, 국가안전기관, 사법행정기관[286]의 구성원 그리고 직업 변호사는 인민배심원으로 선정될 수 없다(동법 제5조). 또한 범죄로 인하여 형사처벌을 받은 자도 배심원이 될 수 없다(동법 제6조).

중국의 경우 행정기관의 구성원을 인민배심원에서 완전히 제외시키지 않았다. 그러므로 일부 행정기관의 구성원도 인민배심원이 될 수 있는 것이다. 그러나 이것은 행정업무와 사법업무가 하나로 합치될 수 있는 위험성이 존재한다. 이렇게 되면 인민의 대표성을 발휘하는 것은 뒷전으로 하고 사법, 행정 등 권력들 지간에 감독을 제대로 할 수 없게 되는 결과를 초래하게 된다.

나. 선정절차

한국의 경우 법원은 행정자치부장관이 제공한 주민등록자료를 활용하여 배심원후보예정자명부를 작성한다(현행 국민의 형사재판 참여에 관한 법률 제22조). 그리고 그 중에서 배심원후보자를 무작위 추출방식으로 정하여 선정기일을 통지한다(동법 제23조).

---

285) 문화정도는 학력을 뜻한다.
286) 제2장 각주 148 참조.

법원은 선정기일에 출석한 배심원후보자에 대해 배심원후보자가 결격사유(동법 제17조), 직업 등에 따른 제외사유(동법 제18조), 제척사유(동법 제19조), 면제사유(동법 제20조)에 해당하는지 여부 또는 불공평한 판단을 할 우려가 있는지 여부를 판단하기 위하여 그에 직접 질문할 수 있고, 검사 또는 변호인도 그에 직접 질문할 수 있다(동법 제28조 제1항).

법원은 배심원후보자가 동법 제17조 내지 제20조까지의 사유에 해당하거나 불공평한 판단을 할 우려가 있다고 인정되는 때에는 직권 또는 검사·피고인·변호인의 기피신청에 따라 당해 배심원후보자에 대하여 불선정결정을 하여야 한다. 검사·피고인 또는 변호인의 기피신청을 기각하는 경우에는 이유를 고지하여야 한다(동법 동조 제2항).

검사와 변호인은 각자 다음 각호의 범위 내에서 배심원후보자에 대하여 이유를 제시하지 아니하는 기피신청(이하 '무이유부기피신청'이라 함)을 할 수 있다. ① 배심원이 9인인 경우는 5인; ② 배심원이 7인인 경우는 4인; ③ 배심원이 5인인 경우는 3인(동법 제30조 제1항). 무이유부기피신청이 있는 때에는 법원은 당해 배심원후보자를 배심원으로 선정할 수 없다(동법 동조 제2항).

중국의 경우 인민배심원의 선발과정이 매우 복잡하다. 본인의 직장에서 인민법원에 추천하거나 본인이 직접 신청을 하여 동급 인민법원과 사법행정기관의 심사를 거쳐 인민법원의 법원장이 후보자 명단을 동급 입법기관에 제출하면 동급 입법기관이 임명을 하는 것으로 되어있다(인민배심원제도 보완결정 제8조).

인민법원은 인민배심원재판으로 심판을 진행하는 경우 개정(開廷) 7일 이전에 인민배심원 명단 중에서 무작위 추출방식으로 선정하여 인민배심원을 확정한다(「최고인민법원의 인민배심원 심판활동에 있어서 약간의 문제에 관한 규정」(最高人民法院關于人民陪審員參

加審判活動若干問題的規定)[287] 제4조).

여기에서 한국과의 차이점이 가장 큰 부분은 인민배심원에 대한 기피이다. 위에서 기술한 바에 의하면 한국의 경우 배심원에 대한 기피는 재판이 시작되기 이전에 진행된다는 것을 알 수 있다. 그러나 중국에서의 인민배심원에 대한 기피는 재판이 시작된 이후에 진행된다. 개정(開廷)한 때에는 심판장은 당사자(피고인)의 출정여부를 밝히고 사건의 개요를 선포한다. 그리고 합의부 구성원, 서기원, 공소인, 변호인, 소송대리인, 감정인, 번역요원의 명단을 선포한다. 다음 당사자(피고인)에게 위에서 열거한 자들에 대해 회피(기피)신청을 할 권리가 있음을 고지한다. 그리고 피고인에게 변호권이 있음을 고지한다(중국 현행 형사소송법 제185조).

요컨대 중국에서의 인민배심원은 합의부 구성원으로 직업법관과 동등한 권리를 가지고 있으므로 피고인은 그에 대해 기피신청을 할 수 있고 그것은 재판이 시작된 후 당해 법정에서 이루어진다. 반면 한국의 경우 배심원에 대한 기피, 무이유부기피등은 재판이 시작되기 전 배심원 선정과정에서 이루어진다.

다. 임기

한국의 경우 배심원은 일일 배심원이다. 그러므로 임기가 존재하지 않는다. 배심원으로 선정된 당해 사건이 끝나면 '배심원'이라는 호칭은 없어진다.

반면 중국의 인민배심원은 임기가 5년으로 정해져있다(인민배심원제도 보완결정 제9조). 달리 말하자면 위의 선정절차에 의해 선정된 중국의 인민배심원은 임기가 만료될 때까지 '인민배심원'이라는 호칭이 따라붙는다. 인민배심원제도 보완결정은 인민배심원의 연임

---

287) 이 결정은 2009년 11월 23일 최고인민법원 심판위원회 제1477차 회의에서 통과된 결정이다. 2010년 1월 14일부터 시행되었다.

할 수 있는지 여부에 대해 명시하지 않았다. 그렇기 때문에 중국의 인민배심원의 임기가 만료되면 다시 같은 방법으로 인민배심원으로 선발될 수 있다. 그리하여 인민배심원을 '법복을 입지 않은 법관'이라고도 부른다.

라. 비교법적 검토

한국의 국민참여재판제도는 대체로 대표성이 잘 표현되었다고 느껴진다. 배심원 또는 예비배심원의 성별 구성 비율을 놓고 볼 때 2008년은 남(54.1%), 여(45.9%)이고 2009년, 2010년에는 남(52.2.%), 여(47.8%)이다. 연령별 2008년에는 20대(17.0%), 30대(27.2%), 40대(19.1%), 50대 이상(36.7%)이고 2009년, 2010년에는 20대(17.4%), 30대(26.5%), 40대(25.6%), 50대 이상(30.7%)이다. 직업별 2008년 회사원(34.8%), 자영업(17.4%), 주부(18.9%), 학생(6.9%)이고 2009년, 2010년에는 회사원(31.5%), 자영업(15.5%), 주부(18.3%), 학생(7.6%)를 차지하였다.[288] 이와 같이 한국은 남녀 평등하게 배심재판에 참여하고 연령대도 20대부터 50대 이상에 이르기까지 균일하게 분포되어 있으며 배심원들의 직업도 특정된 것이 아니라 다양한 직업을 가지고 있다는 것을 알 수 있다. 그리고 이 수치의 폭을 보면 대체로 비슷하여 큰 폭이 없다. 이러한 것은 국민참여재판의 민주성 및 대표성이 잘 표현된 것이라고 생각된다.

반면 중국의 인민배심원재판은 한국에 비해 대표성이 잘 발휘되지 못하고 있다. 인민배심원으로 되는 자격은 전문대학 이상으로 요건이 매우 높다. 쟝수(江蘇)성 양저우(揚州)시의 경우를 예로 들어 보더라도 그러하다. 해당 시의 기층인민법원과 중급인민법원에 인민배심원은 총 203명이 있다. 그 가운데 정부기관에서 온 자는 92명으

---

288) 탁희성·최수형, "형사정책과 사법제도에 관한 연구(Ⅴ)-국민참여재판제도의 평가와 정책화 방안-", 한국형사쟁책연구원(2011), 144면 참조.

로 44.6%를 차지하고, 사업기관(事業單位)[289]에서 46명(22.3%), 기업에서 24명(11.65%), 기타에서 41명(21.36%) 순이다. 203명 중 박사학위 소지자가 1명, 석사학위 소지자 4명, 학사학위 소지자, 66명, 전문대학 102명, 전문대학 이하는 30명이다.[290] 이와 같이 자격요건을 높이 정하는 것은 인민배심원의 엘리트현상을 불러올 수밖에 없기 때문에 대표성이 결여되는 경험담을 보여주고 있다.[291]

그런데다가 임기는 5년으로 매우 길다. 연임할 경우 임기는 더 길어진다. 이러한 것은 인민의 대표성을 나타내는 데에 큰 장애가 된다.

그런데 여기에서 주의해야 할 점은 공산당과 인민배심원의 관계이다. 인민배심원 중에는 공산당원이 있기 마련이다. 그러나 인민배심원은 당원으로써 사법을 감독하는 것이 아니라 어디까지나 국민의 일원으로서 사법을 감독하는 것이다.

결론적으로 볼 때 현행법 하에서는 인민배심원의 대표성을 제대로 발휘할 수 없다. 이 부분을 개선하고자 하는 목소리가 크다. 이에 대하여 개혁방안을 제시한 것이 바로 2015년 4월 24일 최고인민법원과 사법부[292]에서 함께 공포한 「인민배심원제도의 개혁시범방안」(人民陪審員制度改革試点方案)이다. 여기에서는 인민배심원의 선발과정, 선발조건 등 여러 가지 방면에 걸쳐서 개혁방안을 제시하였다.

---

289) 중국에서의 사업기관은 정부가 국유자산으로 설립한 사회복무조직이다. 여기에는 교육, 과학기술, 문화, 위생 등 분야가 포함된다. 기업과 비교하여 보았을 때 영리를 목적으로 하지 않는다는 것이 특징이다.

290) "揚州市兩級法院人民陪審員工作槪況", 「人民法院報」, 2006년 4월 24일 기사 참조.

291) 宋英輝·何挺, "中國刑事司法公民參与的現狀与展望", 한양대학교 법학연구소, 법학논총, 제28권 제4호, 2011, 459면.

292) 제2장 각주 1 참조.

Ⅲ. 인민배심원제도의 올바른 발전방향

1. 인민배심원의 권한설정

우선 인민배심원의 권한에 대한 설정이다. 즉 인민배심원들이 배심재판에 어느 정도 관여할 것인가 하는 문제이다.

가. 배심원의 사실판단과 법률판단

(1) 한국에서의 논의

이와 관련하여 한국의 경우 배심재판에 있어서 사실인정 및 유무죄 판단은 배심원의 전권이고 유무죄 평결은 배심원만으로 하는데 물론 담당 재판부는 배심원의 평결에 따를 의무는 없지만 평결 자체에 관여할 수 없다.[293] 그리고 배심원은 양형의 평의와 평결에서 일부 양형토의도 할 수 있도록 되어있다. 다만 양형판단과 관련하여 '의견을 개진'할 뿐이지 양형의 평결은 할 권한은 없다. 양형의 권한은 어디까지나 직업법관에게 있으며 양형을 정하는 과정에서 직업법관은 배심원의 의견을 참고할 수 있을 뿐이다.

한국은 배심제도를 도입함에 있어서 참심제 또는 배심제의 선택을 둘러싸고 많은 고심을 하였다. 결국 영미식 배심제의 틀을 유지하면서 독일식 참심제 형식을 가미한 '독창적인 방식'으로 제도를 설계하였다. 독일식 참심제의 틀을 배제한 원인은 참심제 하에서의 시민법관은 직업법관과 동일한 지위에서 양형판단까지 할 수 있다는 점을 놓고 볼 때, 언뜻 보면 독일에서 시민의 관여범위가 더 넓은 듯이 보이지만 실제로 참심재판 하에서는 시민은 직업법관의 영향력에 휘둘리게 되고 직업법관이 사실판단과 법적용을 거의 주도해버

---

293) 한인섭, "한국의 배심원재판-준비과정과 시행원년의 성과를 검토한다-", 696면 참조.

린다는 데에 그 결정적 결함이 있다는 이유에서이다.[294]

(2) 인민배심원은 사실판단과 법률판단을 모두 할 것인가?

중국의 경우 현행법상 인민배심원이 사실판단과 법률판단을 모두 하기로 되어있다. 그리하여 인민배심원이 직업법관에 끌려가는 현상이 예전부터 생겨나 문제가 되었다. 이와 같은 문제점은 한국이 국민참여재판을 도입할 때 논의가 되었던 부분이다. 중국이 현재 인민배심원제도가 제 기능을 발휘하지 못하고 있는 것은 인민배심원의 직책에 있어서 인민배심원은 사실판단과 법률판단을 모두 하였기 때문이라고 한다. 2004년에 공포된 인민배심원제도 보완결정 역시 인민배심원이 사실판단과 법률판단 모두 하도록 했기 때문에 결과적으로 '陪而不審, 審而不判' 현상을 막지 못하였다는 지적이 있다.[295] 당시 인민배심원제도 보완결정이 공포된 후 법원은 인민배심원의 인원수를 대폭 늘이는 등 방법으로 변화를 가져오려고 시도하였다. 그러나 결과적으로 인민배심원은 부족한 직업법관의 인원수를 메워주는 역할만 했을 뿐 기존의 '陪而不審, 審而不判'의 문제는 해결되지 못하였다.

생각건대 중국 배심재판에 있어서 배심원에 사실판단에 대해서만 권한을 주는 것이 타당하다.[296] 그 원인은 인민배심원에게 법률판단을 할 수 있는 권한을 주기에는 인민배심원이 해박한 법률지식을 지니고 있음이 전제되어야 하는데 현실을 비추어 보았을 때 그렇

---

294) 한인섭, "국민의 사법참여-그 구체적 실현방안, 한국형 배심제의 도입을 위하여", 국민의 사법참여 공청회, 128면; 한인섭, "한국의 배심원재판-준비과정과 시행원년의 성과를 검토한다-", 692면.

295) 何家弘, "從偵查中心轉向審判中心-中國刑事訴訟制度的改良", 141면.

296) 필자와 같은 주장을 하고 있는 문헌으로는 何家弘, "從偵查中心轉向審判中心-中國刑事訴訟制度的改良"; 陳衛東, "公民參與司法 : 理論·實踐及改革" 등이다.

지 못하다는 점에 있다. 사실 현재 중국 인민배심원제도의 가장 근본적인 문제는 직업법관이 아닌 일반시민더러 법률 전공지식을 필요로 하는 법률문제를 해결해야 된다는 것에 있다. 이론상으로든지 실무상으로든지 법률문외한에게 법률판단을 맡기는 것은 적절하지 못하다.[297] 법률판단을 한다는 것은 증거를 열람하거나 증거를 조사하는 것 등인데 이것은 증거에 대한 개념, 종류, 증거능력, 증명규칙 등을 잘 알아야 한다.[298] 그렇지 아니할 경우 배심원은 저도 모르게 법관의 의지에 따라가게 된다.

나. 사실판단에 대한 실효성

(1) 한국의 규정

현행법상 한국은 배심원 평결의 효력에 대해 기속력을 부여하지 않았다. 이와 관련하여 2013년의 최종형태 수정안에서도 여전히 권고적 효력을 유지하고 기속력을 부여하지 않았다. 국민의 사법참여의 헌법적 근거와 관련하여 부정적 입장은 국민참여재판법 제정시기부터 논란이 되었던 '법률이 정한 법관에 의하여 재판받을 권리'의 헌법위반여부가 현재까지 그 논란이 종식되지 않았다는 것을 그 이유로 제시한다.[299]

---

297) 龍宗智, "中國陪審制出路何在", 「南方周末」, 2001년 2월 26일.
298) 張思堯, "人民陪審制度事實審与法律審的困惑与出路", 「法律适用」, 2015년 제6기, 51면.
299) 이와 관련하여 일본의 경우에도 1928년에 시행된 구 배심제 도입 당시 '법률에 정해진 재판관의 재판'을 받을 권리를 규정하고 있던 일본의 구 헌법(1890년 제정의 이른바 명치헌법)에 위배되는지 여부에 대한 논쟁이 전개된바 있으나 위헌 결정이 내려지지는 않았다. 최근 재판원재판을 도입하는 과정에서도 '재판소에 있어서 재판을 받을 권리'를 규정한 일본 현행 헌법에 위배되는지 여부에 관해 재차 헌법적 논쟁이 전개되기도 했지만 결론적으로는 헌법상의 제 규정은 법관의 독립성이나 신분을 보장하기 위한 규정들로 재판관을 재판소의 기본적 구성요소로 한다는 의미이

현행 헌법 제1조 제2항에서 대한민국의 주권은 국민에게 있고 모든 권력은 국민으로부터 나온다고 규정하고 있는 점에 비추어 사법권도 국민으로부터 나오는 것이므로 주권자인 국민이 재판에 참여하는 것은 헌법상 허용된다고 보아야 할 것이다. 재판을 받을 권리와 헌법상의 법원 조직에 관한 규정은 사법부의 권력자, 특히 행정부로부터 독립을 보장하고 신분보장을 함으로써 법률관 양심에 따른 소신 있는 재판을 할 수 있도록 하기 위한 규정으로 보아야 한다.[300] 그러므로 헌법상 법관에 의한 재판을 받을 권리는 직업법관이 아닌 자들로 구성된 재판부에 의한 재판을 받지 아니할 권리[301]로 이해함이 타당하다고 하는 견해가 유력하다.[302]

이와 관련하여 헌법재판소의 결정이 주목된다. 헌법재판소는 "우리 헌법상 헌법과 법률이 정한 법관에 의한 재판을 받을 권리라 함은 직업법관에 의한 재판을 주된 내용으로 하는 것이므로, '국민참여재판을 받을 권리'는 헌법 제27조 제1항에서 규정한 재판을 받을 권리의 보호범위에 속한다고 볼 수 없다."고 판시한 바가 있다.[303] 그

지 국민이 참여하는 것을 배제하기 위한 것은 아니라는 해석을 전제로 현 재판원제도를 구상하고 실시하게 된 것이다. 이와 관련해서는 이미 일본최고재판소는 재판원재판이 합헌이라는 취지의 판결을 내린바 있다. 이동희, 앞의 논문, 91-92면.

300) 박미숙, "국민참여재판의 시행성과와 향후과제", 형사정책연구, 제21권 제2호(통권 제82호, 2010), 153-154면.

301) 황성기, "한국에서의 참심제와 배심제의 헌법적합성", 법과 사회, 제26호, 2004, 129면.

302) 박미숙, 앞의 논문, 154면.

303) 2015. 7. 30. 2014헌바447. 청구인은 2014년 5월 22일 재물손괴 및 공무집행방해죄로 기소되어 재판을 받던 중(창원지방법원 2014고단1187), 합의부 관할사건이 아니라는 이유만으로 국민참여재판 대상에서 배제한 '국민의 형사재판 참여에 관한 법률 제5조 제1항 제1호가 재판청구권 등을 침해하여 위헌이라고 주장하며 위헌법률심판제청신청을 하였다. 헌재 2002. 2. 28. 2001헌가18; 헌재 2009. 11. 26. 2008헌바12; 헌재 2014. 1. 28.

러나 헌법 제27조 제1항의 법관을 임기와 신분이 보장되는 직업법관으로 해석한다고 하여 배심재판과 참심재판이 곧바로 위헌이 되지는 않는다.[304]

국민참여재판의 목적은 민주적 정당성과 신뢰를 높이기 위함이다. 배심재판의 헌법적합성 논쟁 때문에 위축되어 배심재판의 활성화에 장애가 되는 여러 제도적 제약이 법제화되어 있는 것도 이제 본격적으로 재검토해야 할 것이다.[305] 배심원평결의 권고적 효력이 현재 국민참여재판의 운영 특히 저조한 실시건수에 그다지 영향을 미치는 것 같지는 않다[306]고 하더라도 배심원평결의 권고적 효력으로 인하여 현행 국민참여재판제도가 그 제도 본래의 모습과는 다른 형태의 제도인 것은 사실이다.[307] 앞서 언급한 바와 같이 배심원의 평결과 재판부의 판결은 92.2%가 일치한다(2008년 1월-2012년 12월). 이와 같은 수치는 배심원 결정에 대한 신뢰성이 입증되었다는 것을 나타낼 수 있다. 그렇기 때문에 배심원 평결의 효력에 대해 기속력을 부여하는 것이 타당하다고 생각된다.[308]

2012헌바298. 이상의 헌법재판소 결정에서도 위 결정과 같은 취지로 판시하여 헌법재판소는 본문에서의 판시사항과 시종일관하게 같은 태도를 보이고 있다.

304) 한상훈, "국민참여재판에서 배심원 평결의 기속적 효력에 관한 검토", 19면.

305) 한인섭, "한국의 배심원재판 – 준비과정과 시행원년의 성과를 검토한다 –", 706면.

306) 허정수, "국민참여재판의 문제점과 개선방안", 형사법 쟁점연구(Ⅱ), 대검찰청 형사법연구회, 2010, 329면.

307) 박미숙, 앞의 논문, 156면.

308) 배심원 평결의 효력과 관련하여 한상훈 교수는 효력의 강약에 따라 '약한 권고적 효력', '강한 권고적 효력', '약한 기속적 효력', '강한 기속력 효력'으로 나누고, 기존의 '강한 권고적 효력' 단계에서 배심원의 평결과 법원의 판결이 90% 이상 일치하였다면 한 발 더 나아가 '약한 기속적 효력'을 부여하는 것이 적합하다고 한다. 한상훈, "국민참여재판에서 배심원 평결

국민참여재판이 한국에서 실행된 지가 8년이 넘었다. 이러한 시점에서 배심원 평결에 기속력을 부여하지 않는 것은 국민의 사법참여를 허용하지 않는 것과 다름이 없고, 그렇게 되면 배심원의 기능은 생산적으로 발휘될 수밖에 없기 때문에 결국 사법의 민주주의 실현을 위한 것이라 할 수 없다.[309]

(2) 중국에서의 실효권 보장

중국의 경우에도 한국과 마찬가지로 인민배심원제도는 헌법이 규정한 "심판권은 법원에 의해서만 행사되고 기타 어떠한 기관이든지 심판권을 행사하지 못한다."의 조문을 위반하는 것이기 때문에 헌법과 충돌된다고 하는 논의가 있었다.[310] 그러나 헌법의 원리에 의하면 모든 권력은 인민에게 속하기 때문에 사법권 역시 인민에게 속한다. 그러므로 인민이 사법에 참여하는 것은 위헌이 아니다.

만약 인민배심원의 사실판단에 대한 실효성이 인정되지 않으면 배심원은 재판에 충실히 임하지 않을 가능성이 있어 책임감이 떨어지기 때문에 진정한 사법민주를 실현할 수 없다. 따라서 인민배심원이 내린 사실판단에 대해서는 실효를 부여하는 것이 타당하다.

2. 대상사건의 적용범위에 대한 제한

중국은 인민배심원재판 대상사건의 범위가 상대적으로 넓다.[311]

의 기속적 효력에 관한 검토", 29면.

309) 탁희성, "국민참여재판의 입법동향과 과제", 한국형사정책연구원, 형사정책연구소식, 제128권(2013 겨울), 4면.

310) 陳家新, 앞의 논문, 32-37면을 참조.

311) 우선 현행 형사소송법은 형사 제1심 사건을 심판하는 경우 합의부를 구성하여 재판을 하도록 규정되어 있다(제178조). 합의부 사건은 직업법관으로만 재판을 할 수도 있고 인민배심원이 참심하여 재판할 수도 있다.

이와 같이 대상사건의 범위를 지나치게 확대시키는 것은 자칫 인민 배심원재판의 존재감을 떨어뜨리는 행위가 될 수도 있다. 따라서 그 범위를 제한하는 것이 타당하다. 생각건대 사회적 이슈인 사건 또는 중대하고 복잡한 사건에 대해 배심재판을 적용하는 것이 적합하 다.[312] 예컨대 중국은 현재 농촌 주택을 철거하거나 토지를 정리하 는 과정에서 여러 가지 문제점들이 많이 제기되고 있는데 이와 관련 된 형사적 소송도 피해갈 수 없는 부분이다. 이러한 사건은 사회적 이슈가 되기 때문에 배심재판을 적용할 필요가 있는 것이다.

이러한 사건에 대해 인민배심원재판이 적용되면 사법부가 외부 로부터 부당한 간섭을 받아 오판을 일으킬 가능성을 배제할 수 있고 더 나아가 사법부패를 막을 수 있으며 사법재판에 대한 권위를 제고 할 수 있다.[313]

3. 인민배심원 선정방식과 임기(대표성)

인민배심원재판은 사법의 공정성을 담보하는 기능이 있다. 이와 같은 기능을 잘 이행하려면 인민배심원이 진정하게 재판에 참여해

다음으로 2004년에 공포된 「인민배심원제도 보완결정」은 대상사건의 범 위를 더 한층 구체적으로 규정하였는바, 인민법원은 사회적 영향력이 비 교적 큰 제1심 형사, 민사, 행정사건을 심판하는 경우에 원칙적으로 인민 배심원과 법관으로 합의부를 구성하여 심판하여야 한다. 그밖에 형사사 건의 피고인이 인민배심원재판을 신청한 경우에도 인민배심원제도가 적 용된다(제2조).

312) 같은 생각. 何家弘, "從偵查中心轉向審判中心 – 中國刑事訴訟制度的改良", 143 면. 그밖에 중죄사건에 대해 배심재판을 하고자 하는 견해도 있다. 중죄 사건은 일반적으로 사회군중의 참여도가 크고 의견도 많이 내놓기 때문 이라고 한다. 이에 관한 문헌은 陳衛東, "公民參與司法 : 理論·實踐及改革" 을 참조.

313) 何家弘, "從偵查中心轉向審判中心-中國刑事訴訟制度的改良", 143면.

야 한다. 인민배심원이 공판정에 앉아있다고 하여 그 판결이 공정해지는 것은 아니다. 그것은 허수아비에 불과하다. 따라서 진정하게 재판작업에 참여해야 한다. 그렇게 하려면 인민배심원은 직업법관으로부터 독립해야 한다. '陪而不審, 審而不議' 현상도 결국에는 인민배심원의 독립성이 부족하여 생긴 것이다.314) 따라서 인민배심원이 독립적으로 사고하여 판단을 내릴 수 있도록 추가적인 장치가 필요할 것이라고 생각된다.

4. 인민배심원법 제정의 필요성

인민배심원제도의 개혁과 관련하여 가장 기본적으로 변화를 가져와야 할 부분은 바로 법조문의 재정비이다. 중국의 현행 헌법은 인민배심원제도를 규정하지 않고 있다. 그러나 모든 권리는 헌법에서 나오고 헌법은 최고법이기 때문에 인민배심원제도를 개혁함에 있어서 가장 먼저 해야 할 것이 헌법에 명기시키는 것이다.315) 따라서 최고법인 헌법에 인민배심원제도를 명시할 필요성이 있다.

그리고 인민배심원제도의 개혁이 순조롭게 완성되려면 이와 관련된 단행법이 있어야 한다. 따라서 입법기관은 2004년에 공포된 「인민배심원제도 보완결정」과 2014년 공포된 「중공중앙결정」에 근거하여 인민배심원법을 제정하는 것이 바람직하다.316)

---

314) 陳衛東, "公民參与司法 : 理論·實踐及改革", 22면.
315) 韓大元, 앞의 논문, 24면.
316) 韓大元, 앞의 논문, 24면; 何家弘, "中國的陪審制度向何處去", 中國政法大學出版社, 2006년, 335면 이하 참조. 이 문헌에서는 인민배심원이라고 부르지 않고 중화인민공화국배심법이라고 칭하였다.

5. 대륙법계의 틀에 어긋나지 않는가?

위의 인민배심원제도의 발전방향에서 기술한 데에 따르면 현재 일부 지역에서 시범적으로 시행되고 있는 인민배심원 재판방식은 영미식 배심제도의 요소도 가미되었다. 그렇다면 이와 같은 설정은 중국 대륙법계의 틀에 어긋나지 않는가 하는 의문이 든다.

이와 관련하여 한국의 경우를 예로 들어 보자. 한국은 대륙법계의 뿌리를 가진 국가이다. 그러나 사법제도를 개혁하는 과정에서 영미식 당사자주의 요소를 많이 도입하였다. 특히 국민참여재판제도가 그러하다. 국민참여재판제도는 영미식 배심제에 독일식 참심제를 가미한 독창적인 방식으로 설계되었다. 일부 보완해야할 문제점들은 별론으로 하더라도 대체적으로 국민들이 적극 사법에 참여하는 모습이 보이고 전체적으로 보았을 때 잘 가동되고 있다는 느낌이 든다.

생각건대 한국이든 중국이든 일반 시민이 사법에 참여하는 것으로 인하여 사법민주를 실현하고 공정한 재판을 하여 정의를 실현하며, 국민이 사법에 대한 신뢰를 제고하고자 하는 면에 있어서는 모두 취지가 같다. 자본주의 국가이든 사회주의 국가이든, 대륙법계의 틀을 가진 국가이든 영미식 당사자주의 소송구조를 가진 국가이든, 재판에 있어서 모두 일반 시민이 법정에 앉아있다. 그저 그 일반 시민이 법정에서의 역할이 적극적인가 소극적인가 하는 것에 차이가 있을 뿐, 검사와 변호인이 대등하여 함께 일반 시민을 설득해야 하는 것은 다 똑같다. 그렇기 때문에 인민배심원제도는 대륙법계의 틀에 어긋나지 않는다.

Ⅳ. 한국 배심제도가 중국에 주는 시사점

1. 중국의 수사중심주의

중국도 현재 한국에서와 마찬가지로 조서에 의한 재판문제로 골머리를 앓고 있다. 중국 형사소송제도 역시 수사중심주의 특성이 있기 때문에 이에 따른 공판심리의 형해화 문제는 상당히 엄중하게 나타나고 있다.[317] 수사중심주의는 심판중심주의[318](審判中心主義)에 상반되는 개념으로[319] 중국 형사소송에서 있어서 현행 소송체제와 실무과정에서 수사 활동 및 그에 따라 형성된 기록(筆录), 사건서류(卷宗)는 실질적으로 중심적 지위를 가진다는 것을 말하는바, 여기서 실질적으로 중심적 지위라고 하는 것은 수사기관이 수집한 증거자료 및 사건에 대한 유죄인정은 공판에서 상당한 영향력을 발휘하게

---

317) 何家弘, "從偵查中心轉向審判中心 – 中國刑事訴訟制度的改良", 132면.
318) 심판중심주의(審判中心主義)를 공판중심주의로 번역할 수 있다. 중국에서의 심판중심주의의 개념정의는 한국의 공판중심주의와 다소 차이가 있다. 중국도 심판중심주의의 개념에 대해 학자마다 조금씩 다르게 정의를 내리지만 본질내용은 대체적으로 비슷하다. 즉 심판중심주의는 공판절차에서의 활동이 형사소송 전반과정에 있어서 중심적 지위에 놓이고 관건적인 역할을 하는 것을 말한다. 한국에서의 공판중심주의와 가장 맞물리는 용어는 법정심리중심주의(庭審中心主義)이다. 법정심리중심주의는 법정에서의 심리를 중심으로 한다는 뜻이다. 따라서 심판중심주의와 법정심리중심주의는 명백한 차이가 있다. 중국은 2014년 「중공중앙(중국 공산당 중앙위원회)의 전면적으로 의법치국을 추진할 데에 관한 중대한 문제에 대한 결정」(中共中央關于全面推進依法治國若干重大問題的決定)을 내놓았는바, 이 결정에서는 심판중심주의를 지향하고 있다. 한국 독자들의 이해를 돕기 위하여 본문에서의 공판중심주의는 한국에서의 개념정의를 기준으로 하였다. 중국 심판중심주의 및 법정심리중심주의의 자세한 내용과 관련해서는 顧永忠, "庭審中心主義之我見", 「法制資訊」, 2014년 제6기 참조.
319) 叶靑, "以審判爲中心的訴訟制度改革之若干思考", 「法學」, 2015년 제7기, 4면.

되는 것을 말한다.320) 이러한 특성은 문화대혁명 이후의 시대로 거슬러 올라가 보아야 한다. 당시 문화대혁명이 끝난 후 사회적인 분위기가 뒤숭숭하였다. 이 틈을 탄 범죄행위가 기승을 부렸다. 이를 단기간에 바로잡기 위하여 형사사법제도상 일련의 제도와 장치들은 범죄 척결을 목적으로 하여 만들어졌고, 범죄피의자나 피고인의 인권에 대한 보호는 그다지 중시 받지 못하였다. 즉 수사중심주의의 관행은 지나치게 범죄의 척결을 요구한 결과라고 볼 수 있는 것이다.

수사중심주의로 나아가다 보면 조서재판에 기하게 되고 이는 필연적으로 공판심리의 형해화를 초래한다. 공판심리의 형해화는 법관이 사건의 사실과 증거를 인정함에 있어서 공판정에서의 증거조사를 거쳐 이루어지는 것이 아니라 공판기일 이전 또는 이후에 사건의 기록의 열람을 통하여 이루어지는 것을 말하는 것이다.321)

공판심리의 형해화 문제는 수사중심주의와 직결된다. 중국에서 형사오판이 적지 않게 일어나고 있는데 그것은 모두 공판심리의 형해화로 인한 것이다. 다시 말하면 억울한 사건 등은 지나친 수사중심주의의 결과물이다. 그렇기 때문에 공판중심주의로 나아가기 위해서는 조서재판을 막아야 하고 또 그러기 위해서는 수사중심주의를 없애고 공판중심주의로 나아가야 한다.

수사중심주의를 막는 방법은 공판중심주의로 나아가는 것이다. 한국은 국민참여재판제도로서 공판중심주의의 실현을 위한 첫 걸음을 내디뎠다. 중국도 공판중심주의의 실현을 위한 사법개혁이 필요한데 인민배심재판이 가장 적합한 선택이다.322) 인민이 사법에 참여하게 되면 공판중심주의로 나아갈 수밖에 없다. 일반 시민이 참여하는 재판에 있어서 그들은 생업을 포기하고 재판에 임하는 것이기 때

---

320) 顧永忠, "庭審中心主義'之我見", 54면.
321) 何家弘, "從偵查中心轉向審判中心－中國刑事訴訟制度的改良", 132면.
322) 何家弘, "從偵查中心轉向審判中心－中國刑事訴訟制度的改良", 140면.

문에 신속하게 이루어져야 한다. 이것은 결국 공판중심주의를 실현하는 방식이 된다.

2. 배심재판과 공판준비절차

위에서 기술한 바와 같이 진정한 공판중심주의를 실현하기 위해서는 배심재판이 필수가 된다. 이에 따라 한국은 새롭게 도입된 국민참여재판제도를 준비함에 있어서 시민의 참여를 활성화하기 위하여 절차의 보완과 정비에 많은 노력을 가했다. 그리하여 공판준비절차와 증거개시제도가 형사사법절차의 일환으로 자리 잡게 되었다.

우선 공판준비절차의 정비와 관련하여, 공판정에서 집중심리가 이루어지려면 그 사전준비단계인 공판준비절차가 반드시 필요하다. 즉 공판준비절차가 필수적 절차로 된다. 그 절차에서 쟁점정리를 하고 쌍방은 입증계획을 세워둘 필요가 있다.[323] 그렇게 함으로써 공판정에서 이미 세워둔 입증계획에 따라 진행되어 집중심리가 가능하다.

다음으로 증거개시제도는 검사 또는 피고인의 수중에 있는 증거를 공판기일 전에 상대방에게 미리 보여주도록 함으로써 증거조사를 둘러싼 쟁점을 미리 정리하여 공판기일을 신속하게 진행할 수 있게 하는 제도로서 주목되고 있다.[324]

두 법적 장치는 모두 재판의 신속한 진행이라는 기능을 담당하고 있다. 이로써 공판이 지연되는 것을 막을 수 있다. 특히 한국의 국민참여재판의 경우 일반 시민이 재판에 참여하는 것이기 때문에 재판은 신속하게 이루어져야 한다. 그렇게 하기 위해서는 공판기일 전

---

323) 안경환·한인섭, 앞의 책, 61면.
324) 신동운, "한국과 일본의 증거개시제도 비교연구", 서울대학교 법학, 제53권 제3호(통권 164호), 2012년, 273면.

사건의 쟁점을 집약하여 공판기일에 쟁점만 가지고 다툴 수 있도록
하는 장치를 마련할 필요가 있다. 그것이 바로 공판준비절차와 증거
개시이다. 이를 통하여 쟁점을 정리하는 것으로 공판기일에서의 절
차의 신속한 진행을 담보하게 된다.

V. 소결

위에서 검토한 바와 같이 중국에서 사법부의 독립을 강화하고 사
법부패를 방지하려면 인민배심원제도를 유지해야 한다. 특히 인민
배심원제도는 중국이 가장 간고하고 힘들었던 시기 함께 걸어온 제
도라는 점에서 그 필요성이 더욱 두드러진다. 이와 관련하여 현재
인민배심원제도는 '陪而不審, 審而不議' 현상이 심각하게 드러나고 있
어 유명무실하다는 평가를 받고 있다. 그러나 앞서 검토한 바와 같
이 인민배심원제도라고 하는 제도자체에 문제가 있는 것이 아니라
그 제도가 제대로 작동될 수 있는 일련의 제도적 장치가 미비하였기
때문에 생긴 것이라고 생각된다. 인민배심원재판을 제대로 하려면
이를 활성화 할 수 있는 장치가 필요하다. 그것은 바로 공판준비절
차의 정비이다. 공판준비절차에서 사건의 쟁점을 집약하여 공판기
일에서는 쟁점만 가지고 다툴 수 있도록 해야 한다. 그래야만이 공
판기일이 신속하게 진행되어 일반 시민은 생업에 빠르게 복귀할 수
있다. 이에 따라 중국의 공판전회의 절차에 사건의 쟁점 정리절차를
마련할 필요가 있게 되는 것이다.

더 나아가 중국은 현재 형사소송에 있어서는 공안기관의 힘이 막
강하다. 이로 인하여 수사중심주의와 이에 따른 조서재판이 문제되
고 있다. 이 문제를 해결하기 위하여 지금 중국에서는 행정시스템으
로부터 사법시스템으로 만들자고 하는 것이 논의되고 있다. 그러한

사법시스템 하에서 본고의 논의가 반드시 필요하게 되는 것이다.

수사중심주의를 막는 방법은 공판중심주의로 나아가는 것이다. 공판중심주의의 확립은 배심재판에서 그 돌파구를 찾아야 한다.

제3장
한국과 중국 공판준비절차의
비교법적 검토

중국은 공판이 중단되는 것을 막기 위하여 2012년 형사소송법 개정에서 공판전회의라는 조문을 신설하였다. 그러나 실무에 있어서 공판전회의 절차를 적용하는 경우가 드물다.[1] 그렇다면 왜 이와 같이 저조한 실적을 보이는 것일까? 본장에서는 현재 공판전회의의 운용상황과 그에 대한 문제점을 살펴보고 한국의 공판준비절차와의 비교 검토를 통하여 중국 공판전회의 절차의 문제점에 대해 검토하기로 한다.

---

1) 베이징시와 상하이시의 공판전회의절차의 운용상황을 놓고 보면 2013년 한 해 동안 각각 81건, 40건의 공소사건에 대해 공판전회의를 열었다고 한다. 이것은 같은 해 제1심 보통절차로 공소사건을 심리한 건수의 1.2%(베이징시), 0.6%(상하이시)를 차지한다. 李斌, "庭前會議程序的适用現狀与發展完善", 「法學雜志」, 2014년 제6기, 105-106면.

제1절 중국의 공판준비절차의 개관

Ⅰ. 서론

중국에서의 공판절차는 자소(自訴)사건을 제외하고 수사기관에서 증거를 수집하고 범죄 피의자에 대한 조사가 끝난 후 인민검찰원의 공소를 계기로 시작된다. 인민검찰원은 공소제기 시 사건자료[2](案卷材料)와 증거를 법원에 이송한다. 인민법원은 인민검찰원이 이송한 사건을 받은 후 해당 자료에 대해 심사를 진행하여 개정하여 심판할 것인지 여부를 확정하는데 이러한 소송활동을 공판 전 공소사건에 대한 심사라고 한다.[3] 인민법원은 심사를 거친 후 개정하여 재판할 요건이 부합되면 개정을 위하여 준비하는 단계에 들어서게 된다.

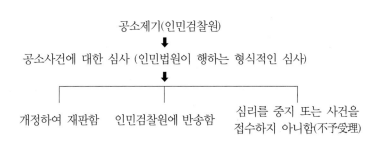

1. 인민법원의 공판 전 공소사건에 대한 심사내용 및 처리

인민법원은 공소제기된 사건에 대해 심사를 거친 후 공소장에 범죄사실이 명확하게 지목되어 있는 경우에는 반드시 개정하여 심판

---

2) 사건자료는 한국에서의 사건기록을 말한다.
3) 樊崇義, "刑事訴訟法學", 「法律出版社」, 2013년 3월(제3판), 414면.

할 것을 결정하여야 한다(중국 2012년 형사소송법 제181조). 이 과정
은 반드시 거쳐야 한다. 중국에서는 모든 공소제기된 사건에 대해
반드시 개정해야 하는 것은 아니다. 공소제기 된 사건에 대해 법원
의 일정한 심사를 거친 후 법률요건에 부합될 때 비로소 개정하여
심리한다. 인민검찰원은 공소제기 시 사건자료와 증거를 인민법원
에 이송하는데 인민법원은 이에 근거하여 대체적으로 다음과 같은
내용에 대해 심사를 진행한다. ㉠ 해당 사건이 본 법원의 관할에 속
하는지 여부. ㉡ 공소장에 지목된 범죄사실이 명확한지의 여부. ㉢
공소장에 피고인이 받은 강제조치⁴⁾의 종류, 구금된 장소, 피고인의
재물을 압수 또는 동결여부 및 재물보관 장소, 피해자의 성명, 거주
지, 연락처 등이 기재되었는지의 여부. ㉣ 피고인이 변호인 또는 대
리인을 선임한 경우 변호인 또는 대리인의 성명, 성별, 나이, 거주지,
연락처 등이 첨부 되었는지의 여부. ㉤ 형사부대민사소송(刑事附帶民
事訴訟)⁵⁾을 제기한 경우 해당 관련된 증거자료가 첨부되었는지의 여
부. ㉥ 수사, 공소제기를 위한 심사과정에서의 각종 법률수속과 소송
문서가 완비되었는지 여부. ㉦ 형사소송법 제15조 제2항 내지 제6항⁶⁾

---

4) 강제조치는 공안기관, 인민검찰원, 인민법원이 형사소송의 순조로운 진행
   을 위해 피의자, 피고인의 인신자유를 제한하거나 박탈하는 것을 말한다.
   여기에는 소환(拘傳), 보석(取保候審), 감시거주(監視居住), 구류(拘留), 체포
   (逮捕) 등 다섯 가지가 포함된다(중국 현행 형사소송법 제64조 내지 제98조).
5) 형사사건에서 피고인이 피해자에게 재산상 손해를 끼친 경우 법원은 형사
   책임을 추궁하는 동시에 민사적 손해배상 책임도 물을 수 있는데 이러한
   소송을 刑事附帶民事訴訟이라고 한다. 이것은 한국의 배상명령제도와 비슷
   하다(소송촉진 등에 관한 특례법 제25조).
6) 중국 형사소송법 제15조 아래의 정황에 해당되는 경우에는 형사책임을 추
   궁하지 아니한다. 이미 추궁한 경우에 있어서는 사건을 철회하거나 불기
   소 또는 심리를 끝내거나 무죄를 선고해야 한다. (1) 사건의 경위가 현저하
   게 경미하고 위해정도가 크지 않아 범죄라고 인정되지 않는 경우. (2) 범죄
   의 공소시효가 지난 경우. (3) 특별사면령을 받아 형벌이 면제된 경우. (4)
   형법에 의한 친고죄 사건에서 고소를 하지 않았거나 고소를 취하한 경우.

에서 규정한 형사책임을 추구하지 않는 정황이 있는지의 여부(중국 2012년 형사소송법 사법해석 제180조) 등이다.

위 내용에서 알 수 있다시피 이 심사는 공소사건에 대한 실질적인 심사가 아니다. 어디까지나 형식적인 심사라는 점이다.

인민법원은 심사를 거친 후 사건이 본 법원의 관할에 속하고 개정심판조건에 부합되는 경우 반드시 개정하여 심리할 것을 결정한다. 그러나 본 법원의 관할에 속하지 않거나 피고인 부재 시(도주 중이거나 사망) 반드시 인민검찰원에 반송할 것을 결정하여야 한다.[7]

2. 공판의 준비를 위한 절차[8]

위와 같이 인민법원은 공소제기된 사건에 대해 심사를 거친 후 개정요건에 부합되면 공판을 위한 준비를 시작한다. 인민법원은 개정하여 심판할 것을 결정한 후 합의부 구성원을 확정하여야 하고 인민검찰원의 공소장 부본을 최소 개정 10일 이전에 피고인 또는 변호인에게 송달하여야 한다(중국 2012년 형사소송법 제182조 제1관). 인민법원은 개정기일을 확정한 후 개정시간, 장소를 인민검찰원에 통지하고 당사자를 소환하고 변호인, 소송대리인, 증인, 감정인과 통역인에게 통지하여야 하는데 소환장과 통지서는 최소 개정 3일 이전에 송달하여야 한다. 공개하여 심리하는 사건에 대해서는 개정 3일 이전에 사건의 개요, 피고인 성명, 개정시간과 장소를 미리 공포하여야 한다(동조 제3관).

---

(5) 피의자 또는 피고인이 사망한 경우 (6) 기타 법률이 규정한 형사책임을 면하는 규정이 있는 경우.

7) 樊崇義, 앞의 책, 415면.

8) 이 절차는 한국의 넓은 의미의 공판준비절차와 비슷하다.

3. 공판전회의 절차의 신설

이상의 절차에 관한 규정은 2012년 형사소송법이 개정되기 전의 규정과 별다른 차이점이 없다. 이번 개정에 있어서 가장 주목할 만한 변화는 공판의 준비를 위한 절차에 공판전회의라고 하는 장치를 신설한 것이다. 즉 "공판기일 전 심판요원은 공소인, 당사자와 변호인, 소송대리인을 소집하여 회피, 출정증인의 명단, 불법증거배제[9] 등 심판과 관련 된 문제의 정황을 요해하고 의견을 청취할 수 있다(동조 제2관)." 중국에서는 이 조문을 공판전회의절차라고 일컫는다. 이것은 한국의 공판준비기일과 대단히 유사하다.

---

9) 중국 2012년 개정 형사소송법은 불법증거배제규칙(非法證據排除規則)을 명시하였다. 제54조의 규정에 따르면 고문 등 불법적인 방법으로 수집한 피의자, 피고인의 진술과 폭력, 위협 등 불법적인 방법으로 수집한 증인증언, 피해자 진술은 배제되어야 한다. 물증(物證)과 서증(書證)을 수집함에 있어서 법정절차에 부합되지 아니하여 사법공정(司法公正)에 엄중한 영향을 주는 경우에는 보정(補正)하거나 이에 대한 합리적인 해석을 하여야 한다. 보정(補正)할 수 없거나 합리적인 해석을 할 수 없는 경우에 해당 증거는 배제되어야 한다. 여기에서 고문 등 불법적인 방법이라 함은 육형을 사용하거나 변상(變相)육형 또는 기타 피고인의 육체상, 정신상에 대해 매우 큰 아픔과 고통을 가하여 피고인으로 하여금 자신의 의사에 반해 진술하게 하는 방법을 말한다(중국 최고인민법원 사법해석 제95조).
이 조문으로부터 알 수 있는바 고문 등 불법적인 방법 또는 폭력, 위협 등 불법적인 방법으로 수집한 진술증거는 반드시 배제되어야 한다. 이러한 규정은 한국에서도 마찬가지다. 다만 다른 점은 중국의 경우 물증(物證), 서증(書證)을 수집함에 있어서 법정절차를 위반한 경우 반드시 배제되어야 하는 것은 아니다. 법정절차를 위반하여 수집한 증거가 사법공정(司法公正)에 엄중한 영향을 주는 경우에 배제할 가능성이 존재한다. 그러나 이에 대해 보정(補正)하거나 합리적인 해석을 한 경우에는 배제되지 않는다. 즉 단순위법은 위법이 아닌 것으로 보고 있다. 이에 반해 한국의 경우 수사단계에서 피의자에게 진술거부권을 고지하지 않거나 변호인의 조력을 받을 권리를 고지하지 않은 등 단순위법으로 인해 수집된 증거도 위법하게 수집된 증거로 보아 배제되어야 하는 것으로 간주하고 있다.

II. 종래의 형사재판

1. 재판의 중단

중국 1979년 제정 형사소송법에서는 전건이송주의(全案移送主義) 소송방식을 취하였다. 전건이송주의는 공소제기 시 사건과 관련된 모든 서류를 법원에 제출하는 방식이다. 법원은 사건기록에 근거하여 사건에 대해 실질적인 심사를 하였는데 이것이 법관의 예단을 불러일으킨다는 문제가 제기되었다. 그리하여 입법자들은 1996년 형사소송법을 개정하면서 기존의 전건이송주의를 폐지하고 사본주의(夏印件主義) 소송방식을 도입하였다. 사본주의는 공소제기 시 인민검찰원이 공소장과 함께 증거목록, 증인명단 및 주요증거의 사본 또는 사진을 첨부하여 인민법원에 제출하는 방식이다. 이것은 법관의 예단을 배제하기 위한 공소장일본주의와 전건이송주의의 절충의 산물이었다.

사본주의 소송방식 하에서 공판기일 전 준비절차가 충분하지 못했기 때문에 법관은 사건의 주요쟁점을 파악하지 못하여 공판절차(공판기일에서의 심리절차)에서 주도적 역할을 제대로 하지 못하게 되었다.[10] 이런 상황 하에 법관은 공판기일 전 검사, 변호인, 피해자와 접촉하여 의견을 교환하는 것으로 그들의 주장을 파악하는 관행이 생겨나게 되었다.[11]

종래 공판을 준비하는 절차에는 합의부의 구성, 문서의 송달, 피고인에 대한 소환, 공판기일의 공지 등 재판을 위한 절차적인 부분만 규정하였다. 사본주의 소송방식 하에서 공소제기 된 사건에 대해

---

10) 陳衛東·杜磊, "庭前會議制度的規范构建与制度适用-兼評刑事訴訟法第182條第2款之規定", 「浙江社會科學」, 2012년 제11기, 32면을 참조.

11) 陳衛東·杜磊, 앞의 논문, 32면을 참조.

형식적인 심사를 거친 후 바로 재판에 돌입하게 되다보니 회피신청에 따른 관할권에 대한 이의문제, 증인출석여부에 대한 문제, 불법증거배제에 관한 문제 등 사실인정 및 법률판단과 전혀 연관이 없는 절차적인 문제들을 공판기일에 해결해야 했다.[12] 특히 복잡하고 난해한 사건의 경우 증거의 양이 많아 더욱 더 그러하다. 이러한 소송구조 하에서는 공소인과 변호인은 공판기일 전 아무런 소통도 이루어지지 않아 위와 같은 몇 가지 절차적인 문제를 해결할 수 있는 기회가 없었다.[13] 그러므로 진정 공판정에서 해야 할 유무죄 판단과 양형판단은 뒷전으로 미루어지게 됨에 따라 공판이 지연되고 집중심리를 못하게 되어 소송효율을 하락시켰다.

2. 재판이 중단되는 원인

첫째, 회피신청에 따른 관할권에 대한 이의이다. 2012년 형사소송법 개정 이전, 재판단계에서 당사자 및 그 법정대리인은 공판에 참여한 심판요원, 공소인 등에 대해 회피를 신청할 권리가 있다(중국 1996년 형사소송법 제28조). 만약 이 같은 회피가 법관 개인 또는 공소인 개인에 대해 이루어지는 것이라면 본 법원 또는 검찰원에서 법관 또는 공소인을 교체하는 것으로 별다른 문제가 없지만 회피가 법원 전체 또는 검찰원 전체에 대해 이루어지는 것이라면 이는 단순한 회피의 범주를 벗어나 관할권 변경에 대한 문제로 드러난다.[14] 재판단계에서 회피신청이 일단 이루어지면 소송활동을 즉시 중단하고 지목된 법관이 회피대상자에 속하는지 여부를 판단해야 한다. 그런데 실무에서는 일반적으로 법관 개인에 대한 회피신청은 그다지 많

---

12) 陳衛東·杜磊, 앞의 논문, 32면을 참조.
13) 莫湘益, "庭前會議 : 從法理到實証的考察",「法學研究」, 2014년 제3기, 46면.
14) 莫湘益, 앞의 논문, 46면.

지 않고 그 신청이 있더라도 법관이 공판기일에 회피신청 이유에 부합되지 않다고 판단되면 바로 기각할 수 있다. 따라서 이런 경우는 집중심리에 별다른 영향을 미치지 않는다.[15]

문제는 회피신청으로 인한 관할권 이전에 대한 이의이다. 종래 입법자들은 당사자가 법원에 관할권 변경 신청을 하는 것을 그다지 중요하게 여기지 않았고 당시 형사소송법에도 관할권 변경에 대한 규정을 두지 않고 있었다.[16] 관할권 이의에 대해서는 최고인민법원 사법해석에서 규정하고 있는데 그저 법원사이의 관할분쟁에 대해서만 이루어지고 당사자와 법원 사이에 일어나는 관할권 이의에 대해서는 규정한 바가 없다.[17] 그렇기 때문에 당사자가 관할권 이전 신청을 하려면 간접적인 형식으로 제기해야 한다. 다시 말하자면 공판정에 출석한 법관과 공소인 모두에 대해 연달아 회피를 신청하는 방식인데 당사자가 회피신청을 여러 번 할수록 소송활동은 그만큼 중단된다.[18] 이 부분은 피고인의 공정한 재판을 받을 권리와 밀접하게

---

15) 莫湘益, 앞의 논문, 46면.

16) 2012년 개정 형사소송법도 마찬가지다. 중국 현행 형사소송법 제2장에서는 관할에 대해 규정(제18조 내지 제26조)하였다. 그러나 조문들은 모두 법원 조직 내부에서의 관할범위 및 이전 등에 대해 규정하였을 뿐 피고인의 관할이전의 신청에 대해서는 규정한 바가 없다.

17) 1998년 최고인민법원 사법해석 제17조에 따르면 "두 개 이상의 동급인민법원이 모두 관할권이 있는 사건은 최초 접수한 인민법원이 관할한다. 개정 심판을 하지 않은 경우 필요한 때에는 피고인의 주요범죄지의 인민법원에 이송하여 심판하게 할 수 있다. 관할권에 이의가 발생한 때에는 심판기한 내에 협상하여 해결하여야 한다. 협상이 이루어지지 않은 때에는 이의가 있는 인민법원의 공통으로 되는 상급인민법원에 각각 보고하여 지정관할을 받는다." 2012년 최고인민법원의 한차례 개정이 있었으나 여기에 대한 규정은 변함이 없었다.

18) 이와 관련된 한 사례를 소개하겠다.
■사건경과 1: 2008년 10월 피고인 리칭훙(黎慶洪)은 도박죄로 궤이양(貴陽)시 공안국에 의해 체포되었다가 수사과정에 조직폭력범죄가 드러나 검찰원에 의해 기소되었다. 2010년 3월 궤이양(貴陽)시 중급인민법원은 피고

연결되어 있는데 이러한 법률적 빈틈은 변호인이 변론기법을 펼치는 가장 주된 전략으로 작동되기도 한다.[19]

인에 유기징역 19년을 선고하였고 그 해 7월 궤이양(貴陽)성 고급인민법원에서는 원심에서 인정한 부분적 사실이 명확하지 않다는 것을 이유로 1심판결을 파기하고 원심으로 환송하였다. 그러자 시 인민검찰원은 시 중급인민법원에 해당 사건에 대해 철회신청을 하였다. 이에 대해 시 중급인민법원은 승낙하였다. 그리고 시 인민검찰원은 시 공안국에 사건을 보충수사 하도록 지시하였다.

■사건경과 2: 시 공안국은 보충수사를 마친 후 사건을 시 인민검찰원에 이송하였는데 피고인이 17명으로부터 57명으로 늘어났다. 시 인민검찰원은 심사를 거쳐 각각의 피고인이 무기징역 이상의 형을 선고받을 수 없다고 판단하여 사건을 행정직급상 한 급 아래인 구 인민검찰원으로 이송하여 구 인민검찰원으로 하여금 구 기층인민법원에 기소하도록 하였다. 재판 과정에서 변호인은 사건의 관할이 중급인민법에서 한 급 아래인 기층인민법원으로 바뀐 것은 고급인민법원의 감독을 피하려고 하는 소행이라고 하면서 구 인민법원이 해당 사건에 대한 관할이 없다고 주장하였다. 변호인은 재판 중에 공소인, 주심법관 등 여러 명에 대해 네 차례 회피를 신청하였는데 그때마다 재판이 중단되었다. 결국 저녁 6시가 되도록 공소인이 공소장을 읽어보지도 못하고 그날 재판은 그렇게 끝나버렸다. 周喜丰, "案子審了一天, 起訴書沒讀一个字", 「瀟湘晨報」, 2012년 1월 10일 기사를 참조; 莫湘益, 앞의 논문, 47면.

■참조 1: 중국의 경우 인민검찰원은 공소제기 이후 최종 판결이 선고되기 이전까지 않은 일정한 법정사유가 존재하는 경우 공소제기 된 전부의 피고인 또는 일부분 피고인에 대해 사건을 철회할 수 있다. 「최고인민검찰원의 공소사건에 있어서 기소를 철회할 약간의 문제에 관한 지도의견」(最高人民檢察院關于公訴案件撤回起訴若干問題的指導意見) 참조.

■참조 2: 1996년 형사소송법 제19조에 의하면 "기층인민법원은 제1심 보통 형사사건을 관할한다. 다만 본법에 의하여 상급인민법원에서 관할하는 것은 제외한다." 그리고 중급인민법원은 아래와 같은 제1심 형사사건을 관할한다. (1) 반혁명사건, 국가안전을 위해하는 사건. (2) 무기징역 또는 사형에 처할 가능성이 있는 보통 형사사건. (3) 외국인 범죄의 형사사건(동법 제20조). 중국은 2심 종심이기 때문에 기층법원인 구 인민법원에서 제1심 심판을 하게 되면 시급인 중급인민법원에서 사건은 종심으로 끝난다. 따라서 사건이 성급인 고급인민법원에까지 이르지 못하게 된다.

둘째, 불법증거에 대한 배제이다. 종래 변호인이 수사기관에서 행한 불법수집증거에 대해 공판기일 전 배제신청을 할 수 있는 법적근거가 마련되어 있지 않았다. 그러므로 불법증거에 대한 배제신청은 공판기일 공판정에서 행하는 것으로 되어있었다. 공판기일에서 변호인이 불법수집증거에 대한 배제신청을 하게 되면 공소인은 그 증거가 적법하게 수집된 것임을 입증해야 하는데 아무런 준비가 없었던 공소인으로서는 공판정에서 바로 입증하는 것이 어렵게 된다. 이런 경우에 공소인은 보통 법관에게 연장심리를 할 것을 건의한다.[20] 실무에서는 변호인이 직접 법원에 불법수집증거 입증자료를 제출하는 경우도 있으나 변호인의 입증능력이 워낙 취약하다 보니 보통은 실마리를 제공하여 공소인더러 입증할 것을 요구하거나 법원으로 하여금 증거를 수집해 줄 것을 신청을 하는 경우가 대다수이다.[21] 법관은 변호인의 신청이 합리적인 이유가 있다고 사료되는 경우 휴정을 선언하여 심리를 연장한다.

이밖에 종래 불법증거를 배제하는 효과적인 방법은 수사단계의 영상녹화자료를 공판정에서 틀어놓는 것인데 수사과정에 피의자에 대한 신문이 한 번에 몇 시간씩 수차례 진행되기 때문에 공판정에서 그 내용들을 모두 틀게 되면 재판을 신속하게 처리할 수 없을 뿐만 아니라 오히려 소송효율을 하락시키는 결과를 초래하게 된다.[22]

셋째, 공판정에서의 기습적인 증거제출이다. 1996년 사본주의 소송구조 하에서 변호인의 열람권이 크게 제한된 데다가 변호인 스스로 증거를 수집함에 있어서도 공권력으로 증거를 수집하는 공소인에 비해서는 매우 제한적이다. 그런데다가 공판기일 전 공소인과 변

---

19) 莫湘益, 앞의 논문, 47면.
20) 莫湘益, 앞의 논문, 47면.
21) 莫湘益, 앞의 논문, 47면.
22) 莫湘益, 앞의 논문, 47면.

호인 사이에 충분한 정보교환이 이루어지지 않기 때문에 재판과정에서 공소인에 의한 증거의 기습적인 제출현상이 나타나게 되었다.

요컨대 공판기일에 이르러서는 한편으로 법관의 회피 등 절차적인 문제를 해결해야 되고 다른 한편으로는 증거조사 등 실체적 문제를 모두 한꺼번에 해결하려다 보니 증거가 비교적 많고 복잡한 사건에 대해서는 공판기일이 지연되거나 재판이 중지되는 경우가 허다하여 집중심리를 하지 못하게 됨으로써 형사소송법의 기본원칙인 공판중심주의 원칙에 반하는 결과를 초래하였다.23)

이와 같은 문제점들을 해결하고자 입법자들은 2012년 형사소송법을 개정할 때 공소제기 방식에 있어서 기존의 사본주의를 폐지하는 대신에 전건이송주의를 다시 회복하였고 공판이 지연되는 현상을 막고자 공판준비절차에 있어서는 공판전회의라고 하는 조문을 신설(2012년 형사소송법 제182조 제2관)하여 공판정에서의 집중심리주의를 강화하고 공판중심주의를 실현하고자 하였다.

이번 사법개혁에서 공판절차에 대한 개혁을 아름다운 왕관에 비유한다면 공판전회의라고 하는 장치는 왕관을 장식한 보석 중에 가장 눈이 부신 보석이다. 또한 이 장치는 형사 공판절차의 발전에 새로운 활력을 불어넣을 뿐만 아니라 넓은 의미의 공판준비절차에 있어서 중대한 변혁을 가져올 것이다.24) 이 조문은 비록 한 개의 짧은 구절이지만 중국 특색이 있는 형사 공판준비절차를 구축하고 그 법률적 지위를 확보하며, 나아가 공판준비절차에서의 전반적인 틀을 세웠다는 점에서 의미가 크다고 생각된다.

---

23) 陳衛東·杜磊, 앞의 논문, 32면.
24) 陳衛東·杜磊, 앞의 논문, 32면.

Ⅲ. 공판전회의 절차의 도입

1. 의의

공판전회의절차는 2013년 1월 1일부터 시행되었다. 공판전회의는 공판준비절차의 핵심이자 관건이다.[25] 공판전회의는 공판준비절차의 일환으로서 심판요원이 개정심리 전 공소인과 변호인을 소집하여 개정심리의 절차적인 사항 및 일부 실체적인 사항에 대해서 협상과 소통을 진행하는 활동을 말한다.[26] 어느 한 학자는 공판전회의절차를 "중대하고 복잡한 사건에 대하여 심리기간이 길어지는 것을 방지하기 위해 법관은 본인의 직권 또는 공소인, 변호인 양측의 신청에 의해 필요하다고 사료하는 때에 공소인, 당사자와 변호인, 소송대리인을 법정에 소집하여 재판과 관련된 문제에 대해 필요한 준비절차를 진행하는 것을 말한다."[27]라고 정의내리기도 하였다.

2. 입법취지

공판전회의 절차의 입법취지에 대해서 입법기관은 "사법실천과 실제수요에 근거하여"라는 표현을 쓰고 있다.[28] 학계에서도 이와 비슷한 견해를 보였다. 즉 공판전회의절차는 집중심리를 촉진하는 것에 목적을 두는 것으로 1996년 형사소송법에서의 공판준비절차의 취

---

25) 閔春雷·賈志强, "刑事庭前會議制度探析", 「中國刑事法雜志」, 2013년 제3기, 70면.
26) 南英·高憬宏, "刑事審判方法", 最高人民法院刑事審判第三庭編著, 「法律出版社」, 2013년, 60면.
27) 陳衛東, "2012刑事訴訟法修改條文理解与适用", 「中國法制出版社」, 2012년, 250면.
28) 형사소송법수정안(초안) 조문 및 초안에 대한 설명(刑事訴訟法修正案(草案)條紋及草案說明)을 참조.

약함으로 인하여 공판기일에 불필요하게 재판이 중단되는 문제를 해결하기 위함이라고 하였다.[29] 법조실무에서도 공판전회의절차의 취지는 재판이 순조롭게 진행되는 것을 보장함으로써 소송효율을 높이고 소송의 질을 보장한다고 하였다.[30] 이러한 것에서 보면 공판전회의는 공판기일에서의 재판이 지연되는 것을 막아 집중심리하여 소송효율을 높이는 장치로 이해된다.

3. 절차적 가치

우선 소송효율을 증가시킨다. 공판전회의에서 법관의 회피, 출정 증인의 명단 확인, 불법증거배제 등의 문제를 미리 해결하여 공판기일에 이에 대해 재차 언급하지 않음으로써 재판이 중단되는 것을 방지할 수 있다. 또한 공판전회의를 통하여 공소인과 변호인 양측이 수중에 있는 증거를 서로에게 보여줌으로써 사건의 쟁점을 정리하게 되는데 이는 한편으로는 공판정에서의 기습적인 증거제출을 막아 소송이 중단되는 현상을 막을 수 있고 다른 한편으로는 공소인과

---

29) 중국인민대학교 천웨이둥(陳衛東) 교수는 공판전회의의 취지는 재판이 중단되거나 지연되는 요소를 가능한 제거하는데 있다고 하였다(徐日丹, "庭前會議制度 : 在起訴·審判之間植入中間程序", 「檢察日報」, 2012년 5월 14일). 북경대학교 천뤠이화(陳瑞華) 교수는 공판전회의는 절차를 여과하는 작용을 한다고 하였다. 즉 공소인과 변호인 양측의 절차적인 논쟁을 공판기일 전에 해결함으로써 공판기일이 열린 후 절차적 논쟁이 대량적으로 나타나 정상적인 재판운용이 중단되는 것을 막는다고 하였다(陳瑞華, "評〈刑事訴訟法修正案 (草案) 〉對審判程序的改革方案", 「法學」, 2011년 제11기 참조). 최고인민법원 후윈팅(胡云騰) 대법관은 공판전회의는 심판요원이 사건관련 사항을 전면적으로 파악하는데 유리하고 회피신청 등 절차적 문제를 해결하는 것으로 심판요원이 공판정에서 중점을 더 잘 파악하여 재판이 집중적이고 질서정연하며 높은 효율로 전개되도록 한다고 하였다(胡云騰·喩海松, "刑事一審普通程序修改解讀", 「法律适用」, 2012년 제9기 참조).
30) 張軍·姜偉·田文昌, "新控辯審三人談", 「北京大學出版社」, 2014년 1월, 251면.

변호인 모두 이의가 없는 증거에 대해서는 증거조사 등 절차를 간략하고 공판기일에서 사건의 쟁점을 중심으로 다툼으로써 집중심리를 할 수 있기 때문에 소송효율을 높일 수 있다.

다음으로, 공정한 재판을 할 수 있다. 위에서도 언급했듯이 종래의 형사재판 하에서는 법관은 미리 사건기록을 볼 수 없어 공판정에서의 주도적 역할을 제대로 발휘할 수 없었다. 그리하여 공판기일 전 공소인 또는 변호인을 비밀리에 접촉하여 사건의 쟁점을 파악하였는데 이러한 것은 모두 공정한 재판을 하는 데에 방해가 될 뿐만 아니라 사법부패도 불러일으킨다. 이런 상황 하에서 공판전회의가 도입됨으로써 법관이 공소인 또는 변호인과의 비밀접촉을 막아 공정한 재판을 하고[31] 더 나아가 사법부패도 막는 역할을 한다.[32]

그리고 2012년 개정 형사소송법에서 전건이송주의를 취하여 변호인은 공소제기 시 인민검찰원에서 이송한 사건기록을 열람·발췌·복사할 수 있다. 그런데 공소제기 이후 공판기일이 열리기 이전에 인민검찰원이 새로 수집한 증거에 대해서는 열람·발췌·복사할 수 있는 규정이 따로 마련되어 있지 않으므로 변호인은 사실 사건관련 증거를 전면적으로 파악하기는 어렵다. 이런 경우에 공판전회의를 열게 되면 공소인이 새로 수집한 증거까지 모두 볼 수 있으므로 변호인과 공소인은 무기대등하여 공정한 재판을 할 수 있게 되는 것이다.

그밖에 증인출정과 관련하여 공판기일에 변호인이 갑자기 피고인 측 증인을 불러 법정에서 증언할 수 있도록 법관에 제의하는 경우가 종종 있는데 중국의 사법전통을 놓고 볼 때 법관은 이와 같은 방식을 선호하지 않는다. 이와 같은 이유로 법관은 습관적으로 공판기일 전에 증인의 출정여부 및 공판기일에 증인출정 시 재판심리과정 중 어느 단계에 출정하는가에 대해 미리 체크해 두는 관행이 있

---

31) 陳衛東·杜磊, 앞의 논문, 35면.
32) 閔春雷·賈志强, 앞의 논문, 71면.

다.[33] 공판전회의는 법관의 이와 같은 관행에 대해 법적으로 보장해 주는 역할을 한다. 그러므로 공정한 재판을 진행하는 데에 유리하다.

IV. 공판전회의 절차의 내용

이하에서는 먼저 개정 이전과 개정 이후 공판준비절차에 어떠한 변화가 있는지를 살펴보고 다음으로 현행 형사소송법에서의 규정과 최고인민법원의 사법해석 및 최고인민검찰원 규칙에서의 규정이 어떻게 서로 다른가에 대해 알아보도록 하겠다.

2012년 형사소송법 공판준비절차의 개정 전후 조문의 비교

개정 전	개정 후
제151조 인민법원은 개정하여 심판할 것을 결정한 후 아래와 같은 업무를 진행하여야 한다. (1) 합의부의 구성원을 확정한다. (2) 인민검찰원의 공소장 부본을 최소 개정 10일 이전에 피고인에게 송달한다. 피고인이 변호인을 선임하지 않은 경우 피고인은 변호인을 선임할 수 있음을 고지하거나 필요한 경우 법률원조의무를 맡은 변호사를 지정하여 그에 변호를 제공하도록 한다. (3) 개정시간, 장소를 개정 3일 이전에 인민검찰원에 통지한다. (4) 당사자를 소환하고 변호인, 소송대리인, 증인, 감정인과 통역인에게 통지하여야 하는데 소환장과 통지서는 최소 개정 3일 이전에 송달하	제182조 인민법원은 개정하여 심판할 것을 결정한 후 합의부 구성원을 확정하여야 하고 인민검찰원의 공소장 부본을 최소 개정 10일 이전에 피고인 또는 변호인에게 송달하여야 한다. 공판기일 전 심판요원은 공소인, 당사자와 변호인, 소송대리인을 소집하여 법관의 회피, 출정증인의 명단, 불법증거배제 등 심판과 관련된 문제의 정황을 요해하고 의견을 청취할 수 있다. 인민법원은 개정기일을 확정한 후 개정시간, 장소를 인민검찰원에 통지하고 당사자를 소환하고 변호인, 소송대리인, 증인, 감정인과 통역인에게 통지하여야 하는데 소환장과 통지서는 최소 개정 3일 이전에 송

---

33) 莫湘益, 앞의 논문, 49면.

여야 한다. (5) 공개하여 심리하는 사건에 대해서는 개정 3일 이전에 사건의 개요, 피고인 성명, 개정시간과 장소를 미리 공포하여야 한다. 상술한 활동정황은 기록하고 심판요원과 서기원은 서명하여야 한다.	달하여야 한다. 공개하여 심리하는 사건에 대해서는 개정 3일 이전에 사건의 개요, 피고인 성명, 개정시간과 장소를 미리 공포하여야 한다. 상술한 활동정황은 기록하고 심판요원과 서기원은 서명하여야 한다.

2012년 최고인민법원 사법해석

제183조 사건이 아래와 같은 정황 중 하나에 해당되는 경우 심판요원은 공판전회의를 소집할 수 있다. (1) 당사자 또는 그 변호인, 소송대리인이 불법증거배제 신청을 한 경우 (2) 증거자료가 비교적 많거나 사건이 중대하고 복잡한 경우 (3) 사회적으로 중대한 영향을 끼친 경우 (4) 공판전회의를 소집할 필요성이 있는 기타 정황 공판전회의를 소집함에 있어서 사건의 정황에 근거하여 피고인을 통지하여 참가하게 할 수 있다.

공판전회의에서 다루는 내용과 관련하여 형사소송법, 최고인민법원 사법해석 및 최고인민검찰원 규칙에서 이에 대해 조금씩 다른 규정을 내놓았다.

형사소송법, 최고인민법원 사법해석,
최고인민검찰원 규칙에서 각자 규정한 내용의 비교

	2012년 형사소송법	최고인민법원 사법해석	최고인민검찰원 규칙
공판전회의절차에서 다룰 내용	1.회피; 2.출정증인의 명단; 3.불법증거배제; 등 심판과	1.관할권 이의; 2.회피; 3.수사단계 및 심사기소단계에서 공안기관과 인민검찰원이 수집한 피고인 무죄 또는 罪輕의 증거기록에 대한 변호인의 調取[34] 신청;	1.관할; 2.회피; 3.출정감정인, 출정전문지식인의 명단; 4.변호인이 제공한 무죄증거;

		4.새로운 증거를 제공;	5.불법증거배제
관련 된 문제		5.출정감정인 및 출정전문지식인의 명단에 대한 이의;	6.비공개심리;
		6.불법증거배제;	7.연장심리;
		7.비공개심리를 신청;	8.간이절차의 적용;
		8.부대민사소송의 조정	9.재판방안

공판전회의절차에서 다루어지는 내용과 관련하여 2012년 형사소송법 제182조 제2관의 규정에서 "회피, 출정증인의 명단, 불법증거배제 등 심판과 관련된 문제"에 대해'라고 하였는바 여기에는 '등'이라고 하는 불명확성을 띤 글자가 보인다. 이 '등'이라고 하는 글자가 이 조문에서 상당한 영향력을 가지는데 그것은 '등'에 대한 해석이 공판전회의의 기능과 직결되기 때문이다.[35] 그렇다면 이 글자를 어떻게 해석할 것인가? 중국어 표현방식에 있어서 '등'은 두 가지 함의가 담겨져 있다. 첫 번째는 열거한 사항을 모두 포함하는 의미를 가지고 두 번째는 열거한 사항 이외 전에 열거한 사항의 범주에 속하는 생략된 내용을 포괄하는 의미를 갖는다.

최고인민법원 사법해석 제184조에서는 형사소송법에서 규정한 회피, 출정증인의 명단, 불법증거배제 세 가지 사항 이외에 관할권 이의, 수사단계 및 심사기소단계[36]에서 공안기관과 인민검찰원이 수집한 피고인 무죄 또는 罪輕의 증거기록에 대한 변호인의 調取신청을 할지 여부, 공소인과 변호인 양측이 새로운 증거를 제출할지 여부,

---

34) 증거를 제출할 의무가 있는 자에게 증거를 제공하게 하거나 보충하도록 하는 것을 말한다.
35) 莫湘益, 앞의 논문, 49면.
36) 중국에서는 일반적으로 공안기관이 입건을 하여 수사를 종결한 뒤 검찰원에 이송한다. 검찰원은 공소제기 여부에 대해 심사를 한다. 여기서 수사단계는 공안기관에서 수사를 행하는 단계를 말하고 심사기소단계는 인민검찰원에서 사건에 대해 심사하여 공소제기 여부를 결정하는 단계를 말한다. 심사기소단계를 인민검찰원단계라고도 한다.

출정감정인 및 출정전문지식인의 명단에 이의가 있는지 여부, 비공개심리를 신청할지 여부 그리고 부대민사소송의 조정 이상의 여섯 가지 사항에 대해 공판전회의 절차에서 다룰 수 있다고 규정하였다.

그리고 최고인민검찰원 규칙 제431조도 위 세 가지 사항 이외 사건의 관할, 출정감정인, 출정전문지식인의 명단, 변호인이 제공한 무죄증거, 비공개심리, 연장심리, 간이절차의 적용, 공판기일에서의 심리방안의 사항에 대해 공소인은 공판전회의 절차에서 다룰 수 있다고 규정하였다.

살피건대 최고인민법원 사법해석과 최고인민검찰원 규칙은 '등'에 대해 두 번째 함의를 나타내고 있다는 것을 알 수 있다. 그리고 최고인민법원 사법해석의 규정에서 공판전회의에서 논의하는 것은 모두 절차적인 문제를 다룬다는 것도 엿볼 수 있다. 그 중 유일하게 실체적 문제를 다루는 사항은 부대민사소송의 조정이다.[37] 그런데 부대민사소송과 관련해서는 비록 실체문제에 속하지만 유무죄판단과 양형판단과는 무관하다. 따라서 부대민사소송에 대해 공판기일 전 피해자와 피고인을 불러 문제을 해결하는 것은 피해자가 배상을 하루속히 받을 수 있게 배상받을 시간을 단축할 수 있어 허용해야 할 바라고 생각된다.[38]

---

37) 같은 생각. 莫湘益, 앞의 논문, 49면.
38) 같은 생각. 莫湘益, 앞의 논문, 49면.

제2절 한국의 공판준비절차의 개요

Ⅰ. 용어의 정리

1. 공판절차의 개념정리

공판준비절차의 개념에 대해 알아보기 전에 먼저 공판절차의 개념에 대해 알아볼 필요가 있다. 한국에서 공판절차는 넓은 의미와 좁은 의미의 두 가지 뜻으로 사용될 수 있는데 넓은 의미의 공판절차는 공판준비절차, 법정 외의 증인신문절차 및 검증절차 등을 포함하여 공소제기 후 소송계속이 종료할 때까지 법원이 행하는 심리와 재판의 전 과정을 가리키고, 이에 대하여 좁은 의미의 공판절차는 공판기일에 공판정에서 행하는 심리와 재판만을 의미한다.[39] 본문에서는 넓은 의미와 좁은 의미의 공판절차의 개념을 혼용하여 쓰되 독자들이 혼돈되는 것을 방지하기 위하여 좁은 의미의 공판절차에 대해서는 공판절차(공판기일에서의 심리절차)라고 표시하기로 한다.

2. 공판준비절차의 개념정리

공판준비절차는 공판기일에서의 심리를 준비하기 위하여 수소법원이 행하는 일련의 절차를 말한다.[40] 공판준비는 공판기일의 심리 준비를 위한 것인데, 제1회 공판기일 전은 물론 제1회 공판기일 이후에도 행할 수 있다. 그러나 공판준비절차는 수소법원이 공판기일의

---

39) 신동운, 신형사소송법, 2014(제5판), 820면.
40) 형사소송법 개정법률 해설, 법원행정처, 2007년, 83면.

준비를 위하여 행하는 절차이기 때문에 지방법원판사에 의하여 증거보전의 목적으로 행해지는 증거보전절차(법 제184조)나 제1회 공판기일 전 증인신문절차(법 제221조의2)는 공판준비절차에 포함되지 않는다.[41]

공판준비절차는 넓은 의미에서의 공판준비절차와 좁은 의미에서의 공판준비절차로 나뉘어 볼 수 있다. 넓은 의미에서의 공판준비절차는 공판기일을 열기 위하여 사전에 거쳐야 하는 일반적인 절차를 말한다. 이에 대하여 좁은 의미의 공판준비절차는 공판기일의 집중심리를 위하여 재판장이 특별히 시행하는 절차를 말한다. 공판준비절차는 어디까지나 공판기일의 심리를 준비하는 절차로 보아야 한다. 따라서 공판준비절차에서 실체적인 심리가 행하여지는 것은 공판중심주의에 저촉되어 원칙적으로 허용되지 않는다.[42]

한국의 현행 형사소송법은 제266조 내지 제274조에서 공판준비절차에 관하여 규정하고 있다. 위에서도 언급했듯이 공판준비절차는 넓은 의미의 공판준비절차와 좁은 의미의 공판준비절차로 나누어 볼 수 있다. 전자에는 공소장부본의 송달(법 제266조), 피고인의 의견서제출(법 제266의2), 공판기일의 지정(법 제267조 제1항), 피고인의 소환(법 제267조 제2항), 증거개시절차(법 제266의3 이하, 제266의11) 등 공판기일 전에 행하는 전반적인 부분이 여기에 해당한다. 후자를 다시 제1회 공판기일을 열기 전에 행하는 것과 제1회 공판기일이 열린 후 공판기일과 공판기일 사이에 행하는 것의 두 가지 유형으로 나누어진다. 전자를 기일 전 공판준비절차라 하고 후자를 기일 간 공판준비절차라고 한다.[43]

2007년 신형사소송법은 국민참여재판을 염두에 두면서 공판준비

---

41) 신동운, 앞의 책, 837면.
42) 신동운, 앞의 책, 837면.
43) 신동운, 앞의 책, 838면.

절차(법 제266조의5)를 대폭적으로 정비하였다. 이렇게 정비된 공판
준비절차(법 제266조의5)는 배심재판뿐만 아니라 직업법관이 행하는
통상재판의 경우에도 적용된다. 다만 국민참여재판의 경우 반드시
공판준비절차(법 제266조의5)에 회부하여야 하고 통상재판의 경우에
는 필요적이 아니라 임의적으로 공판준비절차가 시행된다(법 제266
의7 제1항·제2항).[44]

　본문에서 다루는 내용은 좁은 의미의 공판준비절차이다.

3. 공판준비절차와 공판절차(공판기일에서의 심리절차)와의 관계

　공판준비절차는 공판심리를 효율적이면서도 충실하게 하기 위한
수단이므로 공판중심주의를 실현하는 수단이라고 할 수 있다. 아울
러 공판준비는 공판기일에서의 심리의 효율화를 위하여 이루어지는
것이므로 공판준비단계에서의 심리 정도가 지나친 경우 공판기일의
심리가 형식적 절차로 흐를 위험이 있음에 유의하여야 한다. 즉, 공
판기일은 단순히 증거조사만 하는 절차가 아니라 피고인의 주장을
법정에 상세히 현출하는 절차가 되어야 한다.[45] 다만 공판준비절차
와 공판절차(공판기일에서의 심리절차)와의 관계에 있어서 공판준
비절차는 그 자체로서 의미 있는 단계가 아니라 공판절차(공판기일
에서의 심리절차)와 일정한 관련성을 가질 때만 의미를 가지는데 공
판절차(공판기일에서의 심리절차)는 공판준비절차의 뛰어 넘을 수
없는 한계라고 할 수 있다.[46] 양자는 불가분리적으로 공판절차(공판
기일에서의 심리절차)가 없이 공판준비절차가 따로 존재할 수 없다.

---

44) 신동운, 앞의 책, 838면.
45) 법원실무제요, 형사 I I, 법원행정처, 2008, 629면.
46) 권오걸, "현행 형사소송법과 개정 법률안에서의 공판준비절차의 검토", 형
　　사법연구 제25호, 2006년, 375면.

요컨대 공판준비절차와 공판절차(공판기일에서의 심리절차)와의 관계를 정확하게 파악해야 한다. 그렇지 않을 경우 공판절차가 형해화될 수 있으므로 특히 주의를 가하여야 한다.

4. 공판준비절차와 증거개시제도의 관계

위의 개념정의에 따르면 공판절차에 있어서 증거개시와 좁은 의미의 공판준비절차는 모두 넓은 의미의 공판준비절차의 범주에 속한다. 증거개시제도는 한편으로는 검사 측과 피고인 측이 공판기일전 각자 보유하고 있는 증거에 대해 개시를 함으로 하여 피고인의 방어권을 보장하고 다른 한편으로 검사의 공판정에서의 기습적인 증거제출을 막아 공판기일의 지연을 방지함으로써 집중심리를 할수 있게 하는 두 가지의 기능이 있다. 반면 공판준비절차는 공판기일의 집중적이고 효율적인 심리를 도모하는데 입법적 취지를 두고 있다.

공판준비절차는 재판장이 효율적이고 집중적인 심리를 위하여 진행하는 절차이고 증거개시는 당사자의 신청에 의해서 진행하는 것이다. 즉 공판준비절차는 재판장이 주도하는 절차이고 증거개시는 주로 소송 당사자 사이에서 일어나는 절차이다. 그리고 공판준비절차에 회부되지 않은 사건에서도 증거개시가 필요한 경우가 있고 반대로 증거가 개시되지 않은 경우에도 공판준비절차가 필요한 경우가 있다. 따라서 증거개시와 공판준비절차는 별개의 것으로서 양 제도는 개념상 분리가 가능하고 논리 필연적 연관성을 갖는 것은 아니다.[47)]

---

47) 이승현, "참여재판제도와 공판준비절차", 한국형사정책연구원, 2006년, 58-61면; 황태정, "개정 형사소송법상 공판준비절차", 비교형사법연구 제12권 제2호(2010), 94면; 최병천, "증거개시와 피도인의 방어권보장", 서울대학교

Ⅱ. 공판준비절차의 입법취지

1. 개정전의 공판준비절차(넓은 의미)의 운용

한국의 구 형사소송법 제273조, 제274조는 공판준비절차에 대해 규정하였는바 이와 같은 준비절차는 공판중심주의에 의해 한계지워져야 하고 공소장일본주의의 정신에 비추어 제1회 공판기일 이후의 공판기일 전에만 허용된다고 해석되어 왔다.[48] 이에 따라 공판의 실질을 준비하는 것을 내용으로 하는 공판준비절차에 관한 규정은 없다고 보았다.[49] 다만 실무상으로 답변서 및 정상관계 진술서 제출에 관한 예규에 따라 피고인이 제출할 수 있는 답변서, 정상관계 진술서가 공판을 실질적으로 준비하는 방법으로 활용되었다고 한다.[50]

2. 문제점

가. 일괄적인 재판방식

재판이 효율적으로 진행되려면 일정한 준비가 필요한데 개정 전까지 한국의 형사재판은 공소제기가 되면 재판기일이 지정될 때까지 당사자 사이에서 대립되는 사실관계나 법률상의 쟁점 등이 무엇인지를 인정하는지의 여부에 대하여 쟁점을 정리하지 아니한 채 미리부터 검찰에서 약식기소한 사건을 제외한 모든 사건은 정식재판에 회부되어 진행되어 왔다.[51] 즉 공판준비절차에 있어 종래의 실무

박사논문, 2012년, 196-197면.

48) 배종대·이상돈, 형사소송법, 홍문사(2006), 457면; 백형구, 알기쉬운 형사소송법, 박영사(2005), 157면; 신양균, 형사소송법, 법문사(2004), 515면.

49) 김환수, "공판준비절차 도입관련 기초 검토", 형사사법 토론회 자료집, 사법제도개혁추진위원회, 2005년, 2면.

50) 이승현, 앞의 논문, 51면.

관행을 보면 간단한 사건과 쟁점이 복잡한 사건, 즉 사건의 경중이나 난이도를 가리지 않고 공판기일을 지정하여 심리에 임하는 경우가 많았다. 그러다보니 사건의 쟁점을 조기에 파악할 수 없어 공판기일이 공전되거나 부실하게 진행될 우려가 있었다. 사건의 성격에 따른 심리방향을 설정하기 위하여 법원이 쟁점을 정리하고 검사와 피고인, 변호인에게 주장 및 입증계획 등을 준비하게 하거나 공판준비기일을 열 수 있는 법적 근거는 마련되어 있지 않았다.[52]

이러한 운영방식은 자백한 사건 또는 간단한 사건의 경우는 불필요한 시간낭비를 가져오는 반면에 다투는 사건이나 복잡한 사건의 경우는 공판기일이 지연되는 결과를 가져오게 되었다. 그리고 재판단계에서 구속기간이 제한되어 있기 때문에 법원은 그 기간 내에 사건을 종결해야 하므로 심리가 제대로 이루어지지 않는 상태에서 판결을 선고하는 경우가 많았다.[53]

---

51) 물론 일정한 법정형 기준에 해당하지 아니하는 사건 중 피고인이 공소사실을 시인하면 정식 증거조사를 생략하고 간이공판절차에 회부하여 종결하는 제도가 있지만 이 또한 사전에 알기는 어렵고 일단 공판기일이 지정되고 피고인에 대한 신문을 한 다음에야 간이공판절차에 회부할 수 있고 간이공판절차에 회부하더라도 또다시 선고기일은 별도로 정하여 법정에서 판결을 선고하도록 하는 것이다. 권오걸, 앞의 논문, 362-363면.

52) 신동운, 앞의 책, 861면.

53) 한국의 재판단계에 있어서 피고인 구속기간은 최대 6개월로 제한되어 있다(형사소송법 제92조). 이것은 한국 형사소송법의 특징이라고 볼 수 있다. 이와 같은 입법자의 결단은 일제 강점기 하에서 유래된다. 일제는 대정형사소송법상 기본 2개월, 매 1개월 마다 연장하도록 되어 있는 예심판사와 법원의 구류 및 그 갱신기간을 조선형사령을 통하여 3개월 및 2개월로 이를 각각 연장하였다. 그리하여 무제한의 미결구금을 허용하는 예심제도가 일제에 의하여 활용되게 되었다. 일제 강점기 하의 이와 같은 폐단을 막고자 한국 제정 형사소송법 제92조에서는 재판단계에서의 인신구속기간을 최대 6개월로 정하였다. 위 내용은 신동운, "일제하의 형사절차에 관한 연구", 박병호 교수 화갑기념(II), 한국법사학논총, 1991년 10월, 412면에서 발췌하였음.

이 뿐만 아니라 사건에 따라서 집약된 심리와 증거조사가 필요하지만 실무상 2-4주의 간격으로 여러 기일 동안 분산하여 심리를 진행하기 때문에 소송기일마다 반복해서 소송자료를 검토해야 하는 문제점이 있었다.[54]

나. 조서재판의 관행화

개정 이전의 형사소송법은 검사 작성의 각종 조서에 대하여 증거로서의 가치를 크게 부여하는 규정을 두고 있었다. 법원도 이를 중시하다 보니 검사는 피의자나 참고인의 진술을 조서화하는데 치중할 수밖에 없었다. 형사재판은 공판정에서 구두변론보다는 수사기관에 의해 작성된 조서에 의해 재판하고 법관은 조서의 증거능력을 높이 쳐주어 특별한 사정이 없는 한, 검사가 작성한 조서의 형식적인 진정성립만 인정되면 그 조서의 신빙성이 인정되었다.[55]

3. 개정취지

이에 따라 쟁점중심의 효율적이고 집중적인 심리를 위하여 제1회 공판기일 전에 사건의 쟁점 및 증거를 정리하고 심리계획을 수립하는 절차의 필요성이 지적되어 왔다. 이를 위해 2007년 형사소송법 개정에서 도입된 제도가 공판준비절차인 것이다.[56] 또한 공판준비절차는 공판심리를 충실하게 하기 위하여 사전준비를 철저히 할 수 있는 제도적 기반을 마련하고 일반국민이 형사재판에 참여하는 국민참여재판의 실시에 대비하기 위하여 입법이 추진되었다.[57]

---

54) 이승현, 앞의 논문, 54면.
55) 이승현, 앞의 논문, 56면. 위 서술은 2005년 당시의 상황이다. 2007년 형사소송법이 개정된 후 관련된 새로운 판례들이 나왔다.
56) 2007 증거개시 및 공판준비절차(실무 매뉴얼 4), 대검찰청, 81면.

공판준비절차는 무엇보다 국민참여재판의 도입으로 인하여 그
의미가 크다. 국민참여재판의 경우는 공판준비절차를 반드시 거쳐
야 한다. 그러나 일반 형사사건에 있어 공판준비절차 회부 여부는
재판장이 재량으로 결정하며 공판준비절차는 서면으로 준비하도록
하는 방법과 공판준비기일을 여는 방법 중에 선택할 수 있게 되어있
다. 또한 2007년 개정 형사소송법은 공판준비절차의 신속한 진행을
위해 검사와 피고인 또는 변호인은 증거를 미리 수집하여 정리하는
방법 등을 통해 공판준비절차의 원활한 진행에 협력할 의무가 있음
을 규정하였다.58)

---

57) 증거개시와 공판준비절차, 2007년 법관연수자료집 형사실무, 사법연수원,
22면.
58) 앞의 대검찰청 실무 매뉴얼, 81면.

제3절 공판준비절차의 쟁점별 비교법적 검토

Ⅰ. 현행법상 양국 공판준비절차의 비교

1. 입법취지

한국의 현행 형사소송법 제266조의5에서 공판준비절차의 입법취지에 대해 "효율적이고 집중적인 심리를 위하여"라고 조문상으로 명시하였다. 이에 반하여 중국 현행 형사소송법 제182조 제2관을 살펴보면 공판준비절차의 취지에 대해 특별히 언급한 바가 없고 "법관의 회피, 출정증인의 명단, 불법증거배제 등 심판과 관련 된 문제"를 해결한다고 되어있다. 그러나 '심판과 관련된 문제'를 해결하는 것은 결국 공판기일에서의 재판이 중단되는 것을 막기 위함이다. 그렇기 때문에 한국과 중국이 공판준비절차를 입법화한 데에는 모두 공판기일에서의 재판이 지연되는 것을 막아 집중심리하여 절차의 신속한 진행을 담보하는 데에 그 목적이 있다고 하겠다.

2. 공판의 지연을 초래하는 단계

한국과 중국이 종래 형사재판에 있어서 공판의 지연을 초래하는 원인에는 약간의 차이가 있다. 한국은 기존에 공판기일 이전에 증거개시제도 또는 사건의 쟁점을 정리할 수 있는 준비절차가 마련되어 있지 않았다. 종래의 실무관행을 보면 사건의 경중이나 난이도를 가리지 않고 공판기일을 정하여 심리에 임하는 경우가 많았는데 복잡하고 난해한 사건에 대해서는 쟁점을 조기에 파악할 수 없어 공판이 지연되는 결과가 나타났다. 공판의 지연을 초래하는 단계는 주로 검사가 공소장에 적힌 내용을 낭독하는 등 검사의 모두진술이 끝난 이후 사건의 쟁점정리 등 실체적 심리를 진행하는 과정에서 나타난다. 다시 말해서 검사의 모두진술절차 이전에 공판이 중단되는 경우는 거의 없다.

이에 반해 중국은 공판기일에서 공소인이 공소장을 낭독하기 이전 단계에서 공판이 중단되는 경우가 많다. 그 원인은 중국에서는 공판이 시작된 후 피고인은 합의부 구성원, 서기원, 공소인, 감정인과 번역요원에 대해 회피를 신청할 권리가 주어진다(중국 2012년 형사소송법 제185조). 피고인이 공판기일에 회피신청을 제기하면 법원은 소송활동을 즉시 중단하고 이를 우선적으로 해결해야 된다.[59] 그렇기 때문에 이 절차에서 피고인이 회피신청을 하게 되면 법관은 계속하여 재판을 이어나갈 수 없어 공판절차가 중단하게 된다.

피고인의 회피신청과 관련하여 무엇보다 문제가 되는 것은 회피신청으로 인한 관할권의 이전이다. 한국은 피고인이 관할권 이전에 대한 신청을 할 수 있고 피고사건이 법원의 관할에 속하지 아니한 때에는 수소법원은 관할위반판결을 선고하게 된다(한국 2007년 형사소송법 제319조). 이에 반하여 중국은 피고인이 관할권 이전 신청을 할 수 있는 근거조문이 없고 판결의 종류에 있어서 관할위반판결도 없다.[60] 그러므로 피고인이 관할권 이전 신청을 하려면 출정한 사법인원에 대해 일일이 회피신청을 하는 방식으로 간접적으로 법원전체에 대한 관할권 이전 신청을 하는 것이다.[61] 그러므로 법원은 공판기일 공소인이 공소장을 낭독하기도 전에 즉 실체적인 심리를 진행하기도 전에 절차적인 부분에서 공판절차는 중단된다.

---

59) 莫湘益, 앞의 논문, 46면.
60) 형사사건 판결의 종류는 유죄판결과 무죄판결이 있다.
61) 莫湘益, 앞의 논문, 47면.

살피건대 한국에서의 공판이 지연되는 원인은 주로 검사의 모두 진술이 끝난 이후 실체적 심리과정 중에 나타나는 반면 중국은 공소인이 공소장을 낭독하기 이전 법관이 피고인에 회피신청의 권리가 있음을 고지하는 절차적 단계에서 나타나기도 한다.

3. 배심재판과 공판준비절차의 관계

가. 인민배심원재판에서 공판준비절차를 거칠 필요성 여부

무엇보다 한국의 공판준비절차는 국민참여재판의 도입으로 인하여 그 의미가 더욱 부각된다. 국민참여재판이 적용되는 사건의 경우 배심원들을 속히 생업에 복귀시키려면 집중심리하여 재판을 신속하게 끝내야 한다. 그런데 한국은 공소장일본주의 소송구조를 취한 데에다가 종래 쟁점을 정리하는 절차가 없어 법원은 조기에 검사와 피고인의 입장을 파악하지 못하므로 공판기일이 지연될 우려가 있었다. 특히 배심재판의 경우 문제가 더욱 심각하게 나타난다. 그렇기 때문에 공판준비절차가 필요하게 되는 것이다. 현행법상 한국은 국민참여재판을 적용하는 사건에 대해서 반드시 공판준비절차를 거치도록 규정하고 있다. 한국의 공판준비절차는 국민참여재판과 결부될 때 더욱 빛난다고 할 수 있겠다.

그렇다면 중국의 경우 형사재판에서 특별히 인민배심원재판에 공판준비절차를 반드시 거쳐야 하는 규정을 둘 필요가 있는가 하는 의문이 생긴다. 앞서 언급했듯이 인민배심재판을 하는 것은 인민과 법원 사이의 간격을 좁혀 인민이 사법에 대한 신뢰를 높이고자 하는 데 있다. 그렇기 때문에 인민배심원재판은 사건의 경중, 사건의 난이도 등을 따질 것이 아니라 인민이 관심을 가지고 보는 사건 및 사회적으로 영향력이 큰 사건에 대해 적용하는 것이 바람직하다. 그런데 공판준비절차는 복잡하고 난해한 사건에 있어서 공판이 지연되는 것을 막기 위한 절차이다. 인민이 관심을 가지고 보는 사건이라 하여 반드시 복잡하고 난해한 사건은 아니고 의외로 간단한 사건인 경우도 많다. 따라서 이 문제에 대해서는 일괄적으로 판단할 것 아니라 구체적인 사건에 따라 분류하여야 한다고 생각된다.

또한 당사자(피고인) 또는 그 변호인이 불법증거배제 신청을 한 경우에는 공판전회의에 회부할 수 있다고 규정하였다(중국 최고인민법원 사법해석 제183조). 이 경우에도 위에서의 논의와 마찬가지로 해당 사건이 인민이 관심을 갖는 사건 또는 사회적 영향력이 큰 사건인 경우에는 인민배심재판을 적용할 수 있다.

그렇다면 한국의 경우처럼 인민배심원이 하루 빨리 생업에 복귀해야 되지 않는가 하는 의문이 제기된다. 그런데 인민배심원재판에서 사건의 사실관계가 간단하고 증거가 충분할뿐더러 피고인이 자백하여 증거에 대한 다툼이 없는 경우 인민배심원재판이라고 해도 공판전회의를 거칠 필요가 없다고 생각된다. 중국의 현행법상 인민배심원은 직업법관과 동등한 권리를 가진다. 이에 따라 공판기일 전 인민배심원은 법원에서 사건기록을 읽을 수 있다. 그렇기 때문에 사실관계와 증거자료를 모두 사전에 요해할 수 있게 되는 것이다. 또한 공판정에서 피고인을 신문할 수도 있다. 더 나아가 중국 인민배심원의 임기는 5년으로 매우 긴데다가 연임을 할 수 있어 직업법관 버금으로 심판업무에 대해 익숙할 것이라고 생각된다. 공판전회의는 재판이 중단되는 것을 막기 위하여 진행되는 절차이다. 그러나 인민배심원의 '특수한 지위'상 인민배심원의 업무부지로 인하여 재판이 중단된다고 보이지는 않는다. 그렇기 때문에 사실관계가 명확하고 증거가 충분할뿐더러 피고인이 자백한 사건에 대해서는 별도로 공판전회의를 거칠 필요성이 인정되지 않는다고 생각된다.

한국의 국민참여재판은 매 사건마다 배심원을 교체하고 또한 배심원이 사건자료를 미리 열람할 수 없기 때문에 공판기일 전 사실관계를 알 수 없다. 따라서 공판정에서 배심원이 알아듣기 쉽게 설명하려면 공판준비절차를 거쳐 검사와 변호인이 일부 증거에 대해 개시를 하고 법관 역시 이를 통해 심리의 계획을 세워야 하기 때문에 공판준비절차를 거칠 필요성이 인정되는 것이라고 생각된다.

나. 인민배심원이 공판전회의를 주재할 수 있는가

이에 관한 논의를 하기에 앞서 먼저 심판요원, 심판원, 인민배심원의 개념 및 관계에 대해 간략하게 소개하도록 하겠다.

심판원(審判員)은 사건을 심판할 때의 법관을 말하는데 직업법관을 뜻한다. 심판원은 심판요원(審判人員)과 구별되는 개념이다. 심판요원은 법원장, 부법원장, 庭長(부장판사), 부부장판사, 심판원, 법관의 보조자(法官助理62)), 인민배심원 등이 포함하는 개념으로써, 심판원에 비해 보다 넓은 개념으로 쓰인다. 인민배심원은 직업법관과 동등한 권리를 가지고 재판석에 나란히 함께 앉는다. 인민배심원 역시 심판요원의 범주에 속한다.

본론으로 돌아와 논의해보도록 한다. 현행법상 '심판요원이 공판전회의를 소집한다'고 되어있다. 인민배심원은 심판요원의 범주에 속하고 또한 직업법관과 동등한 권리를 가지므로, 조문의 해석으로만 놓고 볼 때 인민배심원이 공판전회의를 소집할 수 있다는 것으로 해석된다.

그러나 인민배심원은 독자적으로 공판전회의를 소집할 수 없다고 보는 것이 타당하다. 인민배심원을 사법에 참여하도록 하는 것은 사법의 공정성을 도모하는 것이고 공판전회의는 재판의 효율을 높이기 위해 공판이 지연되는 요소를 미리 여과하는 절차이다. 인민배

---

62) 法官助理는 심판보조작업을 하는 자이다. 그들은 법관의 지도하에 법관의 업무를 보조하는 자이다. 法官助理는 일정한 시간을 훈련받은 후 보통 직업법관으로 임명된다.

심원이 공판전회의에 참여한다고 하여 그 회의의 효율이 높아지는 것은 아니고, 사법의 공정성이 높아지는 것은 아니다. 그렇기 때문에 인민배심원이 굳이 공판전회의에 참석할 필요성이 크지 않다. 또한 공판전회의는 심판과 관련된 중요한 문제를 다루기 때문에 공판전회의의 주재자는 전문적인 법률지식을 갖추어야 할 것을 전제로 하고 있다. 그런데 인민배심원은 법률전문가가 아닌 일반 시민들로 구성된 것이므로 불법증거배제라든지 법관의 회피 등을 해결하는 공판전회의를 주재할 수 없다고 보는 것이 바람직하다.[63]

따라서 인민배심원은 공판준비절차에 참여하는 것이 적절하지 않다고 판단되기 때문에 공판준비절차에 있어서 인민배심원의 권리와 의무는 더 이상 논할 여지가 없다고 생각된다.

이에 따라 인민배심원은 공판전회의에 참여할 수 없기 때문에 공판전회의 절차에서 다룰 수 있는 불법증거에 대한 배제결정은 하지 못한다. 그러나 공판기일에 있어서는 인민배심원은 직업법관과 동등한 권리를 행사하므로 불법증거에 대한 증거능력 여부를 판단할 수 있게 된다.

다. 공판전회의 담당 법관이 공판기일에서의 법관으로 될 수 있는가

이에 대해 논의하는 실익은 결국 법관의 예단에 관한 것이다. 즉 공판전회의의 담당 법관이 공판기일에서의 법관으로 된다고 생각해 보면 공판기일 전 미리 사건의 내용을 파악했기 때문에 예단이 생길 수 있다는 것이다. 심판요원의 개념정의에 대해서는 지금도 공판전회의의 중요한 문제로 대두되고 있다. 이와 관련하여 현재 중국의 사법실무는 공판전회의절차는 주로 공판기일에서의 합의부 구성원

---

63) 張軍·姜偉·田文昌, 앞의 책, 251-252면 참조.

이 주재한다.[64] 그 원인은 공판전회의절차를 주재하고 다시 해당 사건의 재판을 담당한다면 공판기일에서의 심리를 더 잘 하여 재판이 더욱 매끄럽게 진행될 수 있다는 데에 있다.

그러나 위에서 언급한 바와 같이 이는 곧 공판기일 전에 사건에 대한 예단이 생길 수 있다는 우려가 제기된다. 앞서 언급한 바와 같이 중국은 기존의 사본주의에서 전건이송주의로 소송구조를 바꿨다. 전건이송주의의 소송구조 하에서는 법관이 공판기일 전 기록을 모두 읽을 수 있기 때문에 예단이 생긴다는 점을 배제할 수 없다. 그럼에도 불구하고 이 같은 소송구조를 취하게 된 것은 결국 법관에게 예단이 생기는 것을 눈감아 주면서까지 법관더러 공판기일 전 사건기록을 모두 읽게 하여 재판을 위해 충분한 준비를 함으로써 재판의 질을 높이고자 하는 데에 그 입법적 결단이 있었다고 한다.[65]

같은 취지로 비록 공판전회의절차를 주재했던 법관이 공판기일에서의 재판을 담당하게 되면 예단이 생길 수 있다는 점은 피면할 수 없다. 그러나 위와 같은 입법자들의 결단이 있었기 때문에 그렇게 하더라도 무관하다는 것이다.

생각건대 중국의 현재의 상황에 비추어 볼 때 공판전회의의 주재자가 곧 사건 담당 법관이어야 한다는 해석이 타당하다. 사법인력은 한정되어 있는데 사건수가 많은 것이 오늘날 중국의 사법기관이 직면하고 있는 현실이자 난제이다.[66] 이 역시 공판전회의 절차의 취지인 재판이 신속하게 진행되고 소송효율을 높이는 것과 맞물리기 때문에 이와 같은 해석은 그 취지에 부합된다.

그러나 앞으로 멀리 내다보았을 때 심판요원을 확대해석하여 법

---

64) 趙小燕, "溫州鹿城法院讓'庭前會議'從概念走向程序",「浙江新聞网」, 최종방문일, 2017년 2월 3일. http://news.zj.com/detail/2012/11/14/1419551.html
65) 閔春雷·賈志强, 앞의 논문, 76면.
66) 陳衛東·杜磊, 앞의 논문, 39면.

관이라는 신분만 가진 자라면 공판전회의를 주재할 수 있도록 해야한다. 그 원인은 앞서 언급했듯이 공판전회의를 주재한 자가 사건 담당 법관으로 공판정에 등장하면 사건에 대한 예단이 생길 수 있기때문이다. 특히 공판전회의절차가 실천과정에서 보완되어 가고 발전하게 되면 이와 같은 문제점은 더욱 두드러지게 나타날 것이다. 이에 대해 중국인민대학교 법대 천웨이둥(陳衛東) 교수는 앞으로 법원의 입건부(立案庭)[67]의 법관이 공판전회의를 주재할 것에 대한 주장을 제기하면서 이렇게 하는 것으로 사건 담당 심판요원이 해당 사건과의 사전 접촉을 막을 수 있다고 한다.[68]

또한 길림대학 법대 민췬레이(閔春雷) 교수는 공판전회의 주재를 공판기일 재판을 담당하는 법관의 보조자가 진행하는 것이 합리적이라고 한다. 법관의 보조자는 우선 미래의 예불법관의 자격을 갖춘 자이기 때문에 해박한 법률지식을 갖고 있고 또한 사건에 직접 관여하지 않아 법관의 예단을 배제할 수 있기 때문이다.[69]

II. 공판전회의 절차의 가동방식

1. 공판전회의는 어떻게 시작되는가?

이것은 공판전회의는 누구에 의해 가동되는가 하는 데에 관한 문제이다. 이 문제를 논하고 있는 실익은 결국 공소인 또는 피고인 및 그 변호인이 공판전회의절차에 대한 가동권을 가지고 있는지에 대

---

67) 인민법원의 입건부(立案庭)은 검찰원에서 공소제기 된 사건을 접수하고 해당 사건을 개정하여 심판할지 여부에 대해 심사를 진행하는 부서이다. 여기에서의 심사는 형식적인 심사이다.

68) 陳衛東·杜磊, 앞의 논문, 39면.

69) 같은 생각. 閔春雷, "刑事庭前程序研究", 「中外法學」, 2007년 제2기, 170면.

한 것이다.[70] 이와 관련하여 법률(중국 2012년 형사소송법 제182조 제2관 및 최고인민법원 사법해석 제183조)은 심판요원이 공판전회의를 소집할 수 있다고 하였다. 여기에서 소집은 곧 법원의 공판전회의의 가동여부에 대한 결정을 뜻하는지 아니면 공소인 또는 피고인 및 그 변호인의 신청에 의해 공판전회의에 대한 가동을 결정한 후 법원이 이들을 불러 모아 회의를 소집한다는 뜻을 의미하는지 명확하지 않다. 즉 공소인 또는 피고인 및 그 변호인의 신청에 의해 소집되는지 아니면 법원의 직권에 의해서 소집되는지가 의문이다.[71] 이에 대해 법률은 별도로 공소인과 피고인 및 그 변호인이 공판전회의를 신청할 수 있는지 여부에 대해서는 아직까지 명확히 언급한 바가 없다.[72]

공판전회의절차의 취지를 비추어 보았을 때 이 절차는 인민법원이 재판을 신속하게 처리하고자 신설된 절차라는 것을 알 수 있다. 입법자가 결국은 인민법원에 공판전회의를 가동할 수 있는 권한을 준 것이라고 생각된다.

---

70) 陳衛東·杜磊, 앞의 책, 38면.

71) 陳衛東·杜磊, 앞의 책, 38면.

72) 이와 관련하여 산둥(山東)성 서우광(壽光)시 인민법원에서 시행한 바에 따르면 공판전회의의 소집은 당사자의 신청과 법원의 직권 두 가지 방식으로 소집되고 있다. 실무에서는 검찰원과 법원이 협상을 통한 몇 가지 사건에 대해 내부심사비준을 거친 후 인민검찰원이 서면의 형식으로 법원에 건의하는 방식으로 소집되기도 한다.
한 가지 사례를 들어보면 2012년 말, 신저우(新洲)구 인민검찰원과 인민법원은 공판전회의절차의 적용에 대해 의견을 모았다. 즉 피고인이 시종 무죄를 주장하는 사건, 변호인이 무죄변호를 하는 사건, 조직흉악범죄, 중대한 범죄집단에 연루된 사건, 중대한 경제범죄에 연루된 사건 등 다섯 가지 종류의 범죄에 대해서는 내부심사절차를 거쳐 비준을 받은 후 인민검찰원이 법원에 서면의 형식으로 '공판전회의를 소집할 데에 대한 건의서'를 보내는 형식으로 이루어졌다고 한다. 花耀蘭, "武漢新洲：五類案件須召開庭前會議", 「檢察日報」, 2013년 1월 25일 기사 참조.

2. 한국에서의 규정

가. 피고인의 의견서 제출제도

법원에는 공소가 제기된 사건 중에 피고인이 자백하는 사건과 쟁점이 복잡하고 피고인이 다투는 사건 등이 혼재되어 있다. 법원이 이러한 사건을 미리 분류하여 절차를 진행하면 효율적으로 재판을 진행할 수 있다. 그러나 종래의 형사소송법에는 피고인의 의견서 제출 조문이 없었다. 그러므로 피고인은 공소장을 송달받은 후 검사의 주장을 알 수 있었으나, 이에 반대로 공소사실에 대한 자신의 입장을 표명하지 못하게 되었다. 법원으로서는 증거조사 전에는 피고인이 다투는지 여부를 알 수 없기 때문에 공판중심주의나 공소장일본주의의 취지에 어긋나지 않는 범위 내에서 피고인의 서면에 의한 의사 표명을 통하여 피고인의 태도를 사전에 파악하여 자백사건과 다투는 사건을 구별하여 심리방향을 따로 정할 필요가 있다고 여겼다.73) 개정법은 이러한 점을 고려하여 공소사실에 대한 피고인의 입장을 조기에 확인함으로써 법원의 심리계획 수립을 용이하게 하고, 피고인으로서도 공소장에 대응하는 의사표시를 할 기회를 가지도록 하기 위해 피고인의 공소사실에 대한 의견서의 제출과 의견서의 검사에 대한 송달에 관한 규정을 신설하였다.74)

피고인 또는 변호인은 공소장 부본을 송달받은 날부터 7일 이내에 공소사실에 대한 인정 여부, 공판준비절차에 관한 의견 등을 기재한 의견서를 법원에 제출하여야 한다. 다만, 피고인이 진술을 거부하는 경우에는 그 취지를 기재한 의견서를 제출할 수 있다(한국 2007년 형사소송법 제266조의2 제1항). 또한 법원은 제1항의 의견서가 제출된 때에는 이를 검사에게 송부하여야 한다(동조 제2항). 법원

---

73) 법원실무제요, 형사 II, 2008, 630면.
74) 황태정, 앞의 논문, 95면.

은 의견서의 검토가 끝나면 지체 없이 공판준비절차 회부 여부를 결정하여야 한다.[75]

한국에서도 공판준비절차 회부 여부에 대해서는 법원이 결정한다. 형사소송법 개정 당시 법무부에서는 공판준비절차가 재판장의 재량으로 결정되는 것이 부당하고 당사자의 신청이 있는 경우에만 한정해야 한다고 보았다. 그 원인은 공판준비절차는 피고인의 방어권에 결정적 영향을 미칠 수 있기 때문에 재판장의 재량에만 맡기는 것은 부당하고 "검사, 피고인 또는 변호인의 신청이 있는 경우"로 한정하여야 한다고 하였다.[76] 그러나 사법제도개혁추진위원회 의견이 그대로 받아들여져 지금의 법률안이 만들어졌다. 그러나 학계에서는 개정안 제266조의5 제1항이 "심리의 효율적인 진행을 위하여" 공판준비절차를 진행하는 것은 공판심리의 적정을 도모하고 당사자의 구두변론을 활성화하기 위한 장치로서의 공판준비절차의 역할에 어긋날 수 있다고 한다.[77]

나. 공판준비절차(법 제266조의5) 진행방식

재판장은 효율적이고 집중적인 심리를 위하여 사건을 공판준비절차에 부칠 수 있다(한국 2007년 형사소송법 제266조의5 제1항). 공판준비절차는 주장 및 입증계획 등을 서면으로 준비하게 하거나 공판준비기일을 열어 진행한다(동조 제2항). 검사, 피고인 또는 변호인은 증거를 미리 수집·정리하는 등 공판준비절차가 원활하게 진행될 수 있도록 협력하여야 한다(동조 제3항).

---

75) 법원실무제요, 형사[I], 2008, 632면.
76) 법무부 의견, 사개추위 형사소송법 개정안 논의를 위한 실무위원회 활동 경과 보고서(2005. 7), 25면.
77) 법무부 형사소송법 개정안에 대한 한국형사법학회의 의견서, 2006. 2. 14. 31면.

첫째, 서면제출에 의한 공판준비이다. 검사, 피고인 또는 변호인은 법률상·사실상 주장의 요지 및 입증취지 등이 기재된 서면을 법원에 제출할 수 있다(한국 2007년 형사소송법 제266조의6 제1항). 재판장은 검사, 피고인 또는 변호인에 대하여 제1항에 따른 서면의 제출을 명할 수 있다(동조 제2항). 법원은 제1항 또는 제2항에 따라 서면이 제출된 때에는 그 부본을 상대방에게 송달하여야 한다(동조 제3항). 재판장은 검사, 피고인 또는 변호인에게 공소장 등 법원에 제출된 서면에 대한 설명을 요구하거나 그밖에 공판준비에 필요한 명령을 할 수 있다(동조 제4항).

둘째, 공판준비기일을 여는 방식이다. 법원은 검사, 피고인 또는 변호인의 의견을 들어 공판준비기일을 지정할 수 있다(법 제266조의7 제1항). 이 경우 당해 신청에 관한 법원의 결정에 대하여는 불복할 수 없다(동조 제2항). 법원은 합의부원으로 하여금 공판준비기일을 진행하게 할 수 있다. 이 경우 수명법관은 공판준비기일에 관하여 법원 또는 재판장과 동일한 권한이 있다(동조 제3항).

3. 한중 공판준비절차 가동방식에 대한 비교

가. 피고인의 절차가동에 대한 신청권 및 공소인의 절차가동에 대한 건의권

한국의 규정을 살펴보더라도 재판장이 공판준비절차의 가동 여부에 대한 최종결정 권한을 가진다. 그리고 법원의 결정에 따라 공판준비를 하게 되는데 여기에는 서면의 제출(한국 2007년 형사소송법 제266조의6) 또는 공판준비기일(동법 제266조의7)이 포함된다.

한국의 공판준비절차의 가동방식에 있어서 중국에 대해 의미가 있는 부분은 피고인의 의견서 제출제도라고 생각된다. 피고인이 직접 공판준비절차에 대한 신청을 할 수 있는 직접적인 근거조문은 없

으나 공판준비절차에 관한 의견서를 의무적으로 법원에 제출해야
하는 의견서 제출의무가 있다. 그러므로 공판준비절차에 회부할 것
인지 여부는 재판장의 재량권에 속하지만 그러한 재량은 피고인의
의견에 기초한 재량이라는 것을 알 수 있다.

이와 관련하여 한국에서는 피고인에게 공소사실의 인정여부에
대해 의견서를 제출하게 하고 공판준비절차에서 모든 결정을 하게
하는 것은 공판절차(공판기일에서의 심리절차)가 개시되기 전에 사
건의 내용을 모두 파악하게 하는 것으로 공소장일본주의를 포기하
는 결과를 초래한다는 비판이 제기된다.[78]

이와 관련하여 의견서의 제출은 비록 의무적인 것으로 규정되어
있으나 의견서가 제출되지 않은데 대해서는 특별한 제재가 있는 것
도 아니고, 피고인의 진술거부권이 보장되어야 한다는 점에서 피고
인이 반드시 의견서를 제출하여야 하는 것은 아니라 할 것이며 의견
서를 제출하였다 하더라도 이는 공소사실에 대한 피고인의 입장을
밝히는데 불과하여 유죄의 증거로 사용할 수 없다고 하여야 하는 것
이 마땅하다.[79] 더 나아가 피고인이 의견서를 제출한 경우라 하더라
도 피고인이 공판기일에 출석하여 이미 제출한 의견서의 내용과 다
르게 진술할 수 있다. 피고인의 의견서는 공소사실에 대한 피고인의
입장을 밝히는 것이므로 유죄의 증거로 사용할 수 없다.[80]

생각건대 공소장일본주의의 취지는 공판기일 전 법관의 예단을
배제하는 데에 있다. 피고인의 의견서는 공소사실의 인정여부에 대
한 것이고 설사 의견서에서 인정하였다 하더라도 공판기일에 얼마

---

78) 이재상, "한국 형사소송법은 어디로 갈 것인가-형사소송법 개정의 방향과
    과제-", 이화여자대학교 법학논집 제10권 제1호, 2005년 9월, 60면.
79) 같은 생각. 법무부, 개정 형사소송법(2007), 164면; 신동운, 앞의 책, 840면;
    황태정, 앞의 논문, 96면; 최병천, 앞의 박사학위논문, 200면.
80) 같은 생각. 법무부, 개정 형사소송법, 2007, 164면 참조.

든지 뒤집을 수 있기 때문에 법관은 의견서를 참조할 뿐 이에 대해 공소사실을 인정할 정도의 의미를 부여해서는 안 된다. 그렇기 때문에 의견서 제출제도는 공소장일본주의에 반하지 않는다고 보는 것이 타당하다.

중국은 한국과 같은 의견서 제출제도가 마련되어 있지 않다. 다만 중국은 공소제기 방식에 있어서 전건이송주의를 택하고 있기 때문에 사건자료는 공소제기와 함께 법원에 이송된다. 법원은 이송된 수사기록을 읽어보는 것으로 피고인의 범죄사실에 대한 인정여부를 알 수 있게 된다. 그렇기 때문에 중국에서는 피고인의 범죄사실에 대한 인정 여부를 파악하기 위한 의견서 제출은 필요성이 결여되는 것이라고 생각된다. 다만 공판준비절차의 신청여부에 대한 의견을 밝힐 필요성은 인정되어야 한다고 생각된다. 당사자(피고인)에게 절차적 선택권을 부여하는 것은 당사자(피고인)의 주체적 지위를 존중하기 위함이고 그 독립적인 가치를 발휘하는 것에 대한 필연적 요구이다.[81] 장기적인 측면에서 보았을 때 공판전회의절차가 가치를 제대로 발휘하고 원활하게 운용되려면 피고인에게 절차의 가동에 대한 신청권을 부여하는 것이 타당하다. 그것은 무기대등에 필요한 것이고 소송에서의 자신의 지위를 더 잘 확보하는 데에 꼭 필요한 것이기 때문이다.

공소인은 사건의 사실관계가 복잡하고 증거가 많아 공판전회의를 열어 쟁점을 정리할 필요가 있다고 사료되는 경우 법원에 공판전회의에 대한 가동을 건의할 수 있어야 한다.[82] 공소인의 이러한 건

---

81) 陳衛東·杜磊, 앞의 논문, 38면.
82) 공소기관에 공판전회의절차의 건의권을 부여하는 것을 반대하는 입장도 있다. 그 근거로는 공소기관은 국가의 사법기관으로서 피고인에 비하여 우월한 지위를 갖고 있으므로 양자는 선척적으로 대등하지 않다는 것이다. 피고인의 약자의 지위를 보호하려면 피고인에게 더 많은 권리를 부여하는 것이 마땅하기 때문에 피고인에게만 공판전회의절차를 가동할 수 있

의권은 공판전회의의 가치를 실현하는 데에 유리하다.[83]

나. 법원의 최종결정권

여기서 주의해야 할 점은 공소인과 변호인의 이와 같은 건의권과 신청권은 절차의 가동에 대한 희망사항일 뿐이지 반드시 공판전회의를 필연적으로 가동시키는 권리는 아니라는 것이다. 공판전회의 절차의 진행여부는 어디까지나 법원이 직권에 따라 결정해야 할 문제이다. 공판전회의의 주요목적은 소송의 효율을 높이자는 것인데 공소인의 절차에 대한 건의 및 변호인의 신청에 의해 무조건적으로 공판전회의를 여는 것은 소송자원에 대한 낭비일 뿐만 아니라 그 목적을 달성하기 어렵다.[84] 그러므로 법원의 최종결정권이 절차의 남용을 방지하는 여과작용을 해야 한다.[85]

생각건대 한국이든 중국이든 법원이 직권으로 판단할 여지를 남겨두어야 함이 마땅하다. 소송 당사자에 의해 신청된 경우라도 그것이 공판준비절차의 취지에 어긋날 수도 있고 심지어 남용될 가능성도 배제할 수 없다. 법원은 중립적인 사법기관으로서 가장 공평한 곳이다. 그렇기 때문에 당사자의 신청을 전제로 하여 최종적으로 법원에서 결정하는 것이 타당하다고 생각된다. 다만 중국에 있어서 공소인의 건의 또는 피고인의 신청에 대해 법원이 거부할 시 서면으로 그에 대한 이유를 설명할 필요가 있다고 생각된다.

는 권리를 주어야 한다고 주장한다. 孫立波, "我國庭前會議制度的實踐反思-以刑事辯護爲視角", 2014년 항저우(杭州)시 변호사 실무이론학회 수상논문. http://jinglin.zj.cn/news/show.php?id=3939 최종방문일, 2017년 2월 5일.

83) 閔春雷·賈志强, 앞의 논문, 75면.
84) 陳衛東·杜磊, 앞의 논문, 38면.
85) 閔春雷·賈志强, 앞의 논문, 75면.

Ⅲ. 공판전회의 참가자의 범주에 피고인이 포함되는가?

1. 변호인의 필수적인 참석

이와 관련하여 먼저 논의해야 할 부분은 공판전회의절차에서의 변호인의 참석에 대한 것이다. 실무상 변호인이 이 절차에 참석하지 않은 경우도 있다. 예컨대 상하이시 법원을 놓고 보더라도 40개 사건에서 5개의 사건에서 변호인이 참석하지 않았다. 그럼에도 불구하고 법원은 이 절차를 진행해 나갔다고 한다.[86]

그러나 공판전회의절차에서 변호인도 공소인과 마찬가지로 반드시 참석해야 한다. 이 회의는 심판요원이 공소인과 변호인을 불러 서로에 대한 의견을 나누는 회의이기 때문에 양측의 참석을 전제로 해야 한다. 또한 공소인과 변호인은 같은 일시, 같은 장소에서 동시에 참석할 것을 요한다. 그렇지 아니할 경우 '비밀회견'이 이루어질 가능성이 있기 때문이다. 그렇게 되면 소송에서 가장 기본적인 공정의 가치를 해하게 될 뿐만 아니라[87] 이 절차의 가치를 실현하기 어렵다. 법관과의 '비밀회견'이 이루어지는 것을 별론으로 하더라도 변호인이 참석하지 않는 공판전회의에서는 공소인이 소추자로서 의견과 증거를 법관에 제출하여도 법관은 이에 대한 피고인의 의견을 알지 못하기 때문에 결국 공정하지 않다. 변호인은 피고인의 의견과 주장을 대변하는 자이기 때문에 반드시 참석해야 한다고 생각된다.

---

86) 李斌, 앞의 논문, 107면.
87) 閔春雷·賈志强, 앞의 논문, 76면.

2. 참가자에 피고인을 포함시킬 것인가?

가. 중국의 운영실태

중국 현행 법률은 공판전회의절차의 참가자는 "심판요원, 공소인, 당사자(피고인)와 변호인, 소송대리인"이라고 규정(중국 2012년 형사소송법 제182조 제2관)하였다. 여기에서 법관, 공소인, 변호인이 이 회의에 참여해야 할 필요성은 충분히 인정된다. 그렇다면 피고인이 이 절차에 참가할 수 있는가? 이와 관련하여 조문의 해석상 당사자에는 피고인도 포함되기 때문에 당연히 공판전회의절차에 참가할 수 있는 것이다. 우리가 주목해야 할 점은 이 조문에 대한 최고인민법원의 사법해석이다. 최고인민법원 사법해석에 따르면 "사건의 정황에 근거하여 피고인을 참가하게 할 수 있다."고 규정하였다(중국 2012년 최고인민법원 사법해석 제183조). 그런데 이 조문은 "해야 한다"가 아니라 "할 수 있다"라는 선택적 표현을 쓰고 있다. 그 결과 피고인이 공판전회의절차에 반드시 참석하는 것은 아니라는 결론을 얻게 된다. 이 두 조문을 결부시켜 보면 "공판전회의절차에 피고인은 참석하지 않을 수도 있되 그 변호인만 참석하면 된다."로 해석이 가능하다. 실제로 실무에 있어서도 공판전회의절차에 피고인을 참석시키는 경우가 드물다고 한다.[88] 그 원인은 공판전회의는 소송의 효율을 제고하기 위함인데 일률적으로 모든 피고인더러 공판전회의에 참가하게 하는 것은 입법의도에 부합되지 않는다고 한다.[89]

나. 한국의 규정

한편 한국 현행 형사소송법에 의하면 공판준비기일에는 검사 및 변호인이 출석하여야 한다(한국 현행 형사소송법 제266조의8 제1항).

---

88) 李斌, 앞의 논문, 107면.
89) 莫湘益, 앞의 논문, 55면.

법원은 공판준비기일이 지정된 사건에 관하여 변호인이 없는 때에는 직권으로 변호인을 선정하여야 한다(동법 제4항). 그리고 법원은 필요하다고 인정하는 때에는 피고인을 소환할 수 있으며, 피고인은 법원의 소환이 없는 때에도 공판준비기일에 출석할 수 있다(동법 제5항).

피고인에게 출석권을 줄 것인가에 관하여 형사소송법 개정 당시 법무부는 공판준비절차에서 피고인의 방어권 보장이 필수적인 절차로 진행됨에도 불구하고 피고인이 출석하지 않아 피고인의 방어권이 약화될 우려가 있다고 보았다. 만약 피고인이 공판기일에서 자신이 불출석한 공판준비절차에서 변호인이 제기한 의견을 번복할 경우, 실권효 적용이 문제가 되고 무용한 절차가 반복되는 결과가 초래될 수 있다. 따라서 피고인의 출석은 쟁점정리 과정에서 피고인의 의사를 명확하게 하는데 필요할 뿐만 아니라 출석을 강제한다 하더라도 진술거부권이 고지되면 피고인에게 불이익하지 않다고 보아 피고인의 출석을 의무화하였다.[90]

그러나 사법제도개혁추진위원회는 피고인의 출석은 권리이지 의무가 아니라고 보고, 구속기간 제한이 있는 현실과 사법참여재판에서 참여재판 희망의사를 공판준비절차에서 확인할 수 있다는 점 등을 고려하면 굳이 피고인의 출석을 의무화할 필요가 없다고 보았다.[91] 그리하여 공판준비절차에 피고인을 배제한 채 검사와 변호인의 출석권만 규정하는 것으로 결론을 내렸다.[92]

---

90) 법무부 검토의견, 형사소송법 개정안 설명자료, 2006년 9월, 28면; 이승현, 앞의 논문, 119면.
91) 사법제도개혁추진위원회, 형사소송법 개정안 논의를 위한 실무위원회 소위원회 활동 경과, 2005년 7월, 214-215면.
92) 이승현, 앞의 논문, 120면.

다. 비교법적 검토

한국과 중국의 입법자들은 모두 공판준비절차에 피고인이 반드시 참가해야 하는 것은 아니라고 규정하였다. 즉 피고인의 참석여부는 심판요원의 재량에 속하는 것이고 피고인을 참석시키지 않아도 위법하지 않다. 다만 피고인이 공판준비절차에 참석하는 데에 전제조건을 열어두었다. 중국 최고인민법원 사법해석은 "사건의 정황에 근거하여 피고인을 통지하여 참가하게 할 수 있다."고 규정하였고 한국의 개정 형사소송법 역시 "법원은 필요하다고 인정하는 때"를 규정하여 피고인이 이 절차에 참가할 수 있도록 여지를 남겨두었다.

피고인은 소송의 제반절차에 있어서 가장 중요한 주체이다. 공판전회의절차에서 논의되는 사항은 피고인의 소송권리와 직접적인 연관을 두고 있기 때문에 피고인이 이 절차에 참석할 필요성이 있다. 그러나 피고인을 공판전회의절차에 반드시 참석하게 해야 하는 것은 아니다.[93] 다만 피고인이 이 회의에 참석을 거부하는 경우에는 서면의 형식으로 변호인을 위임하여 자신의 권리를 보장할 수 있도록 해주어야 한다.[94]

생각건대 중국의 형사소송에 있어서 대다수의 피고인은 구속상태에 처해있다. 따라서 공판전회의절차에 피고인을 참석시키기 위해서는 피고인이 법원에 소환되어 오거나 공소인과 변호인, 심판요원이 구치소로 이동해야 되는데 그렇게 할 경우 소송비용과 시간이 많이 들뿐더러 법원의 업무량을 증가시킨다. 그리고 일반적으로 공판전회의절차를 진행하기 전에 피고인과 변호인은 서로 소통하여 변호인이 해당 절차에서 어떤 부분에 의견을 제기할지에 대해 미리 합의가 되어 있는 상황이다. 따라서 변호인은 피고인이 공판전회의에 참석하지 않아도 그를 대신하여 절차적 문제를 제기해도 무방하다.

---

93) 閔春雷·賈志强, 앞의 논문, 76면.
94) 莫湘益, 앞의 논문, 55-56면을 참조.

그러나 불법증거배제를 제기하는 경우에는 피고인이 참석하여 자신의 의견을 말할 필요가 있다.[95] 특히 공판전회의에서 불법증거 배제에 대한 문제를 제기할 예정이거나 피고인이 자백하지 않는 사건에 대해서는 변호인은 반드시 피고인과 동행하여 공판전회의에 참석해야 한다. 그 원인은 이와 같은 경우는 역으로 보면 수사기관의 고문에 의한 자백 등 불법수집증거가 있을 수 있기 때문이다. 따라서 필자는 이 경우에 있어서는 피고인을 법관 앞에 데려다가 법관이 직접 피고인을 대면하여 말하는 것이 피고인의 인권을 보장하는 데 유리하고 오판을 방지할 수 있는 대책도 될 수 있다고 생각된다.[96]

---

95) 張軍·姜偉·田文昌, 앞의 책, 253면을 참조.
96) 이와 관련해서는 한국의 구속영장실질심사제도를 참고할 수 있다(한국 현행 형사소송법 제201조의2). 영장실질심사제도란 판사가 피의자를 직접 심문하여 구속영장 발부 여부를 결정하는 장치를 말한다. 영장실질심사제도는 구속영장 발부과정에서 법관이 피의자를 직접 대면하여 심문하기 때문에 수사기관의 가혹행위가 줄어들 수 있다. 또한 밀행수사의 폐해를 방지하고 위법수사를 간접적으로 통제하는 유용한 장치로 될 수 있다. 1995년 개정 전의 형사소송법 하에서는 피의자에 대한 구속영장이 형식심사의 방식에 의하여 발부되었다. 이와 같은 형식심사 하에서는 피의자에게 변명의 기회가 전혀 부여되지 않았다. 그리하여 한국은 1995년 형사소송법 개정을 통하여 구속영장실질심사제도를 도입하였다. 다만 법관은 모든 사건에 대하여 필요적인 실질심사를 하는 것이 아니라 법관이 스스로 선택하여 실시할 수 있도록 하였다. 그러나 수사기관의 반발로 인하여 1997년 말의 형사소송법은 체포된 피의자에 대하여 영장실질심사를 신청하는 때에 한하여 실시하는 것으로 개정되었다. 2007년 형사소송법 개정에서 드디어 영장실질심사를 전면적으로 확대하여 필요적 심문절차를 규정하였다. 신동운, 앞의 책, 343-345면 참조.
그밖에 한국의 구속영장실질심사제도의 자세한 내용과 관련해서는 신동운, "영장실질심사제도의 실시와 영장주의의 새로운 전개", 새로운 인신구속제도, 법원행정처(1996); 황정근, "구속영장실질심사제도의 개선방안", 형사정책연구원 제8권 제4호(1997 겨울호); 심희기, "긴장속의 균형:한국형 구속영장실질심사제도의 실험과 시행착오", 형사정책 제10호(1998); 김태명,

3. 증인과 감정인은 공판전회의절차에 참석할 수 있는가?

더 나아가 증인과 감정인을 공판전회의에 참석시킬 수 있는가 하는 의문이 든다. 이에 대해 형사소송법과 최고인민법원 사법해석은 별도로 언급한 바가 없다. 생각건대 증인 및 감정인은 이 회의에 참석하지 않는 것이 마땅하다. 공판전회의는 절차적인 문제만 논할 뿐 증거를 조사하는 등 실체적 진실을 밝히기 위한 절차가 아니다. 그런데 증인과 감정인에 대한 질문은 대부분 사건의 실체적 진실의 발견과 관련된 것이므로 공판전회의에 증인과 감정인을 참석시키는 것은 타당하지 않다고 생각된다.

Ⅳ. 공판전회의절차의 공개여부

공판절차(공판기일에서의 심리절차)는 공개를 원칙으로 한다. 공개재판의 원칙은 공판절차의 심리과정과 재판결과를 일반인에게 공개함으로써 법관의 책임감을 제고하고 재판의 공정성에 대한 국민의 감시를 가능하게 함으로써 형사사법에 대한 국민의 신뢰를 보장하려고 하는 데에 그 근본적인 취지가 있다.[97] 그렇다면 그 전 단계인 공판전회의는 공개할 필요성이 인정되는가? 이와 관련하여 2012년 형사소송법, 최고인민법원 사법해석, 최고인민검찰원 규칙은 공판전회의절차의 공개여부에 대해 규정하지 않았다.

이와 관련하여 한국에서의 공판준비기일은 공개한다. 다만, 공개하면 절차의 진행이 방해될 우려가 있는 때에는 공개하지 아니할 수

"한국의 인신구속제도", 동아법학(43), 2009. 2; 하태훈, "구속영장실질심사제도의 과제와 전망", 형사정책 제9호(1997)을 참조 바람.

97) 신동운, 앞의 책, 821면.

있다(한국 현행 형사소송법 제266조의7 제4항).

그러나 공판전회의는 공판준비절차의 일환으로 공판기일에서의 심리를 보조해주는 역할을 하는 것이지 사건의 실체적 진실을 가리는 곳이 아니다. 공판전회의는 어디까지나 신속한 재판을 위한 것으로 절차적 사항에 대해 의견을 나누는 것이므로 특별히 공개적으로 진행할 필요가 없다고 생각된다.

공개재판의 원칙에 있어서 한계가 바로 여기에 있다. 공개재판은 피고사건의 성질, 보도매체의 특수성 등에 의해 제한될 수 있다.[98] 특히 SNS가 발달된 오늘날에 있어서 공판전회의 과정을 공개하는 것은 곧 법관에게 주는 압력으로 작용되기 때문에 중형주의 사상을 이어온 중국에 있어서 피고인에게 불리하게 작동될 우려가 크다. 더 나아가 중국은 아직 피고인의 무죄추정원칙이 확립되지 않고 있는데 피고인의 인적사항이나 사건의 사실관계가 공개되면 결국 불이익은 피고인이 감수해야 한다. 그렇기 때문에 공판전회의는 비공개적으로 진행되는 것이 타당하다.

V. 어떠한 사건이 공판전회의 절차에 회부되어야 하는가?

최고인민법원 사법해석 제183조에 따르면 ㉠ 당사자(피고인) 또는 그 변호인, 소송대리인이 불법증거배제 신청을 한 경우. ㉡ 증거자료가 비교적 많거나 사건이 중대하고 복잡한 경우. ㉢ 사회적으로 중대한 영향을 끼친 경우. ㉣ 공판전회의를 소집할 필요성이 있는 기타 사건인 경우에 심판요원은 공판전회의를 소집할 수 있다고 규정하였다. 살피건대 이러한 경우에 있어서 반드시 공판전회의 절차에 회

---

98) 신동운, 앞의 책, 822면.

부되는 것이 아니라 심판요원의 선택에 의하여 결정된다. 그러나 이에 대해 회부기준을 한층 더 구체적으로 설시할 필요가 있다.

이하에서는 사법실무과정에서 나타난 문제를 둘러싸고 몇 가지에 대해 짚어보도록 하겠다.

먼저 피고인이 죄를 인정하지 않는 경우에 공판전회의 절차에 회부할 것인가 하는 문제이다. 중국 후베이(湖北성) 무한(武漢)시 신저우(新洲)구 인민검찰원에서는 피고인이 시종 무죄를 주장하는 사건 및 변호인이 무죄변호를 하는 사건에 대해서 반드시 공판전회의를 열어야 한다고 규정하였다.[99] 피고인이 죄를 인정하지 않고 있다는 것은 중대한 실체적 문제를 놓고 이의가 발생하였다는 것을 의미하기도 하기 때문에 법원은 특별히 신중을 가해야 한다.[100] 이런 경우 심판요원은 공판전회의절차에 회부하여 공소인과 변호인 양측의 쟁점을 정리하면서 사건을 더 잘 파악하여 무고한 사람이 형벌을 받는 일이 없도록 노력하여야 한다.[101]

다음으로 공판전회의절차를 열 필요성이 인정되나 피고인이 변호인을 선임하지 않은 경우에 관한 것이다. 현행 형사소송법은 공판전회의 절차의 참가자는 "공소인, 당사자(피고인)와 그 변호인, 소송대리인"이라고 규정하였다. 따라서 변호인은 반드시 이 절차에 참석해야 하는데 이 조문을 역으로 놓고 보면 변호인을 선임하지 않은 사건은 원칙상 조건이 구비되지 않아 공판전회의 절차에 회부할 가능성조차 없게 되는 것이다. 그런데 공판전회의에서 피고인이 대항해야 할 사람은 공소인이다. 공소인은 국가사법기관의 일원으로 선

---

99) 花耀蘭, 앞의 기사 참조.

100) 이와 관련하여 피고인이 사건의 사실인정 부분에 이의가 있을 수도 있고 (예컨대 피고인이 범죄사실을 인정하지 않는 경우) 법률의 적용 방면에 있어서 이의가 있을 수도 있다(예컨대 피고인이 해당 사건은 일반적인 민사적 분쟁으로 범죄가 되지 않는다고 여기는 경우).

101) 같은 견해. 閔春雷·賈志强, 앞의 논문, 72면.

천적으로 강한 '힘'을 가지고 있다. 따라서 공소인과 대등하려면 법률 전문지식을 갖춘 변호인의 참여가 필수적이다. 또한 이처럼 중요한 소송절차에 변호인이 참석하지 않게 되면 공판전회의절차의 효과마저 기대하기 어렵다. 따라서 공판전회의절차에 변호인이 반드시 참석해야 한다.

이와 관련하여 피고인의 경제적인 상황 또는 기타 특수상황으로 인하여 변호인을 선임하기 어려운 경우가 있을 수 있다. 그렇다고 해서 공판전회의에 회부될 가능성마저 잃는 것은 아니다. 심판요원은 공판전회의를 열 필요성이 있다고 판단되는 사건에 대해서 반드시 그 피고인에 변호사를 지정(指定변호사)[102]해야 한다.

생각건대 공판전회의절차와 변호인제도는 매우 밀접한 연관이 있는데 공판전회의 절차가 원활하고 효율적이게 진행되게 하려면 변호인제도를 개선하는 것이 바람직하다고 생각된다.[103]

VI. 공판전회의에서 어떠한 사항에 대해 논의하는가?

1. 공판준비절차에서 증거능력에 대한 다툼을 할 수 있는가?

가. 문제의 제기

현행 형사소송법에서는 "심판과 관련 된 문제의 정황을 요해하고 의견을 청취할 수 있다."고 하였다. 그렇다면 어디까지가 "심판과 관련된 문제"인가?[104] 보다시피 이 구절은 무제한적 확대해석이 가능

---

102) 중국에서는 이 경우를 지정변호라고 한다. 즉 변호인을 필요로 하는 재판에서 피고인이 변호인을 선임하지 않은 경우 법원은 피고인에게 변호인을 지정해야 한다. 이것은 한국의 국선변호와 비슷한 제도로 이해된다.
103) 중국 변호인제도의 개선과 관련하여 다음 장의 내용을 참조바람.

하다. 그러므로 앞으로 형사소송법의 개정작업에 있어서 "심판과 관련된 문제"는 구체적으로 어떠한 문제를 말하는 것인가에 대한 추가적인 해석이 필요하다고 생각된다.[105] 더 나아가 이 문제를 해결하는 것은 공판전회의와 공판절차(공판기일에서의 심리절차) 사이에서의 줄타기를 끝내는 것과 마찬가지이므로 결국 이를 어떻게 해석하는가에 대한 문제가 공판전회의의 성패를 가릴 수 있을 만큼 중요하다고 생각된다.

이 쟁점과 관련하여 필자가 가장 먼저 주목하고 싶은 부분은 이 절차에서 質証[106]을 할 수 있는가 하는 것이다.

---

104) 최고인민법원 형사심판 제3팀에서 편저한 '형사심판방법'의 규정에 따르면 "2012년 형사소송법 사법해석의 규정과 현재 실무의 관행을 결합하여 보았을 때 공판 전 회의에서는 다음과 같은 사항에 대해 논의한다. (1) 관할문제, 회피문제 및 불법증거배제문제이다. 종래의 실무상에서 당사자가 공판정에서 회피를 신청하여 재판이 중지되는 경우가 종종 발생하였다. 또한 공판정에서 불법증거배제에 관하여 다투다 보니 공판정에서의 질서가 혼란해져 집중심리를 할 수 없었다. 그렇기 때문에 공판전회의에서 이 문제에 대해 다루는 것이 마땅하다. (2) 증인과 감정인의 출정명단, 거증범위, 증거조사의 방법과 순서를 명확히 한다. (3) 새로운 증거를 제시할지에 대한 여부와 수사 또는 공소제기 시 공안기관, 인민검찰원이 수집한 피고인에게 유리한 증명자료를 법원에 이송하지 않은 경우. (4) 재판의 진행유형(공개 또는 비공개)과 공판기일을 협상. (5) 공소장에 기재된 죄명을 확인하고 양형에 대해 건의를 제기한다. 또한 공소인과 피고인 측의 쟁점을 정리한다. (6) 피고인의 죄를 인정하는 태도와 변호인의 변론방향을 확정. (7) 피해자 또는 그 법정대리인, 근친속이 제기한 부대민사소송에 대하여 조정을 할 수 있다. 南英·高懷宏, 앞의 책, 61면.

105) 陳衛東·杜磊, 앞의 논문, 39면.

106) 중국에서의 質証은 공판심리과정에서 공소인 또는 피고인 및 그 변호인 중 한 측이 증거를 제시한 경우 다른 한 측은 해당 증거 자체 및 증명의 내용을 식별하고 그 증거의 관련성, 합법성, 진실성에 대해 질문을 제기하면서 반박하는 소송활동을 말한다. 공판기일에서 모든 증거에 대해 반드시 質証를 거쳐야 한다. 다만 다툼이 없는 증거에 대해서는 質証 과정을 간략할 수 있다(최고인민법원 사법해석 제184조 제2관). 이러한 과정

이하에서는 이와 관련된 사례를 하나 보도록 한다.

사례: 류즈쥔(劉志軍) 전 철도부 부장 사건[107]

주요내용: 이 사건의 공소인은 피고인 류즈쥔(劉志軍)이 직무상의 편의를 도모하여 11명을 방조해준 대가로 총 64,605,400위안(한화 약 110억원)을 수수한 혐의로 기소하였다. 공판기일 전인 5월 말 법원은 공소인, 피고인과 그의 변호인을 소집하여 피고인이 수감된 곳에서 하루 동안 공판전회의를 열었다. 이 회의에서 대량의 증거를 피고인에게 보여줬고 피고인은 이 증거들을 모두 인정하였다. 그리고 2013년 6월 베이징시 제2중급인민법원은 전 철도부 부장 류즈쥔(劉志軍)의 뇌물수수, 직권남용에 대해 재판을 열었다. 이 사건은 증거를 수집하는 데에 2년 넘게 걸렸고 사건기록을 묶은 것이 400여 권에 달하는 방대한 분량임에도 불구하고 3시간 30분 만에 재판을 끝냈다.

당시 이 사건의 재판은 사회에 많은 의문점들을 던졌다. 이 사건은 어느 한 고위직 공무원의 뇌물수수 및 직권남용에 관한 사건이다. 워낙 사회적 지위가 높은 자에 대한 재판이었기 때문에 사회적으로 영향력이 상당히 컸다. 이 사건은 기록이 400여권에 달했는데 재판은 고작 3시간 30분 만에 끝나버렸다. 그런데 이토록 많은 내용을 어떻게 그토록 짧은 시간 내에 재판을 끝낼 수 있었는가 하는 것은 의문이 생기지 않을 수 없다. 이에 대한 논의가 일자 이 사건을 담당했던 변호사와 법관은 언론에 직접 나와 해명하였다. 그들의 말에 따르면 2012년 형사소송법에서 새로 도입된 '공판전회의'라고 하는 절차를 미리 거쳤기 때문에 사건을 조기에 파악하고 쟁점을 정리

은 한국에서의 검사와 피고인 또는 그 변호인이 공판정에서 증거능력에 대해 다투는 과정으로 이해된다.

107) 袁名清, "劉志軍案3个半小時庭審不是走過場", 「瀟湘晨報」, 2013년 7월 2일.

하여 사전에 절차적인 문제를 해결함으로써 재판과정이 많이 단축되어 빨리 끝낼 수 있었다는 것이다.[108] 그러나 공판전회의절차는 비공개적으로 진행되기 때문에 그 회의에서 구체적으로 어떤 증거에 대해 의견을 나누었고 의견을 어디까지 나누었는지에 대해서는 잘 알려진 바가 없었다.

그러자 일각에서는 공판전회의는 하루 종일 진행되었던 반면 재판은 고작 3시간 30분밖에 진행되지 않았는데 재판이 너무 형식적으로 흘러간 것이 아니냐 하는 의문들이 속출하였다. 이와 관련하여 우리가 생각해 낼 수 있는 것이 공판전회의절차는 재판과정을 어느 정도까지 간략하게 할 수 있는가 하는 문제와 공판전회의에서 도대체 어떠한 사항을 논의할 수 있는가 하는 것인데 이것은 결국은 공판전회의절차와 공판기일에서의 심리절차 사이의 관계를 잘 파악하는 것이다.

이와 관련하여 결론부터 말하자면 공판전회의에서 質証은 절대 할 수 없다는 것이 필자의 생각이다. 이하에서 먼저 한국의 규정을 살펴보도록 한다.

나. 한국 현행 형사소송법 제273조 및 제266조의9 제8호에 대한 해석

한국은 공판준비절차에서 증거채부의 결정을 하는 행위(제266조의9 제8호)를 할 수 있도록 되어있다.[109] 공판준비에 관한 사항(266조

---

108) 자세한 내용은 袁名淸, 앞의 기사를 참조.
109) 형사소송법 제266조의9 법원은 공판준비절차에서 다음 행위를 할 수 있다.
  1. 공소사실 또는 적용법조를 명확하게 하는 행위
  2. 공소사실 또는 적용법조의 추가·철회 또는 변경을 허가하는 행위
  3. 공소사실과 관련하여 주장할 내용을 명확히 하여 사건의 쟁점을 정리하는 행위
  4. 계산이 어렵거나 그밖에 복잡한 내용에 관하여 설명하도록 하는 행위

의9)에 있어서 증거조사를 명시적으로 규정하지 않았지만 제8호는 결국 공판준비절차에서 공판기일에 필요한 증거를 조사하기로 한다는 의미라고 볼 수 있다. 이에 대해 한국 현행 형사소송법은 공판기일 전 증거조사를 규정하고 있는 규정을 두었다(제273조). 먼저 제273조와 관련하여 검토를 해 보면 공판기일 전의 증거조사는 원칙적으로 허용되지 않는다고 생각된다. 증거조사는 수소법원이 피고사건에 관한 사실을 인정함에 있어서 필요한 심증을 얻기 위해 각종 증거방법을 조사하여 그 내용을 감득하는 소송행위를 말한다. 증거조사는 피고사건에 대하여 유죄·무죄의 실체판단을 내리기 위한 기초를 형성하는 중요한 절차이다.110) 따라서 증거채부 결정에 대하여 법원에게 미리 권한을 부여하는 것은 사실상 본안심리절차와 다를 바 없다.111) 이와 관련하여 공판기일 전의 증거조사는 제1회 공판기일 이전에 법원의 예단을 금지하는 공소장일본주의의 정신에 반할 우려가 있어 공판기일 전의 증거조사가 가능한 한 제1회 공판기일 이후의 공판기일 전에만 허용된다고 하는 견해가 있다.112)

그러나 국민참여재판이 도입된 시점에서 이렇게 되면 배심원의 심증형성에 영향을 미치게 된다. 따라서 공판준비절차에서 실체심

---

5. 증거신청을 하도록 하는 행위
6. 신청된 증거와 관련하여 입증 취지 및 내용 등을 명확하게 하는 행위
7. 증거신청에 관한 의견을 확인하는 행위
8. 증거채부의 결정을 하는 행위
9. 증거조사의 순서 및 방법을 정하는 행위
10. 서류 또는 물건의 열람 또는 등사와 관련된 신청의 당부를 결정하는 행위
11. 공판기일을 지정 또는 변경하는 행위
12. 그밖에 공판절차의 진행에 필요한 사항을 정하는 행위
110) 신동운, 앞의 책, 894면.
111) 이승현, 앞의 논문, 113면. 권오걸, 앞의 논문, 371면.
112) 이재상, 앞의 책, 449면; 배종대·이상돈, 앞의 책, 457면; 백형구, 앞의 책, 157면; 신양균, 앞의 책, 515면.

리와 관련된 증거조사와 증거제출은 입법론적으로 타당하지 않다.[113]

나아가 한국의 현행 형사소송법은 피고인의 진술거부권을 허용하고 있다. 그렇다면 공판기일전의 증거조사에서 법원이 피고인에게 행하여지는 피고인 신문에 대해 피고인은 진술거부권을 행사할수 있을 것인가 하는 의문이 든다. 진술거부권은 현재 피의자나 피고인으로서 수사 또는 공판절차에 계속 중인 자뿐만 아니라 장차 피의자나 피고인이 될 자에게도 보장되며, 형사절차뿐만 아니라 행정절차나 국회에서의 조사절차 등에서도 보장된다.[114] 그러므로 피고인은 공판준비절차에서도 당연히 진술거부권이 인정된다(한국 현행형사소송법 제283조의2). 이 때 피고인이 진술을 거부할 경우 공판준비절차에서의 피고인에 대한 증거조사는 큰 의미가 없다. 공판기일이전에 증거조사를 허용하는 것은 공판중심주의에 어긋나고 공판정에서의 증거조사에 악영향을 미친다. 그러므로 공판중심주의에 비추어 볼 때 사건에 대한 실체판단은 공개된 법정에서 이루어져야 한다. 그리고 증거조사는 공판기일 재판장의 쟁점정리 및 검사·피고인의 증거관계 등에 대한 진술에 따른 절차가 끝난 후에 실시(한국 현행 형사소송법 제290조)하는 것이 응당하다.

다시 본론으로 돌아가 보면 공판준비절차에서의 증거채부를 판단하기 위한 증거조사는 허용되는가 하는 문제인데 앞서 검토한 바와 같이 증거조사는 공판기일에 하는 것이 원칙이다. 그런데 법원이 증거채부를 결정하려면 그 전에 당해 증거의 증거능력에 대한 판단을 해야 한다. 이 때 증거능력에 관련되는 사실의 입증이 필요한 상황이 발생할 수 있다. 예컨대 피고인측이 피의자신문조서의 임의성을 부인하는 경우가 이에 해당한다.[115] 이런 경우 피의자신문조서의

---

113) 같은 견해. 신동운, 앞의 책, 870면.
114) 1997. 3. 27. 96헌가11, 헌집 9①, 245 [취객 음주측정 불응 사건].

증거능력에 하자 있다는 것을 설명할뿐더러 그 조서가 위법하게 수집된 증거일 가능성도 배제할 수 없다. 이런 경우에 있어서는 그 조서가 적법한 절차에 의해 수집된 증거임을 밝히는 별도의 입증이 있어야 이 조서의 증거능력 여부를 판단할 수 있다.

이와 관련하여 공판준비절차에서 증거조사를 할 경우 자칫 공판기일에서의 충실한 증거조사를 저해하게 되어 공판중심주의 실현을 저해한다는 점이 지적된다. 그러나 공판준비절차에서 증거능력 판단을 위한 증거조사는 허용된다고 본다.116) 이 때 진행되는 증거조사는 당해 증거를 채택할 것인지에 대한 조사이지 범죄사실을 밝히는 실체에 관한 내용이 아니다. 단지 어떤 증거를 조사대상으로 채택할 것인가 여부만을 조사하는 것이므로 해도 무방하다.117) 또한 2008년부터 국민참여재판이 도입되었는데 이를 위해서는 공판정에서의 집중심리주의가 필요하다. 공판기일에 집중심리를 하기 위해서는 공판기일에서의 조사할 증거는 증거능력 있는 증거로 집약되어야 한다. 그렇기 때문에 공판준비절차에서의 증거조사는 더욱 필요하게 된다.118)

다. 검토

중국과 한국의 공판기일 전 증거조사에 있어서 가장 큰 차이점은 한국의 법원은 공판기일 전 또는 공판준비절차에서 증거조사를 할 수 있는 근거조문이 있음에 반하여 중국은 공판기일 전 법원이 증거조사를 할 수 있는 근거조문이 없다. 공판기일 전의 증거조사를 허용하는 것은 결국 직권주의 소송구조에서 취하는 제도인데 한국 형

---

115) 신동운, 앞의 책, 871면.
116) 법원실무제요, 형사[I], 2008, 662면 이하; 신동운, 앞의 책, 871면.
117) 법원행정처, 새로운 형사재판의 이해, 40면.
118) 신동운, 앞의 책, 871면 참조.

사소송법 개정 당시 제273조를 삭제하지 않고 그대로 둔 것에 의문이 가지 않을 수 없다.

사실 중국 1979년 제정 형사소송법에서는 인민법원이 필요한 경우 증거조사를 할 수 있도록 규정되어 있었다(중국 1979년 형사소송법 제109조). 그러나 공판기일에서의 심리를 형해화한다는 비판이 일자 1996년 형사소송법을 개정하면서 이 조문을 삭제하였다. 그렇기 때문에 공판전회의에서의 증거조사 가능 여부에 대해서는 언급할 여지가 없다.

그러나 수사기관이 수사과정에서 불법하게 수집된 증거인지 여부에 대해서는 공판전회의에서 미리 배제할 수 있다(중국 2012년 형사소송법 제182조 제2관). 논의의 편의를 위해 위에서 들었던 예를 다시 들어보기로 하자. 예컨대 피고인 측이 피의자신문조서가 수사기관의 폭력, 협박 등 불법적인 방법으로 얻어진 증거라고 주장하는 경우이다. 만약 이 증거가 불법증거라고 인정되는 경우 반드시 배제하여야 하는데 이것은 공판전회의에서 배제되어야 함이 마땅하다. 사실 공소가 제기된 후 변호인은 사건기록의 열람 또는 피고인의 접견을 통하여 사건의 사실관계와 수사경과를 알아내는데 이 과정에서 불법으로 수집된 증거에 대한 실마리를 찾아낼 수 있다. 그러나 종래에는 공판기일 전에 그 불법증거에 대해 자신의 의견을 표출할 기회가 없었다. 설사 불법증거의 배제에 관한 의견을 수사기관이나 인민검찰원에 제시해도 별로 소용이 없었다. 그렇기 때문에 공판전회의 절차에서 불법증거배제를 할 수 있도록 허용하는 것은 이 문제에 대한 변호인의 고민을 해결해 줄 수 있는 좋은 받침대가 되어준다.

다만 공판전회의에서 불법증거배제와 관련하여 주의해야 할 점은 불법증거배제는 증명력에 대한 문제가 아니라 증거능력에 관한 문제라는 것이다. 즉 공소인의 증거가 법정에 들어올 수 있는 자격에 대한 것을 미리 해결하는 것이다.[119] 이 논리대로라면 위에서 폭행이나 협박에 의해 작성된 피의자신문조서의 경우 적법성이 결여되므로 법정에 들어오는 것을 막아야 하는데 공판전회의가 불법증거를 막아내는 기능을 담당해야 한다. 이와 관련하여 한국에서도 공판준비절차에서 실체판단과 관련이 없는 증거능력 판단을 위한 증거조사는 허용된다고 본다. 양국 모두 같은 판단을 하고 있는데 한편으로는 이로 인한 공판의 중단을 막을 수 있고 다른 한편으로는 법관이 자유로운 심증에 의해 증거채부를 결정할 수 있기 때문에 타당하다고 생각된다.

특히 인민배심원재판에 있어서 배심원들은 사실판단을 해야 하는데 오염된 증거가 법정에 들어오게 되면 사실인정을 함에 있어서 그릇된 판단을 할 수 있기 때문에 불법수집증거의 사전배제는 더욱 의미를 갖게 된다. 더 나아가 만약 피고인 측이 공판정에서 불법증거배제 신청을 하게 되면 공판이 중단되어 심리가 띄엄띄엄 진행되면 집중심리를 못하여 인민배심원들의 정확한 심증을 형성하는데 부정적인 영향을 준다. 따라서 불법수집증거의 배제는 공판전회의에서 하는 것이 타당하다.

2. 공판기일을 확정할 수 있는가?

실무과정에서 공소인과 변호인이 공판기일을 둘러싸고 의견이 일치하지 않는 경우가 많다. 이에 대해 현행 형사소송법은 인민법원이 공소사건을 심판함에 있어서 인민검찰원은 반드시 공소인을 파견하여 공소를 유지하여야 한다(중국 2012년 형사소송법 제184조)고 규정되었다. 이 조문을 역으로 해석하면 "공판기일에 심판요원 또는 공소인이 불참하면 개정을 할 수 없다."이다.

---

119) 閔春雷·賈志强, 앞의 논문, 73면.

　　반면에 변호인이 부득이한 이유로 참석을 못하게 되어도 공판기일은 예정대로 열리는데 변호사들은 이에 대해 강한 반발을 제기하고 있다. 그들의 주장에 따르면 공판기일이 충돌되는 등 부득이한 경우로 재판에 참석할 수 없을 때에 법원에서는 공판기일을 연장해 주어야 하며 공판기일의 변경은 공판전회의에서 이루어지는 것이 적합하다고 한다. 이에 법관은 최대한 조정을 해 볼 것이지만 변호인이 불참한다고 하여 반드시 재판을 미루어야 하는 것은 아니라는 입장을 밝혔다.[120]

　　이와 관련하여 한국에서도 공판준비절차에서 공판기일을 지정 또는 변경하는 행위를 할 수 있다(한국 현행 형사소송법 제266조의9 제11호).

　　생각건대 피고인의 방어권을 보장하기 위하여 공판전회의에서 공판기일을 지정 또는 변경할 수 있도록 해야 한다. 예컨대 피고인이 공판준비절차에서 변호인을 교체한 경우를 생각해 볼 수 있는데 만약 예정대로 공판기일이 열리면 변호인은 시간이 모자라 사건을 충분히 검토하지 못할 가능성도 있다. 그렇게 되면 공판기일에 피고인을 충분히 변호하지 못하게 되므로 불이익은 결국 피고인이 감수해야 한다. 물론 공판전회의의 취지는 재판이 중단되는 것을 막아 소송효율을 높이기 위함인데 그것이 피고인의 방어권을 해하는 것이라면 허용될 수 없다. 따라서 공판전회의에서 변호인이 공판기일을 미루어 줄 것을 신청하는 경우 법관은 그 내용을 잘 경청하여 피고인이 준비가 불충분한 상황에서 심판받도록 하는 일이 없어야 한다.

3. 증인의 출정명단

　　중국에서 형사재판을 함에 있어서 피고인의 진술, 피해자의 진술,

---

120) 張軍·姜偉·田文昌, 256-261면 참조.

증인의 증언 등 세 개의 구두로 된 증거가 전체 증거에서 차지하는 비중이 크고 그것이 증거로 채택되는 경우가 많다. 특히 사건에서 결정적인 역할을 하는 증인이 법정에서 한 진술은 더욱 그러하다. 중국에서 법관들은 변호인이 공판기일에 예정하지 못했던 증인을 갑자기 내세워 증언하게 하는 방식에 대해 보편적으로 선호하지 않는다. 그러므로 증인의 출정명단을 공판전회의에서 협상을 하는 것이 적합하다.

변호인은 공소제기 된 이후 증거자료를 모두 열람할 수 있으므로 수사기록에 기재된 증인의 증언도 자세히 들여다 볼 수 있다. 이때 만약 변호인은 피고인에게 불리한 증언을 한 증인이 정신적으로 이상이 있어 사물에 대한 판단능력과 변별능력이 없어 정확한 증언을 할 능력이 되지 않는다고 생각되는 경우 또는 출정예정인 증인이 사건의 판결 결과와 이해관계가 있다고 생각되는 경우에는 이 증인의 증언에 대해 이의를 제기할 수 있어야 한다.

그밖에 공소인이 일부러 피고인에게 유리한 증인이나 감정인을 공판기일에 참석시키지 않으려고 의도하는 경우가 있을 수 있는데 이 경우에도 변호인은 법원에 그 증인을 소환해 줄 것을 신청할 수 있어야 한다.

만약 이러한 것을 모두 공판기일에 해결하고자 하면 공판이 지연되는 결과를 초래할 수 있다. 이것을 해결해 줄 수 있는 절차가 바로 공판전회의이다. 공판전회의에서 이 문제를 미리 체크하여 공판이 중단되는 것을 막아야 한다.

4. 사건쟁점의 정리

공판전회의에서 사건의 쟁점을 정리해야 할 필요성이 있다. 공판전회의는 공판기일에서의 재판이 순조롭게 진행되게 하기 위한 절차이다. 공소인과 변호인은 범죄사실과 증거에 대해 의견을 나누고 사건의 주요쟁점을 명확히 하여야 한다. 이렇게 하는 것은 공판기일에 사건의 쟁점만을 둘러싸고 증거를 조사하고 변론을 진행하기 때문에 재판효율을 높인다.[121)122)]

5. 공소장에 기재된 죄명에 대한 변경

한국에서 공판준비절차에서 행할 수 있는 행위와 관련하여 먼저 공소사실 또는 적용법조의 추가·철회 또는 변경을 허가하는 행위(제2호)를 하는 것이 타당한가 하는 문제가 지적된다. 이 규정은 공소장변경절차를 규정한 현행 형사소송법 제298조의 의미를 퇴색시킬 우려가 있다는 것이다.[123)]

그런데 중국은 공소제기 된 사건에 대해 법원이 공판심리 과정에서 적용법조가 적절하지 않다고 여기는 경우 공소장변경절차 없이 법관 스스로 적용법조와 죄명을 변경하여 판결을 내릴 수 있기 때문에 한국에서의 이와 같은 의문은 제기할 여지가 없다고 생각된다. 공소장의 변경과 관련하여 알아두어야 할 것은 중국에서는 공소인과 법관은 같은 공소사건에 대해 서로 다른 법률평가를 내릴 수 있다. 인민법원은 심리를 거친 후 공소사실이 명백하고 증거가 충분하나 공소장에 기재된 죄명과 심리를 거쳐 인정한 죄명이 일치하지 않은 경우 심리를 거쳐 인정한 죄명으로 유죄판결을 내려야 한다(최고인민법원 사법해석 제241조 제1관 제2항). 이 규정은 법원이 공소장에 기재된 죄명을 변경할 수 있는 근거를 마련해 둔 조문이라고 할 수 있다.

---

121) 陳衛東·杜磊, 앞의 논문, 40면.
122) 이에 대한 자세한 검토는 다음 장에서 하기로 한다.
123) 권오걸, 앞의 논문, 371면.

물론 공판기일에 공판정에서 공소죄명에 관한 문제를 해결할 수
는 있으나 이렇게 되면 대부분 재판이 중단되는 경우가 많다. 만약
형이 낮은 죄명으로부터 형이 높은 죄명으로 변경하는 경우 변호인
의 변호권도 크게 제약을 받게 된다.[124] 예컨대 A죄에 대한 변론을
준비한 상태에서 B죄로 판결을 내리게 되면 변호인은 B죄에 대해 항
변을 하지 못한 채 피고인은 B죄에 대한 유죄판결을 받게 된다. 변
호인의 권리보다 더욱 큰 타격을 받는 것은 피고인이다. 변호인의
변호권은 피고인의 방어권과 직결되어 있는 부분이기 때문에 역으
로 생각해 보면 변호인의 변호권이 침해되었다는 것은 피고인이 충
분한 방어를 하지 못했다는 것을 의미한다.

그렇기 때문에 공소장의 변경은 공판전회의 절차에서 미리 해결
해 둘 필요가 있다. 이 절차에서 변호인은 증거열람 및 증거개시를
통해 획득한 증거자료들을 중심으로 공소장에 기재된 죄명을 변경
할 필요가 있다고 사료되면 법관에게 이에 대한 의견을 제출하여야
한다. 그리고 법관도 죄명을 변경할 필요성을 인정하면 공소인에게
변경될 죄명에 대해 고지하고 상응한 죄명으로 다시 공소장을 작성
하여 제출할 것을 건의하여야 한다.[125]

VII. 공판전회의 절차의 효력

1. 문제의 제기

공판전회의절차의 내용은 반드시 기록하고 심판요원과 서기원은
서명해야 한다(중국 2012년 형사소송법 제182조 제4관). 공판전회의

---

124) 関春雷·賈志强, 앞의 논문, 74면.
125) 関春雷·賈志强, 앞의 논문, 75면.

의는 "사건의 정황을 요해하고 의견을 청취"하는 정도로만 되어있다. 공판전회의의 효력에 대해 법률은 따로 규정을 한 바가 없다.

이와 관련하여 이 절차에 효력을 부여하지 않으면 공판전회의에서 논의되었던 사항이 공판기일에 재차 언급될 수 있는데 그렇게 되면 공판전회의절차의 소송효율을 제고하고자 하는 취지에 반하는 것이 아닌가 하는 의문이 든다.

실무과정에서 일부 법관은 공판전회의절차에 대한 효력규정이 없어 실제로는 별로 도움이 되지 않는다고 하면서 공판기일을 두 번 열더라도 공판전회의는 소집하지 않겠다는 반발도 있다.[126]

이와 관련하여 한 가지 딜레마에 빠지게 된다. 즉 지금처럼 공판전회의절차의 효력을 인정하지 않으면 쟁점을 정리하여 합의가 이루어진 사항에 대해서 공판기일에 재차 문제 삼을 수 있어 여전히 공판이 중단되는 현상을 초래하게 되는 것이고 공판전회의의 효력을 인정하게 되면 공판전회의에서 미리 증거에 대한 합의가 이루어져 공판기일에서의 절차가 부실하게 운영될 가능성이 있다는 것이다.

2. 한국에서의 논의

가. 공판준비기일의 실권효

이와 관련하여 한국의 논의를 살펴보면 한국은 공판준비기일에서 신청하지 못한 증거는 추후 신청할 수 없도록 하는 것이 원칙이다. 추후의 증거신청을 허용할 경우 집중심리의 원칙(한국 현행 형사소송법 제267조의2)을 해칠 수 있기 때문이다. 따라서 신형사소송법은 공판준비절차(동법 제266조의5)의 실효성을 확보하기 위해서는 공판준비절차에서 정리되지 않았던 쟁점이나 증거를 공판절차에서

---

126) 習文昭, "淺析基層法院庭前會議适用率低的原因", 「中國法院网」, 2013년 1월 11일.

갑자기 제시하는 행위를 일정 범위 내에서 제한할 필요가 있다고 하
였다.[127] 그러나 실체적 진실의 발견과 피고인의 방어권을 보호하는
형사절차의 본질적 요청에 비추어 추가적 증거신청을 허용하는 경
우가 있다. 즉 공판준비기일에서 신청하지 못한 증거는 ① 새로운 증
거신청으로 인하여 소송을 현저히 지연시키지 아니하거나, ② 중대
한 과실 없이 공판준비기일에 제출하지 못하는 등의 부득이한 사유
를 소명한 때를 제외하고는 원칙적으로 공판절차에서 새로이 증거
신청을 할 수 없도록 규정하고 있다(동법 제266조의13 제1항). 다만,
법원이 실체적 진실발견을 위해 필요하다고 인정하는 때에는 직권
으로 증거조사를 할 수 있음은 물론이다(동조 제2항).[128]

  한국에서는 공판준비절차에 회부되는 사건의 경우 원칙적으로
공판준비절차에서 증거를 신청하도록 하고 그러지 아니할 경우에는
특수한 경우가 아닌 한 공판기일에서 증거신청을 하지 못하도록 되
어있다. 다만 공판기일에 증거신청의 가능성을 완전히 배제한 것은
아니고 특수한 경우에 증거신청을 허용하고 있다. 이 규정은 형사소
송의 실체적 진실발견 내지 피고인의 방어권 보호라는 본질에 비추
어 볼 때 타당하다고 본다.

  특히 국민참여재판을 진행하는 경우 공판기일에서의 증거신청을
제한할 필요가 있다. 국민참여재판의 경우 배심원을 다시 소집하기가
매우 어렵다는 측면에서 공판절차에서 새로운 증거신청을 하는 것은
사법참여재판을 마비시키는 결과를 가져올 수 있기 때문이다.[129]

  생각건대 실권효에 관한 형사소송법 제266조의13은 그 취지에 부

---

127) 황태정, 앞의 논문, 117면.
128) 황태정 앞의 논문 118면에서는 이와 관련하여 "실권효로 인한 신청제한의
     대상과 실권효를 발생시키는 절차의 범위가 문제되고 있다."고 하였다.
     이 부분의 내용은 본고에서 제외하기로 한다.
129) 이승현, 앞의 논문, 138면.

합하도록 엄격히 운용되어야 한다. 예외적 허용사유를 지나치게 넓게 새길 경우 공판준비절차의 실효성이 현저하게 감소하게 되어 집중심리주의(한국 현행 형사소송법 제267조의2)의 원칙에 반하기 때문이다.130)

나. 공판준비기일조서의 작성

법원은 쟁점 및 증거의 정리가 완료된 때에는 공판준비절차를 종료하여야 한다(한국 현행 형사소송법 제266조의12). 이것이 공판준비절차의 원칙적 종결사유이다. 법원은 쟁점 및 증거에 관한 정리결과를 공판준비기일조서에 기재하여야 한다(동법 제266조의10 제2항). 다만 공판준비기일의 조서가 공판조서와 같이 자세하게 작성되면 공판기일이 본안재판으로 변질되어 정작 공판기일의 심리절차가 형식적인 절차로 유명무실하게 될 우려가 있다. 그리하여 형사소송법은 공판준비기일에서 확인된 쟁점 및 증거의 정리결과만을 기재하도록 하고 있다.131)132)

3. 검토

생각건대 2012년 형사소송법 개정작업을 할 당시 중국 입법자들

---

130) 신동운, 앞의 책, 867면.

131) 형사소송법 개정법률 해설, 91면 참조.

132) 이와 관련하여 형사소송 규칙에서는 다음과 같이 규정하였다. 법원이 공판준비절차를 진행한 경우에는 참여한 법원사무관 등이 조서를 작성하여야 한다(형사소송규칙 제123조의12 제1항). 이 조서에는 피고인, 증인, 감정인, 통역인 또는 번역인의 진술의 요지와 쟁점 및 증거에 관한 정리결과 그밖에 필요한 사항을 기재하여야 한다(동조 제2항). 이상의 조서에는 재판장 또는 법관과 참여한 법원사무관 등이 기명날인 또는 서명하여야 한다(동조 제3항). 증거개시에 관한 신청과 결정 또한 공판준비기일의 조서에 기재하여야 한다(규칙 제123의5 제3항).

이 공판전회의의 효력의 인정여부에 대해서 논의를 하지 않았을 것이라고 생각하지 않는다. 그럼에도 불구하고 규정을 다소 모호하게 한 것은 아마도 새로 도입된 장치이다 보니 실제 이 장치의 운영실태를 보아가면서 재차 규정하려고 했던 것에 있다고 본다.

그러나 공판전회의절차의 효력을 인정하지 않으면 절차 자체가 힘이 없어 유명무실하게 될 우려가 있고 또 그런 상황이 지속되다 보면 결국 이 절차의 실질적인 가치를 잃게 될 위기에 처할 수 있는 가능성도 배제할 수 없다. 그렇기 때문에 중국도 한국과 마찬가지로 반드시 공판전회의절차의 효력을 인정하는 것이 타당하다.

이와 관련하여 첫째로 관할, 회피, 피고인 측의 증거신청관 관련된 사항들의 효력에 관한 것이다. 공판전회의는 공판절차(공판기일에서의 심리절차)를 매끄럽게 진행시키기 위하여 미리 '청소'를 해놓는 절차이다. 공판전회의에서 공소인과 변호인은 법률이 정한 범위 내에서 절차적 문제를 제기하고 의견을 교환한다. 예컨대 관할, 회피, 증거의 調取 등이다. 공판전회의에서 이 부분에 대해 문제를 제기하지 않은 경우 정당한 이유가 없는 한 공판기일에 재차 제기하지 언급하지 않는 것을 원칙으로 해야 한다.[133] 그러므로 피고인 측은 공판전회의에서 증거신청을 하지 않은 경우 공판기일에 그 증거를 언급해서는 아니 된다. 한국은 공판기일 이전에 증거신청을 하지 않은 경우 특수한 상황을 제외하고는 공판기일에 재차 언급하지 못하도록 규정하고 있다. 이와 같은 규정은 공판준비절차의 취지에 비추어 보았을 때 타당하다. 그렇지 아니할 경우 공판정에서 다시 제기하게 되면 심리를 연장하는 결과를 초래할 수도 있기 때문에 공판전회의 절차의 기능을 제대로 발휘할 수 없게 된다.

둘째로 증거의 효력에 관련된 것이다. 먼저 공판전회의 절차에서

---

133) 閔春雷·賈志强, 앞의 논문, 77면.

합의가 이루어진 증거에 대해서는 공판기일에 재차 언급하지 않도록 해야 한다. 그리고 공판준비절차에서 미처 제시하지 못한 새로운 증거를 제외하고 증거개시를 거치지 않은 증거는 공판기일에 다시 제시할 수 없도록 해야 한다.[134] 이렇게 하는 것은 증거의 기습적인 제출을 막아 공판이 지연되는 것을 방지하기 위함이다. 또한 피고인의 방어권 보장에도 유리하다. 다음으로 법원은 공소인과 변호인의 이의가 없는 증거와 사실에 대해서는 정리하여 서면으로 기록하고 이처럼 합의가 이루어진 서면기록에 대해 일정한 효력을 부여할 필요가 있다. 그래야만이 절차의 가치를 보장할 수 있을 뿐만 아니라 공소인과 피고인이 공판기일에 쟁점을 둘러싸고 변론을 진행할 수 있기 때문에 공판이 더 효율적으로 진행된다.

다만 합의가 이루어진 증거에 대해서도 공판기일에 증거조사를 거쳐야 하는데 증거조사의 절차를 간략할 수 있다. 여기에서 주의할 점은 이는 절차를 간결하게 진행한다는 뜻이지 증거조사 절차 자체를 생략한다는 의미는 아니다. 그 원인은 중국 현행 형사소송법은 법정심리 과정에서 죄를 정하고 양형을 하는 모든 사실과 증거에 대해서 반드시 조사하고 변론해야 한다(중국 2012년 형사소송법 제193조). 따라서 합의가 이루어진 증거라 할지라도 그 증거에 대해 법정에서의 증거조사 절차를 생략하는 것은 형사소송법의 규정에 위반되므로 반드시 증거조사 절차를 거쳐야 한다.

Ⅷ. 사법관념 및 관행에 대한 개선

이상 공판전회의절차 조문자체에 대한 문제점을 분석해 보았다. 그밖에 중국의 입법태도와 사법관념, 사법관행은 공판전회의절차가

---

134) 閔春雷·賈志强, 앞의 논문, 77면.

원활하게 진행되지 못하는 또 다른 측면의 문제이다.

중국은 비록 1996년 형사소송법 개정에서 영미식 당사자주의 요소를 일부 도입하였으나 소송구조의 본질은 여전히 대륙법계와 맥을 같이 하고 있는 국가이다. 그러므로 법관이 소송을 주도하는 역할을 하게 되고 공소인과 피고인은 이에 종속되는 지위에 있게 된다. 그리고 인민검찰원은 당사자의 지위가 아니라 법원과 마찬가지로 사법기관에 속한다. 그렇기 때문에 공소인과 피고인은 선천적으로 무기대등 할 수 없게 되는 것이다.

또한 중국과 같이 영미식 당사자주의 국가가 아닌 나라에서는 법관이 중립적인 지위를 지키기 어렵고 절차적 정의보다 실체적 진실의 발견을 더 중요시하는 경향이 있기 때문에 소송절차를 지키지 않는 경우도 발생한다. 예컨대 2012년 형사소송법에는 공판기일 전 법관은 증거조사를 할 수 있는 근거조문이 없음에도 불구하고 아직도 일부 법관들은 법정 밖의 증거조사를 진행하는 관습이 여전히 남아 있다. 그리고 공판전회의절차에서 실체판단을 할 수 없으나 증명력에 관해서 다투는 현상도 존재한다.

이렇게 되면 공판전회의절차의 적용률이 낮을 수밖에 없고 절차가 진행되더라도 제대로 작동되기가 어렵다. 공판전회의 절차의 적용률을 높이려면 이와 같은 사법관념이라든지 관행이 해소되어야 하는데 이것은 하루아침에 이루어질 수 있는 것이 아니다. 충분한 시간적 여유를 두고 천천히 바뀌어야 한다.

이를 위해서는 인민법원, 인민검찰원, 피고인 삼자의 관계구조를 재조명할 필요성이 크다. 형사소송절차에 있어서 법관은 중립적인 지위를 유지해야 한다. 그런데 중국은 직권주의 전통을 지닌 국가이기 때문에 법관은 실체적 진실의 발견을 우선순위에 두고 있다. 그런데다가 법원과 검찰원은 같은 사법기관으로 '친밀감'이 형성되어 있기 때문에 법관이 공소인 쪽으로 기울이기 쉽다. 이 문제와 관련

하여 중국 형사법학계의 유명한 학자인 천광중(陳光中) 교수는 "공판
전회의를 잘 운용하게 되면 공소인과 변호인의 관계135)가 더욱 조화
롭게 변화되고 그렇지 아니할 경우에는 법원과 검찰원이 함께 변호
권의 행사를 제압하는 것으로 전락될 수 있다."라고 지적한 바가 있
다.136) 이 구절은 공판전회의절차를 제대로 진행해야지 그렇지 아니
할 경우에는 법원과 검찰원이 함께 피고인을 제압하는 도구로 변질
될 가능성이 있다는 것으로 이해된다.

법원과 검찰원이 변호권을 제압하면 결국 피고인은 판사와 검사
두 명과 동시에 싸워야 하기 때문에 규문주의로 전락될 가능성이 크
다. 생각건대 공소인과 변호인의 관계가 잘 조화되려면 법관이 중립
적인 지위를 지키는 것이 전제되어야 할 것이다. 그래야만 공소인과
변호인은 무기대등하게 싸울 수 있다. 따라서 법관은 중립적인 입장
에서 사건을 바라보아야 하고 이와 동시에 검찰원은 자체의 감독기
능을 발휘하여 법관의 행위를 감독하여 서로 주의를 주면서 적당한
거리를 유지해야 한다.

한국에서의 검사는 단독관청으로 혼자서 의사결정을 할 수 있다.
그리고 검찰청은 행정부 소속이다. 3권분립의 원리에 의하여 사법부
인 법원과 견제를 이룬다. 그러나 중국의 경우 이 부분에 있어서는
대단히 큰 차이가 있다.

우선 한국과 중국의 형사소송법 조문을 비교하여 보았을 때 한국
의 경우 검사가 소송행위의 주체로 등장한다. 반면 중국은 인민검찰
원이 행위의 주체가 된다. 예컨대, 한국에서의 공소는 검사가 제기

---

135) 원문은 "控辯關系"로 되어있다. 여기에서 控은 공소를 제기하는 쪽인 공소
인을 말하고 辯은 변호를 하는 쪽인 피고인 또는 변호인을 말한다. 그리
하여 필자는 "공소인과 변호인의 관계"라고 번역하였다.

136) 베이징시 변호사협회 형법전공위원회, 형사소송법전공위원회, "新刑事訴
訟法的控辯關系 : 拓展与協調", http://blog.sina.com.cn/s/blog_b586e13d0101bs23.
html 최종방문일 2017년 2월 2일.

한다(한국 현행 형사소송법 제246조)고 되어 있다. 반면 중국은 인민 검찰원이 공소를 제기한다(중국 현행 형사소송법 제172조)고 되어있 다. 다음으로 인민검찰원과 인민법원은 모두 사법기관에 속한다. 인 민검찰원은 법률감독기관으로서(중국 현행 헌법 제129조) 독립적으 로 검찰권을 행사하고(동법 제131조), 인민법원은 심판기관으로서(동 법 123조) 독립적으로 심판권을 행사한다(동법 제126조). 그 다음으로 인민검찰원과 인민법원 그리고 공안기관은 형사소송을 진행함에 있 어서 반드시 업무를 배분하여 각자에 대해 책임져야 하고 서로 협조 하여야 하며 서로 견제하여 효율적으로 법률을 집행하여야 한다(현 행 형사소송법 제7조). 중국의 형사소송에 있어서 인민검찰원과 인 민법원의 성격상 이와 같은 특수성이 존재하기 때문에 중국 법원의 심판독립[137]의 필요성은 더욱 크게 부각되는 것이고 생각된다.

---

137) 중국에서의 사법독립은 유럽의 삼권분립에서 나오는 사법독립과 차이가 있다. 삼권분립은 국가권력의 작용을 입법, 행정, 사법으로 나누어 상호 간 견제와 균형을 유지시킴으로서의 국가권력의 집중과 남용을 방지하려 는 통치조직원리이다. 그러나 중국에 있어서는 인민대표대회제도 하에 정부·인민검찰원·인민법원(一府兩院)을 두고 있고 모든 국가기관은 반드 시 전국인민대표대회에 복종해야 한다. 전국인민대표대회는 국가의 최고 권력기관이고(현행 헌법 제57조) 입법권을 행사한다(제58조). 그러므로 삼 권분립을 전제로 하는 사법독립은 중국의 정치체제에 어긋나므로 올바른 것이라고 할 수 없다. 그렇기 때문에 "중국에서는 법관이 심판권(재판권) 을 행사함에 있어서 외부의 간섭을 받지 아니한다."에 대해 '법원의 사법 독립'이라는 용어를 쓰지 않고 주로 '법원의 심판독립(審判獨立)'라는 용 어를 쓴다. 程姝雯, "最高法官員 : 審判獨立并非司法獨立", 「南方都市報」, 2013 년 10월 31일.

제4장
공판준비절차에 있어서 쟁점정리의 체계적 위치

제1절 서론

> 중국 현행 형사소송법 제182조 제2관
>
> 공판기일 전 심판요원은 공소인, 당사자(피고인)와 변호인, 소송대리인을 소집하여 회피(기피), 출정증인의 명단, 불법증거배제 등 심판과 관련된 문제의 정황을 요해하고 의견을 청취할 수 있다.

이 장절은 한국과 중국의 공판준비절차에 있어서의 쟁점정리에 대한 고찰을 하는 자리다. 그런데 쟁점을 정리하려면 공소인과 변호인이 증거를 드러내놓아 증거를 취득한 것을 전제로 해야 한다. 그렇기 때문에 이 장에서는 한국과 중국이 증거를 어떠한 방법으로 취득하는지에 대해 논의한 다음, 그 증거를 전제로 어떤 방식으로 쟁점을 정리하는 가를 살펴보도록 하겠다.

한국에 있어서 증거를 드러내놓는 방법은 증거개시를 통해서이다. 중국의 경우에 있어서는 공소인이 공소제기 시 법원에 이송한 증거자료를 변호인이 열람할 수 있다. 이것은 공소인이 변호인에게 증거를 드러내놓는 방식 중의 하나이다. 그리고 여기에서 드러내놓지 못한 증거와 드러내지 아니한 증거는 변호인의 증거개시신청에 의해 드러내놓게 된다(중국 현행 형사소송법 제39조). 마찬가지로 변호인도 경우에 따라서는 공소인에게 증거를 보여주어야 한다(중국 현행 형사소송법 제40조).

제2절 한국 공판준비절차에서의 증거의 취득 및 쟁점의 정리

Ⅰ. 서설

한국은 공소장일본주의를 취하고 있는 국가이기 때문에 공소제기 시 기록은 법원에 이송되지 않는다. 그러므로 공판준비절차에서 쟁점을 정리하는 경우 일반적으로 증거개시를 해야 한다. 이를 전제로 얻어진 증거에 대해 법률이 정한 규정에 따라 쟁점을 정리하게 되는 것이다.

그리하여 본 절에서는 한국의 증거개시제도에 대해 먼저 살펴본 다음 쟁점정리의 내용에 대해 알아보도록 하겠다.

Ⅱ. 한국 증거개시 용어의 정리

1. 의의

한국에서는 공소장일본주의에 맞물리는 증거개시제도가 2007년 형사소송법 개정시 새로이 도입되었다. 증거개시는 미국 또는 영국에서의 discovery 또는 disclosure라는 용어를 일본에서 번역하여 법률용어화한 것으로 학계에서 폭넓게 사용되고 있다.[1]

증거개시란 검사 또는 피고인·변호인이 자신이 보유하고 있는 증거를 상대방에게 열람·등사하게 하는 것을 말한다. 형사소송법은 검

---

1) 증거개시와 공판준비절차, 2007년 법관연수자료집 형사실무, 사법연수원, 4면.

사가 보유하고 있는 증거에 대한 증거개시(형사소송법 제266조의3) 뿐만 아니라 일정한 경우 피고인 측이 보유하고 있는 증거에 대한 증거개시(동법 제266조의11)도 인정하고 있다.[2]

그러나 형사소송법 조문 자체에서는 증거개시라고 하는 단어를 찾아볼 수 없다. 사법제도개혁추진위원회에서 논의당시 증거개시보다는 형사소송법에서 사용되는 기록열람·등사라는 용어를 사용하여 개정법을 성안하였고 개정 형사소송법에서도 증거개시라는 용어는 사용되고 있지 않고 기록열람·등사라는 표현을 쓰고 있다. 그러나 이것은 증거개시의 의미를 담고 있음은 당연하다.[3]

2. 기능적 가치

가. 피고인의 방어권 보장과 증거개시

형사재판에 있어서 소추자인 검사는 국가기관으로서 방대한 인적, 물적 조직을 동원하여 증거를 수집한다. 이에 대하여 피의자·피고인은 범죄혐의를 받고 있는 가운데 자신에게 유리한 증거를 수집해 가야 하는데, 그 능력에는 뚜렷한 한계가 있다.[4] 이러한 상황 하에서 증거개시를 통하여 피고인 측은 검사가 갖고 있는 증거를 미리 들여다 볼 수 있기 때문에 피고인으로서는 충분한 방어를 할 수 있는 계기가 된다. 이와 같이 피고인 측면에서 볼 때 증거개시는 실질적인 당사자 무기대등을 확보[5]하여 진정한 당사자주의로 나아갈 수 있다.

---

2) 신동운, 신형사소송법(2014), 843면.
3) 앞의 법관연수자료집 형사실무, 4면. 본문에서는 비교법적 고찰을 용이하게 하기 위하여 기록열람·등사라는 표현을 쓰지 않고 증거개시라고 표현하기로 한다.
4) 신동운, "한국과 일본의 증거개시제도 비교연구", 서울대학교 법학, 제53권 제3호(통권 164호), 2012년, 274면.
5) 앞의 법관연수자료집 형사실무, 4면.

나. 신속한 절차의 진행과 증거개시

다른 한편으로 법원의 측면으로부터 볼 때 신속하고 효율적인 재판을 실현할 수 있는 전제가 된다.[6] 특히 증거개시는 시민이 참여하는 형사재판에서 있어서 신속한 절차진행을 담보하는 기능을 발휘한다.[7] 검사는 공소유지를 위해 피고인에게 불리한 증거를 수중에 갖고 있다가 공판정에서 기습적으로 증거를 제출하는 경우가 종종 발생한다. 그러나 이렇게 되면 공판정에서의 심리가 지연되고 재판이 길어지게 되어 간단한 사건을 처리하는 데에도 긴 시간이 소요되는 경우가 많다.

증거개시를 하지 아니한 상태에서 기습적으로 증거신청을 할 경우 상대방의 방어준비를 위하여 공판기일의 연기나 속행이 불가피하게 된다. 특히 시민참여의 활성화라는 관점에서 보게 되면 증거의 기습적 신청이나 소송전술적인 지연신청 때문에 형사재판에 참여하는 시민들이 재판절차에 묶여서 생업에 신속하게 복귀할 수 없게 되는 상황은 커다란 문제라고 하지 않을 수 없다. 이러한 문제점은 피고인이 증거를 신청하는 경우에도 마찬가지로 일어나기 때문에 시민참여 재판의 경우에는 검사 및 피고인의 수중에 있는 증거를 사전에 서로에게 개시해야 할 필요성이 있게 되는 것이다.[8]

증거개시는 검사와 변호인이 서로 보유하고 있는 증거를 공판이 시작되기 전에 미리 서로에게 보여줌으로써 사건의 쟁점을 정리하여 한편으로 법관은 사건의 쟁점을 조기에 파악하여 공판기일에 순조롭게 재판을 진행할 수 있고 다른 한편으로는 검사와 변호인이 공판정에서 불필요한 다툼을 하지 않아 공판이 지연되는 것을 막아주기 때문에 신속한 절차진행을 담보하는 기능을 발휘한다.

---

6) 앞의 법관연수자료집 형사실무, 4면.
7) 신동운, "한국과 일본의 증거개시제도 비교연구", 274면.
8) 신동운, "한국과 일본의 증거개시제도 비교연구", 274면.

개정법의 모토가 된 공판중심주의 강화라는 관점에서 볼 때 공판기일 이전에 소송당사자 사이에 주장과 증거에 대한 상호의사소통이 원활히 되어 있어야 이를 기초로 법정에서 증거와 논리에 의한 공방을 가능하게 한다. 개정법에서 확대강화된 증거개시는 이와 같은 공판중심주의의 실질적 구현을 위하여 필수적인 태도이다.[9]

한편 일본은 2004. 5. 재판원이 형사재판에 참여하는 법률을 제정함으로써 5년 이내인 2009. 4. 말까지는 일반 시민이 형사재판에 참여하는 재판을 실시하기로 하고, 이를 준비하기 위하여 2005. 5. 개정 형사소송법은 공판전정리절차의 창설과 더불어 증거개시의 확충, 법정화를 마련하였다.[10] 일본의 경우 증거개시제도는 공판준비를 위한 절차의 일환으로 규정되어 있다. 증거개시제도(일본 형사소송법 제316조의13 이하)는 정밀하게 구성된 공판전 정리절차의(동법 제316조의 2 이하)의 불가불리적 일부이다.[11]

3. 소결

피고인의 방어권보장과 절차의 신속한 진행이라는 증거개시의 두 가지 측면 가운데 어느 면을 우선시할 것인가 하는 문제에 대한 해결은 각국 입법자의 몫이다.

일본은 절차의 신속한 진행에 초점을 맞추어 증거개시제도를 정비하였다. 반면 한국은 공소장일본주의와 증거분리제출제도를 취하고 있으므로 공판기일 전에 기록을 읽을 수 없기 때문에 피고인의

---

9) 앞의 법관연수자료집 형사실무, 5면.
10) 평성 16년 법률 제62호로 신설됨. 노명선, "일본의 새로운 공판전정리절차의 내용과 시사점", 성균관법학 제18권 제2호, 2006, 394면.
11) 일본 증거개시제도에 관한 자세한 내용은 신동운, "한국과 일본의 증거개시제도 비교연구"; 노명선, 앞의 논문; 최병천, "증거개시와 피도인의 방어권보장", 서울대학교 박사논문, 2012년 등을 참조.

방어권을 보장하는 면에 있어서 증거개시의 필요성이 더욱 크게 부각된다.

Ⅲ. 한국 소송구조의 연혁

1. 1954년 형사소송법

한국은 현행 형사소송법에서 증거개시제도를 취하고 있다. 그러나 처음부터 증거개시제도를 실시해온 국가인 것은 아니다. 한국의 1954년 제정 형사소송법은 공판절차는 물론 수사절차에서도 수사기록에 대한 열람·등사를 허용하고 있었다.[12] 또한 1954년 형사소송법 제정 당시 정부의 형사소송법 초안은 법전편찬위원회의 초안을 그대로 이어 받은 것이었는데, 이 법전편찬위원회 초안은 그 편별에 있어서 1947년 일본 신형사소송법의 조문체계를 입안의 모델로 삼았다.[13]

물론 형사소송법 제정과정에서 김병로를 비롯한 입법자들은 영미식 형사절차를 한국 형사소송법에도 도입할 지 여부에 대해 많은 고심을 하였다. 그럼에도 이들은 의용형사소송법을 유지해온 기존의 형사실무에 지나친 변화를 가져 오는 것은 형사사법을 적절하게 운용할 수 없다고 판단하여 일본의 신형사소송법 체계를 상당부분 따라가면서도 중요한 부분에 있어서는 종전 의용형사소송법의 기본틀을 유지하기로 하는 타협책을 취하게 되었다.[14] 그리하여 1947년

---

12) 1954년 형사소송법 제35조(서류, 증거물의 열람, 등사) ① 변호인은 소송에 관한 서류나 증거물을 열람 또는 등사 할 수 있다. ② 증거물의 등사에는 검사 또는 재판장의 허가를 얻어야 한다. 단, 이 허가의 지연으로 인하여 피고인 또는 피의자의 방어를 준비하는 권한을 제한하여서는 아니 된다.
13) 신동운, "공판절차에 있어서 피고인의 방어권 보장—수사기록 열람·등사권 확보를 중심으로", 서울대학교 법학, 제44권 제1호, 2003년, 157-158면.

일본 신형사소송법은 예단배제를 위하여 공소장일본주의를 기본원 칙으로 채택하였으나 이러한 논의 하에 한국 제정 형사소송법에는 그와 같은 방식을 취하지 않기로 하였다.[15]

2. 1961년 형사소송법의 개정

1961년 5·16 군사쿠데타 직후 국가재건최고회의는 형사소송법에 대한 첫 번째의 개정을 단행하였다. 그 개정을 통하여 변호인의 소 송서류 열람·등사권을 대폭적으로 제한해 버렸다. 개정된 형사소송 법 제35조는 "변호인은 소송계속 중의 관계서류 또는 증거물을 열람 또는 등사할 수 있다."고 규정하였는바, 개정 전 동조 제2항 "증거물 의 등사에는 검사, 재판장 또는 단독판사의 허가를 얻어야 한다. 단 허가의 지연으로 인하여 피고인 또는 피의자의 방어를 준비하는 권 한을 제한하여서는 아니 된다."라는 부분을 삭제하였다. 그 결과 피 의자의 방어를 준비하기 위하여 수사단계에서 검사의 허가를 얻어 증거물을 등사하는 것은 더 이상 가능하지 않게 되었다.[16]

즉 피고인은 공소제기 이후, 공판절차에서만 열람·등사가 가능해 진 것이다. 이것은 수사절차에 있어서 피의자 지위의 일대 약화임과 동시에 검사의 지위강화를 의미하는 것이었다.[17] 그러나 비록 열람·

---

14) 신동운, "공판절차에 있어서 피고인의 방어권 보장－수사기록 열람·등사권 확보를 중심으로", 158면.
15) 자세한 내용은 신동운, "공소장일본주의에 관한 일고찰", 두남 임원택 교수 정년기념 사회과학의 제문제(1988), 673-687면; 신동운, "제정형사소송법의 성립경위", 형사법연구 제22호(2004 겨울호)를 참조 바람.
16) 신동운, "공판절차에 있어서 피고인의 방어권 보장－수사기록 열람·등사권 확보를 중심으로", 162면.
17) 신동운, "공판절차에 있어서 피고인의 방어권 보장－수사기록 열람·등사권 확보를 중심으로", 162면 참조.

등사권의 시기가 한 단계 늦어졌지만 당시 1954년 때와 마찬가지로 공소제기와 함께 모든 수사기록이 법원에 제출되었으므로 피고인의 방어권 행사에는 크게 문제될 것이 없었다.

3. 1983년 공소장일본주의 도입취지와 실태

1982년 말 제정된 형사소송규칙 제118조 제2항에서는 "공소장에는 제1항에 규정한 서류 외에 사건에 관하여 법원에 예단이 생기게 할 수 있는 서류 기타 물건을 첨부하여서는 아니 된다."고 규정하였다. 이 규칙은 대법원규칙으로 제정된 것이었는데, 당시 법관들은 공소장일본주의이야말로 법관의 예단을 배제할 뿐만 아니라 현행법상 기본원칙의 중의 하나라고 선언하면서 공소장일본주의의 도입을 적극 찬성하는 태도를 보였다.[18]

종래의 소송구조에 따르면 공소제기와 함께 모든 수사기록이 법원에 제출되었다. 법관은 기록을 미리 읽고 공판정에 들어가 사건을 심리하게 되는데, 다루어야 할 사건이 많은데다가 읽어야 할 기록도 많아져 산더미 같이 늘어나는 사건기록을 미처 읽지 못한 채 공판정에 임하는 경우가 허다하였다. 따라서 법관은 '사건기록 읽기와의 싸움'을 해야 했다. 그리하여 법원의 법관의 예단배제라는 명분이 좋지만 사실상 자신들의 부담을 덜고자 하였다는 것을 엿볼 수 있다.

공소장일본주의가 도입됨으로써 법관은 공판기일 이전에 수사기록을 정사할 수 없는 것이 원칙이다. 그러나 공소장일본주의가 도입되었음에도 불구하고 실무에서는 여전히 공소제기 후에 1회 공판기일 이전에 수사기록 일체를 법원에 제출하는 실무관행이 유지되어 있어 공소장일본주의는 실질적인 규범력이 없었다고 보는 평가가

---

18) 신동운, "공판절차에 있어서 피고인의 방어권 보장－수사기록 열람·등사권 확보를 중심으로", 164면 참조.

있다.[19] 다만, 국가보안법위반 사건이나 고위 공직자에 대한 뇌물사건, 증인회유나 협박, 증거인멸 등의 우려가 있는 특별한 사건의 경우에 검사가 증거를 공판기일에 직접 제출하였다.[20]

그렇다 보니 법원은 이들 특별한 경우를 제외하고 검찰이 공소제기 후 증거기록을 법원에 제출하기 전 단계에서 검사보관기록에 대해 사실상 그 내용을 들여다 볼 수 있었으며, 반면에 피고인 측은 그 단계에서 수사기록을 열람·등사할 수 있는 법적인 근거는 미미한 상황이었다.

생각건대 공소장일본주의로 인하여 법원의 예단을 방지하려는 취지는 나쁘지 않았다. 특정한 유형의 범죄사건에서는 어느 정도 긍정적인 효과를 보았다고 할 수 있다. 그러나 피고인은 검찰의 공격에 무방비 상태에 놓여 있게 되었고, 이를 보완해 줄 법적 지위가 너무 취약하였으며, 그 결과 방어권을 충분히 행사할 수 없게 되는 현실에 있어서는 미약한 점이 있다고 사료된다.

이와 관련하여 헌법재판소[21]는 "공소제기 후 검사가 보관하고 있는 수사기록에 대한 열람, 등사는 실질적 당사자 대등을 확보하고 신속, 공정한 재판을 실현하기 위하여 필요불가결한 것으로써 검사가 이를 거부하는 것은 위헌"이라고 판시한 바 있다. 다만, "국가안전보장·질서 유지 또는 공공복리를 위하여 제한되는 경우가 있을 수 있으며, 검사가 보관중인 수사기록에 대한 열람·등사는 당해 사건의 성질과 상황, 열람·등사가 피고인의 방어를 위하여 특히 중요하고 또 그로 인하여 국가기밀의 누설이나 증거인멸, 증인협박, 사생활침해, 관련사건 수사의 현저한 지장 등과 같은 폐해를 초래할 우려가

---

19) 이완규, "개정 형사소송법상 증거개시제도", 숭실대학교 법학논총 제18집, 2007년 8월, 7면.
20) 이완규, 앞의 논문, 8면.
21) 헌법재판소 1997. 11. 27. 94헌마60.

없는 때에 한하여 허용된다."고 열람·등사권의 한계를 정하였다.

헌법재판소가 검사 보관기록 단계에서 변호인의 열람·등사권을 인정한 것은 피고인의 방어권을 보장한데 있어서 진보적이라고 볼 수 있다. 그러나 한계를 두어 피고인이 그 권리를 헌법상의 권리로 완전히 보장받았다고 보기는 어렵다.

헌법재판소의 위와 같은 위헌 결정에도 불구하고 검사는 여전히 검찰보존사무규칙상 규정된 일반규정들을 통해 열람·등사를 제한하여 왔다. 또한 피고인의 방어권보장의 중요한 부분인 수사기록의 열람·등사가 검찰청의 내부 지침에 불과한 예규 등에 의해 규율되는 것은 문제이고, 그 동안 그러한 예규 등에 접근하는 것조차 용이하지 아니하였다.[22]

살피건대 종래 한국의 형사소송 실무에서 공판준비절차가 제대로 활용되지 않았던 것은 공소장일본주의를 도입함에 따라 이에 대응하는 실효적인 제도가 없었으며, 특히 변호인에 대한 소송기록의 열람·등사의 봉쇄로 피고인의 방어권을 충분히 행사할 수 없게 한데 일부 원인이 있다고 보아진다. 따라서 개정 형사소송법은 공소제기 후 피고인에게 검사가 보관하고 있는 서류 등의 열람·등사권을 인정하는 증거개시 규정의 신설을 불가피한 것으로 보았다.

4. 2007년 개정 형사소송법의 형사재판의 소송구조

2007년 개정 형사소송법은 당사자주의적 공소장일본주의 원칙에 근거하여 공판준비절차에서 당사자주의적 요소를 대폭 증가시켰다. 이번 개정 형사소송법은 공판정에서의 집중심리를 가능하게 하기 위하여 공판준비절차와 증거개시제도를 도입하였다. 사실 한국의

---

22) 신동운, "공판절차에 있어서 피고인의 방어권보장-수사기록 열람·등사권 확보를 중심으로-", 174면.

사법제도개혁추진위원회 단계에서 증거개시제도가 성안될 당시에
는 일건 수사기록의 열람·등사를 허용해 왔던 기존의 실무관행을 실
정법으로 명문화한다는 선에서 출발하였는데 이것은 피고인의 방어
권 보장을 증거개시제도의 핵심으로 파악하는 것을 의미한다.[23] 그
런데 국민참여재판의 성공적 정착을 위해서는 집중심리를 강화해야
하는 측면이 강조되었다. 즉 증거개시제도가 성안될 때 우선취지는
피고인의 방어권보장에 있었으나 국민참여재판의 도입으로 인하여
증거개시제도의 의미가 더욱 부각되었다.

Ⅳ. 현행법상 증거개시의 규정

한국의 구 형사소송법 하에서의 다수의 견해는 한국의 형사소송
절차에서 공소장일본주의를 채택하고서도 증거개시제도를 도입하
지 않은 것은 제도적 미비로, 실질적 당사자주의의 구현을 위하여
증거개시제도를 도입하여야 한다고 주장하면서, 미국, 영국, 독일,
일본 등 선진 각국의 제도를 중심으로 하는 비교법적 연구와 함께
구 형사소송법 제35조에 규정된 수사기록의 열람·등사권의 범위에
관하여 활발한 논의를 전개하여 왔다.[24]

또한 실무에서 종래의 일괄제출방식을 지양하고 공소장일본주의
와 형사소송법상의 증거신청절차에 부합하는 증거제출방식, 이른바
증거분리제출방식이 일반화됨에 따라 공소제기 후 검사가 보관하고
있는 수사기록이나 증거물의 열람·등사를 둘러싼 검찰 측과 변호인
측의 의견대립이 표면화되면서 증거개시제도의 도입을 더 이상 미

---

23) 신동운, "한국과 일본의 증거개시제도 비교연구", 290면.
24) "증거개시제도의 시행상 문제와 개선방안", 형사재판의 쟁점과 과제, 사법
　　발전재단, 2008년, 7면.

룰 수 없게 되었다.[25]

그리하여 개정 형사소송법은 공판중심주의를 강화하기 위하여 증거분리제출, 공판준비절차, 집중심리 등과 함께 증거개시제도를 도입함으로써 구 형사소송법에서의 논란을 입법적으로 해결하였다.[26] 그밖에 공판중심주의를 실현을 위하여 피고인신문제도도 함께 개선되었다. 구 형사소송법 하에서의 공판절차는 피고인신문을 먼저 행한 후 증거조사를 진행하였다. 그런데 2008부터 실시하게 된 국민참여재판 하에서 이러한 공판진행순서는 배심원에게 예단을 준다는 지적이 제기되었다. 그리하여 공판진행순서는 기존에 피고인 신문을 먼저 하던 데로부터 증거조사를 진행한 후 피고인신문을 하는 것으로 바뀌었다.[27]

이하 증거개시제도 도입경위에 대해 간단하게 살펴보고 한국 현행 소송법상 증거개시제도의 기본내용과 한계에 대해서 기술하도록 한다.

1. 증거개시제도의 도입

대법원 산하 사법개혁위원회(이하 '사개위'라고 함)는 "피의자·피고인의 인권을 보장하고, 국제적 기준에 부합하는 형사절차를 구현하기 위하여 공판중심주의를 확립하여야 하고 이를 위한 구체적인 방안의 하나로 수사기록에 대한 실질적인 접근권을 보장하는 것을 내용으로 하는 증거개시제도의 도입이 필요하다."는 취지의 건의문을 채택하였고[28] 이러한 건의에 따라 대통령 산하 사법제도개혁추

---

25) 이승련, "개정 형사소송법상의 증거개시제도", 법조 2008·2(Vol.617), 226면.
26) "증거개시제도의 시행상 문제와 개선방안", 형사재판의 쟁점과 과제, 사법발전재단, 2008년, 7면.
27) 신동운, 앞의 책, 892-894면 참조.

진위원회(이하 '사개추위'라고 함)에서는 증거개시제도의 도입을 위한 개정조문을 마련하여 대통령에게 건의하였다.

이러한 사개추위의 초안을 바탕으로 성안된 형사소송법 개정안[29]은 국회 법안 심사과정에서 일부 수정을 가하기는 했으나 대체적으로 개정안의 골격을 그대로 유지하여 국회에서 통과되었다.

2. 현행법상 증거개시제도에 관한 규정

가. 증거개시의 절차

(1) 피고인 또는 변호인의 신청에 의한 증거개시의 절차

현행 형사소송법 제266조의3, 제266조의4 및 제266조의11이 증거개시에 관해서 규정하고 있다. 이들 조문으로부터 알 수 있는 바, 증거개시의 의무를 이행해야 할 주체는 검사 측과 피고인 측이다.

공소가 제기되면 피고인 또는 변호인은 검사에게 증거개시를 요구할 수 있다. 즉 피고인 또는 변호인은 공소제기 된 사건에 관한 서류 또는 물건의 목록과 공소사실의 인정 또는 양형에 영향을 미칠 수 있는 서류 또는 물건의 열람·등사 또는 서면의 교부를 신청할 수 있다(법 제266조의3 제1항).

이에 대해 검사는 국가안보, 증인보호의 필요성, 증거인멸의 염려, 관련 사건의 수사에 장애를 가져올 것으로 예상되는 구체적인 사유 등 열람·등사 또는 서면의 교부를 허용하지 아니할 상당한 이유가 있다고 인정하는 때에는 열람·등사 또는 서면의 교부를 거부하

---

28) 사법개혁위원회, 국민과 함께하는 사법개혁(사법개혁위원회 백서), 2005, 270면.

29) 사개추위의 안은 법무부 형사법개정특별위원회에서 다시금 논의가 있었으나, 거의 대부분이 사개추위의 안을 그대로 수용되었고, 이를 법무부안으로 성안되어 국회에 제출되었다.

거나 그 범위를 제한할 수 있다(동조 제2항).[30] 그러나 서류 또는 물건의 목록에 대하여는 열람 또는 등사를 거부할 수 없다(동조 제5항).

그리고 피고인에게 변호인이 있는 경우에는 피고인은 열람만을 신청할 수 있다(동조 제1항).

이상의 규정으로부터 알 수 있는바 검사는 위와 같은 몇 가지 경우가 존재하지 않는 이상 반드시 피고인 또는 변호인에게 증거를 개시하여야 한다. 그리고 서류 또는 물건의 목록에 대해서는 공소제기된 사건에 관해 제한적 요소가 없이 모두 열람·등사 또는 서면의 교부를 할 수 있는 반면 서류 또는 물건 자체에 관해서는 목록과 공소사실의 인정 또는 양형에 영향을 미칠 수 있는 서류 또는 물건으로 열람·등사의 범위를 한정한다. 또한 피고인도 증거를 열람·등사할 수 있는데 다만 변호인을 선임한 피고인의 경우 열람만 할 수 있도록 규정하였다.

---

30) 이와 관련하여 2012. 5. 24. 2012도1284, 공 2012하, 1189를 참조. 법원이 송부 요구한 서류에 대하여 변호인 등이 열람·지정할 수 있도록 한 것은 피고인의 방어권과 변호인의 변론권 행사를 위한 것으로서 실질적인 당사자 대등을 확보하고 피고인의 신속·공정한 재판을 받을 권리를 실현하기 위한 것이므로, 서류의 열람·지정을 거절할 수 있는 '정당한 이유'는 엄격하게 제한하여 해석하여야 한다. 특히 서류가 관련 형사재판확정기록이나 불기소처분기록 등으로서 피고인 또는 변호인이 행한 법률상·사실상 주장과 관련된 것인 때에는, "국가안보, 증인보호의 필요성, 증거인멸의 염려, 관련 사건의 수사에 장애를 가져올 것으로 예상되는 구체적인 사유"에 준하는 사유가 있어야만 그에 대한 열람·지정을 거절할 수 있는 정당한 이유가 인정될 수 있다(형사소송법 제266조의3 제1항 제4호, 제2항 참조). 검찰청이 보관하고 있는 불기소처분기록에 포함된 불기소결정서는 형사 피의자에 대한 수사의 종결을 위한 검사의 처분 결과와 이유를 기재한 서류로서, 작성 목적이나 성격 등에 비추어 이는 수사기관 내부의 의사결정 과정 또는 검토과정에 있는 사항에 관한 문서도 아니고, 그 공개로써 수사에 관한 직무의 수행을 현저하게 곤란하게 하는 것도 아니므로, 달리 특별한 사정이 없는 한 변호인의 열람·지정에 의한 공개의 대상이 된다.

만약 피고인 또는 변호인이 검사에게 거부당했을 경우 어떤 구제
방법이 있는가? 이에 대해 피고인 또는 변호인은 검사가 서류 또는
물건의 열람·등사 또는 서면의 교부를 거부하거나 그 범위를 제한한
때에는 법원에 그 서류 또는 물건의 열람·등사 또는 서면의 교부를
허용하도록 할 것을 신청할 수 있다(법 제266조의4 제1항). 법원은 제
1항의 신청이 있는 때에는 열람·등사 또는 서면의 교부를 허용하는
경우에 생길 폐해의 유형·정도, 피고인의 방어 또는 재판의 신속한
진행을 위한 필요성 및 해당 서류 또는 물건의 중요성 등을 고려하
여 검사에게 열람·등사 또는 서면의 교부를 허용할 것을 명할 수 있
다(동조 제2항). 다시 말해서 법원은 검사가 피고인 또는 변호인의
증거개시 신청을 거부할 경우 여러 가지 사정을 고려하여 검사 측에
증거개시를 허용하도록 명할 수 있다.

검사는 위 제2항의 열람·등사 또는 서면의 교부에 관한 법원의
결정을 지체 없이 이행하지 아니하는 때에는 해당 증인 및 서류 또
는 물건에 대한 증거신청을 할 수 없다(동조 제5항). 다시 말해서 검
사가 법원의 결정에 따른 증거개시 의무를 이행하지 않은 경우 해당
증거를 공판기일에 증거로 제출할 수 없게 된다.

(2) 검사의 신청에 의한 증거개시의 절차

마찬가지로 검사도 피고인 또는 변호인에게 증거개시를 신청할
수 있다. 그러나 검사의 증거개시의 신청은 피고인 또는 변호인에
비해 제한적이다. 즉 피고인 또는 변호인이 현장부재·심신상실 또는
심신미약 등 법률상·사실상의 주장을 한 때에 있어서만 서류 또는
물건의 열람·등사 또는 서면의 교부를 요구할 수 있다(동법 제266조
의11 제1항).

이에 대해 피고인 또는 변호인은 검사가 제266조의3 제1항에 따른
서류 또는 물건의 열람·등사 또는 서면의 교부를 거부한 때에는 제1

항에 따른 서류 또는 물건의 열람·등사 또는 서면의 교부를 거부할 수 있다(동조 제2항). 다시 말해서 사전에 검사가 피고인 또는 변호인의 증거개시 신청을 거부한 경우에 있어서는 피고인 측도 검사의 증거개시 신청을 거부할 수 있다는 것이다. 그러나 공소사실의 입증책임은 검사에게 있고 피고인 측의 증거는 결국 공소사실에 대한 탄핵증거임을 감안하면 피고인 측의 열람·등사 거부 자체는 검사의 의무불이행에 대하여 그리 효과적인 수단이라고는 하기 어렵다.[31]

한편 검사가 일부라도 열람·등사를 거부한 경우 피고인이 전면적으로 자신의 증거 열람·등사를 거부할 수 있는지 문제되나 검사가 열람·등사를 거부한 증거가 피고인의 방어에 어느 정도 필요한 것인가 등의 사정을 검토하여 판단해야 한다. 즉 검사가 열람·등사를 거부한 증거가 일부라고 하더라도 그것이 피고인의 방어권 행사에 결정적으로 중요한 것이라면 피고인은 이를 이유로 자신의 증거개시를 전면적으로 거부할 수도 있다.[32]

나. 증거개시의 대상 및 범위

형사소송법은 검사가 신청할 예정인 증거 이외에 피고인에게 유리한 증거까지를 포함한 전면적 증거개시를 원칙으로 규정하고 있다.[33] 다만 몇 가지 경우에 한해서는 증거개시를 거부하거나 그 범위를 제한할 수 있다.

(1) 증거목록

증거목록은 공소제기 후 검사가 증거신청 단계에서 법원에 제출할 증거목록을 의미하는 것이 아니라 수사자료 전부에 대한 기록목

---

31) 법원실무제요, 형사[I], 법원행정처, 2008, 640면.
32) 법원실무제요, 형사[I], 2008, 640면.
33) 형사소송법 개정법률 해설, 법원행정처, 2007년, 79면 참조.

록 내지 압수물 총목록을 의미한다.[34] 서류 또는 물건의 목록 작성에 관하여 검사·사법경찰관리와 그밖에 직무상 수사에 관계있는 자는 수사과정에서 수사와 관련하여 작성하거나 취득한 서류 또는 물건에 대한 목록을 빠짐없이 작성하여야 한다(법 제198조 제3항). 이처럼 증거목록을 반드시 개시하도록 한 것은 증거개시제도의 실효성을 도모하기 위함이다.[35]

(2) 서류 또는 물건 및 서면

검사는 다음과 같은 증거를 개시해야 한다. ㉠ 검사가 증거로 신청할 서류 또는 물건. ㉡ 검사가 증인으로 신청할 사람의 성명·사건과의 관계 등을 기재한 서면 또는 그 사람이 공판기일 전에 행한 진술을 기재한 서류 또는 물건. ㉢ 제1호 또는 제2호의 서면 또는 서류 또는 물건의 증명력과 관련된 서류 또는 물건. ㉣ 피고인 또는 변호인이 행한 법률상·사실상 주장과 관련된 서류 또는 물건이다(관련 형사재판확정기록, 불기소처분기록 등을 포함한다)(법 제266조의3 제1항).

이는 공소사실의 인정 및 양형에 영향을 줄 수 있는 모든 자료를 의미하는 것으로서 검사가 보관하고 있는 자료인 이상 그것이 각호의 어느 하나에 정확히 해당되지 않는다는 이유로 열람·등사를 거부할 수는 없다. 피고인의 방어를 위하여 필요하고 피고인 등이 해당 서류를 열람·등사하지 못하거나 법원에 증거로 제출되지 아니하는 경우 유무죄와 양형에 영향을 미칠 가능성이 있는 서류 등은 모두 열람·등사의 대상이다.[36]

---

34) 최승록, "증거개시제도의 시행상 문제와 개선방안", 형사재판의 쟁점과 과제, (사법발전재단), (2008), 27면.
35) 신동운, 앞의 책, 846면.
36) 법원실무제요, 형사[I], 2008, 635-636면. 결국 다음과 같은 서류들이 열람·

검사의 증거개시 신청에 따라 피고인 또는 변호인은 다음과 같은 증거를 개시해야 한다. ㉠ 피고인 또는 변호인이 증거로 신청할 서류 또는 물건. ㉡ 피고인 또는 변호인이 증인으로 신청할 사람의 성명, 사건과의 관계 등을 기재한 서면. ㉢ ㉠의 서류 또는 물건 그리고 ㉡의 서면의 증명력과 관련된 서류 또는 물건. ㉣ 피고인 또는 변호인이 행한 법률상·사실상의 주장과 관련된 서류 또는 물건이다(법 제266조의11 제1항).

피고인의 법률상·사실상의 주장이 피고인의 공소사실 부인에 관한 모든 주장을 포함하는지가 문제되나, '현장부재·심신상실 또는 심신미약'에 준하는 정도의 주장에 한정된다고 볼 것이다.[37]

3. 증거개시제도의 한계

가. 검사가 법원의 증거개시결정에 대한 불이행 문제

검사는 위 제2항의 열람·등사 또는 서면의 교부에 관한 법원의 결정을 지체없이 이행하지 아니하는 때에는 해당 증인 및 서류 또는

등사의 대상이 된다. ㉠ 피의자신문조서(피고인 자신과 공범이나 공범 아닌 공동피고인의 피의자신문조서가 모두 포함됨). ㉡ 피해자 등 진술조서 및 고소인 작성 서류, 참고인 작성 서류. ㉢ 수사기관 내부문서(의견서, 보고문서, 수사지휘서, 법률검토자료 등) 수사보고서라 하더라도 범죄적발보고서, 압수경위서 등 공소사실의 입증에 관계된 것은 열람·등사의 대상이 된다. 다만 문서의 실질적인 내용이 피고인의 방어권 행사에 필요하지 않고 수사기관 내부에서만 사용될 목적으로 작성된 것이라면 열람·등사의 제한을 인정할 수도 있을 것이다. ㉣ 객관적인 자료(범죄경력조회, 전화통화내역, 금융기관거래내역 등), 범죄단속경위서, 실황조사서, 검증조서, 압수조서, 주취감정결과, 혈액감정결과, 거짓말탐지기 검사결과 등. ㉤ 관계된 법인의 회계장부 등 기업정보(다만 제3자에 대한 기업정보인 경우에는 영업상 비밀 보호의 이익과 비교형량을 해야 할 필요가 있을 수도 있다). ㉥ 녹음, 녹화테이프 등 특수매체. ㉦ 압수물. ㉧ 감정서·녹취서 등.

37) 법원실무제요, 형사[I], 2008, 639면.

물건에 대한 증거신청을 할 수 없다(동조 제5항). 그러나 검사는 이러한 불이익을 감행하면서까지 법원의 열람·등사 허용 결정을 따르지 않을 수 있다.[38] 왜냐하면 형사소송법에는 법원의 열람·등사 허용 결정을 반드시 이행하여야 하는 강제적인 규정이 마련되어 있지 않기 때문이다.

이에 대해 헌법재판소는 "피고인의 열람·등사권을 보장하기 위하여 검사로 하여금 법원의 열람·등사에 관한 결정을 신속히 이행하도록 강제하는 한편, 이를 이행하지 아니하는 경우에는 증거신청상의 불이익도 감수하여야 한다는 의미로 해석하여야 할 것이므로, 법원이 검사의 열람·등사 거부처분에 정당한 사유가 없다고 판단하고 그러한 거부처분이 피고인의 헌법상 기본권을 침해한다는 취지에서 수사서류의 열람·등사를 허용하도록 명한 이상, 법치국가와 권력분립의 원칙상 검사로서는 당연히 법원의 그러한 결정에 지체 없이 따라야 할 것이다. 그러므로 법원의 열람·등사 허용 결정에도 불구하고 검사가 이를 신속하게 이행하지 아니하는 경우에는 해당 증인 및 서류 또는 물건을 증거로 신청할 수 없는 불이익을 받는 것에 그치는 것이 아니라, 그러한 검사의 거부행위는 피고인의 열람·등사권을 침해하고, 나아가 피고인의 신속·공정한 재판을 받을 권리 및 변호인의 조력을 받을 권리까지 침해하게 되는 것이다."고 판시하였다.[39] 이와 같은 헌법재판소의 입장은 피고인의 방어권을 보장해주는데 긍정적인 역할을 했다고 생각된다.

검사는 피고인에게 유리한 증거를 개시하지 않는 것에 대해 '무기 각자개발의 원칙'을 내세운 견해가 있다.[40] 이에 따르면 "공소유지에 필요한 서류나 증거물 등 피고인에게 불리한 증거만을 수사기

---

38) 2010. 6. 24. 2009헌마257, [용산참사 헌법소원 사건].
39) 앞의 용산참사 헌법소원 사건.
40) 앞의 용산참사 헌법소원 사건.

록에 편철하거나 불리한 증거만을 피고인이나 변호인에게 열람·등사하게 하면 족하다."고 하였다.

그러나 이와 같은 생각은 당사자주의를 당사자투쟁주의로 이해한 것에 있다고 생각된다. 당사자주의는 피고인의 약자의 지위를 보장해주는 면에서 대등한 것이지 피고인이 가지고 있는 권리를 검사도 향유하겠다고 생각하면 매우 위험하다. 증거개시제도는 피고인의 방어권을 보장하고 집중심리하여 공정한 재판을 위한 것에 있다. 그런데 이처럼 피고인에게 유리한 증거를 숨기고 있다가 결정적인 순간에 기습적으로 제출하면 한편 피고인의 방어권은 보장될 수 없고 다른 한편으로는 소송이 점점 더 길어져 결국 증거개시제도의 취지를 실현하지 못하는 결과가 발생한다. 특히 국민참여재판을 진행하는 사건의 경우 이러한 현상이 더욱 두드러지게 나타난다. 그러므로 피고인에게 불리한 증거는 물론 유리한 증거까지 모두 개시해야하는 것이 타당하다고 생각된다.

검사의 증거제출과 관련하여 검사가 일부러 누락한 서류 또는 물건을 공판기일에 증거로 제출할 수 있는지가 문제된다. 한국은 2006년 증거분리제출제도를 도입하였는데 이 때문에 증거기록 분리시 새로 작성된 증거목록과 검사가 보관하고 있는 수사기록 목록은 서로 다른 의미이다. 검사는 공소유지를 위하여 피고인에게 불리한 증거와 피고인에게 유리한 증거를 수사기록에만 남기고 피고인에게 유리한 증거는 증거기록 목록에서 배제시켜 증거기록에 편철하지 않는 경우가 발생할 수 있다.

생각건대 기록편철에 누락된 서류나 증거물 등에 대해 검사가 뒤늦게 증거신청을 하는 것은 피고인의 방어권보장을 위하여 마련된 증거개시제도를 사실상 사문화 시키는 처사로서 법원의 열람개시결정을 이행하지 않는 것과 대등한 의미를 가진다.[41]

나. 공판기일에서의 증거개시 신청 허용에 대한 문제

한국의 증거개시에 관하여 항상 염두에 두어야 할 것은 한국은 국민참여재판이 도입되었다는 것이다. 국민참여재판이 성공적으로 정착하려면 집중심리를 해야 한다. 신형사소송법은 집중심리를 강화하기 위하여 공판준비절차를 전면적으로 개편하였고 이를 실효성 있게 진행시키기 위하여 증거개시제도를 도입하였다.[42] 그런데 한국 현행 형사소송법 제266조의11 제1항에 의하면 검사는 피고인 또는 변호인에게 공판기일 또는 공판준비절차에서 증거개시를 청구할 수 있도록 되어 있다.

위에서 증거개시의 도입경위에 대해서 언급하였는바 원래 사법제도개혁추진위원회가 성안하여 정부가 국회에 제출한 형사소송법 개정안에 따르면 증거개시제도는 공판준비를 지향하는 장치로 관념되었다.[43] 그 과정에서 증거개시제도가 국민참여재판의 성공적 실시를 위한 공판준비절차의 성격을 가지고 있다는 점은 제대로 인식되지 못하였다.[44] 그 대신에 피고인에게 증거개시가 인정되는 것에 균형을 맞추어 검사에게도 증거개시가 인정되어야 한다는 점이 주로 강조되었다.[45] 그리하여 법제사법위원회 검토과정에서 검사 또

---

41) 같은 생각. 신동운, 앞의 책, 856면.
42) 법무부, 개정 형사소송법, 2007, 165면 이하 참조.
43) 정부안 제266조의3 제6항 "피고인 또는 변호인은 검사가 열람할 기회를 부여한 서류 또는 물건을 증거로 사용하는 것에 동의하는지 여부를 검사에게 알려야 한다." 개정안 제266조의11 "피고인 측이 공판준비절차에서 현장부재, 심신상실 또는 심신미약 등 법률상, 사실상의 주장을 한 때에 한하여 피고인 측에게 증거개시 의무를 부과한 점(동조 1항); 증거동의 여부에 관한 규정을 검사에게 준용하도록 한 점(동조 4항)"등에서 찾아볼 수 있다.
44) 신동운, "한국과 일본의 증거개시제도 비교연구", 279면.
45) 2006년 12월 12일자 제263회 국회(임시회) 법제사법위원회의의록(법안심사 제1소위원회)(임시회의록), 제1호, 46면. 이것은 신동운, "한국과 일본의 증거개시제도 비교연구", 280면에서 재인용한 것이다.

는 피고인이 개시한 증거에 대해 상대방이 증거동의 여부를 밝히도
록 한 규정이 삭제되었고, 피고인의 증거개시 의무와 관련해서는 검
사의 증거개시가 공판준비절차에 한정되고 있지 않다는 점을 근거
로 공판기일에서도 검사가 피고인에게 증거개시를 요구할 수 있는
것으로 수정되었다.[46]

그러나 공판기일에서도 증거개시 청구권을 인정하여 만약 검사
가 공판기일에 증거개시를 요구하게 되면 공판이 지연되고 시민이
참여하는 국민재판일 경우 배심원들은 빠른 시일 내에 생업에 복귀
할 수 없게 되고 결국 집중심리를 통한 국민참여재판의 성공적 장착
이라는 측면에서는 공판기일에서의 증거개시신청은 증거개시의 입
법취지에 반하게 되므로 이를 입법론적으로 볼 때 증거개시제도는
공판준비절차의 일환으로 재구성되는 것이 바람직하다고 본다.[47]
나아가 공판기일에서의 증거개시 청구권인정은 공판중심주의를 법
정심리절차의 원칙으로 천명한 현행 형사소송법의 규정에도 반한다
고 할 것이다.[48]

V. 공판준비절차에 있어서의 쟁점정리

1. 의의

한국 현행 형사소송법은 법원은 공판준비절차에서 공소사실과
관련하여 주장할 내용을 명확히 하여 사건의 쟁점을 정리하는 행위
를 할 수 있다고 규정하였다.(제266조의9 제3호). 쟁점의 정리는 다툼

---

46) 신동운, "한국과 일본의 증거개시제도 비교연구", 280면.
47) 같은 견해로는 신동운, "한국과 일본의 증거개시제도 비교연구", 280면.
48) 같은 취지로는 신동운, 앞의 책, 844면.

이 있는 부분과 다툼이 없는 부분을 명확히 구분하는 과정이라고 할 수 있다.[49] 공소사실과 관련하여 주장할 내용을 명확히 하여 사건의 쟁점을 정리하는 것이다. 검사와 피고인 측 모두에게 공판기일에 있어 예정된 사실상의 주장·법률상의 주장을 명백히 하고 상대방이 실질적으로 어떠한 부분을 어떻게 다투는 가를 명백히 하는 것이다.[50]

쟁점은 사실관계에 관하여 생길 수 있고 적용법률에 관하여 생길 수도 있다. 또한 유무죄를 결정하는 공소사실의 존부나 위법성·책임 조각사유도 쟁점이 될 수 있고, 중요한 양형사실의 존부나 양형요소의 평가도 쟁점이 될 수 있기 때문에, 양형인자도 쟁점으로 인정하여 정리할 필요가 있으나, 통상은 공소사실의 존부에 관한 사항이 핵심적인 쟁점이다.[51]

2. 쟁점정리의 과정

가. 검사의 증거신청

한국의 경우 2007년 형사소송규칙에서는 쟁점정리의 구체적인 과정에 대해 조문을 신설하여 규정하였다. 먼저 사건이 공판준비절차에 부쳐진 때에는 검사는 증명하려는 사실을 밝히고 이를 증명하려는 데 사용할 증거를 신청하여야 한다(형사소송규칙 제123조의7 제1항). 한국의 형사법제에서는 다툼이 없는 사실에 관하여도 증명의 대상이 되므로 검사로 하여금 공소사실의 전부에 대하여 이를 증명하는 증거를 제시하여야 하고 피고인이 집중적으로 부인할 것이 예상되는 부분에 관하여는 보다 세밀한 증거를 제시하고 그 입증취지를 상세하게 밝히는 방법으로 제1단계 쟁점정리를 진행할 수 있다.[52]

---

49) 앞의 법관연수자료집 형사실무, 35면.
50) 2007 증거개시 및 공판준비절차(실무 매뉴얼 4), 대검찰청, 144면.
51) 앞의 법관연수자료집 형사실무, 35면.

나. 피고인 측의 증거신청

다음으로 피고인 또는 변호인은 검사의 증명사실과 증거신청에 대한 의견을 밝히고, 공소사실에 관한 사실상·법률상 주장과 그에 대한 증거를 신청하여야 한다(동조 제2항). 피고인 측이 심신상실이나 알리바이 등과 같이 적극적인 범죄성립을 방해하거나 범죄행위를 부인하는 법률상, 사실상의 주장을 하는 경우에는 이에 관하여 상세한 변소의 내용을 확인할 필요가 있다. 반면 피고인 측이 공소사실을 단순히 부인한다는 취지를 밝히는 경우 피고인이 그러한 행위와 전혀 관련이 없다는 취지인지, 공소사실과 관련되어 있으나 공소사실과 같은 행위를 한 적이 없다는 취지인지, 공소사실에 해당하는 행위를 한 적은 있으나 이는 구성요건 행위로 평가할 수 없다는 취지인지 등에 관하여 구분하여 석명할 수 있다.[53]

그러나 구체적으로 공소사실에 기재된 일시와 장소에서 생긴 세부적인 내용에 관하여서 피고인에게 질문을 하는 방법은 부적절하다. 그것은 공판준비절차에서 실체에 관한 심증이 형성될 수 있을 뿐만 아니라 피고인의 진술을 중심으로 하는 종래의 형사재판실무의 폐해가 재현될 수 있기 때문이다.[54]

이와 같이 공판준비절차에서 검사와 피고인 모두 공판기일에 있어 예정된 사실상의 주장 및 법률상의 주장을 하게 된다. 사실상의 주장과 관련하여 간접사실이나 보조사실에 관해서도 쟁점정리를 행할 필요가 있는데, 공판에서 증거조사할 증거를 결정하고, 명확한 심리계획을 미리 책정하기 위해서는 공판준비절차에 있어서 피고인 측에게 당해사실의 주장을 명백히 하게 하여, 검사가 그 존재를 다투는가 여부, 다투기 위해 증거신청을 할 것인가 여부를 확정할 필

---

52) 앞의 법관연수자료집 형사실무, 35면.
53) 앞의 법관연수자료집 형사실무, 35면.
54) 같은 견해. 앞의 법관연수자료집 형사실무, 35-36면.

요가 있다.[55]

다. 재판장의 쟁점정리

피고인 측의 답변내용이 어느 정도 구체화되면 검사는 이에 대한 반박과 아울러 추가적인 증거를 제출하거나 이미 신청한 증거의 입증취지를 상세하게 진술함으로써 피고인 측의 진술에 응대할 수 있다. 법원은 필요한 경우 위와 같은 방식을 반복하여 쟁점을 정리한다.[56]

검사·피고인 또는 변호인은 필요한 경우 상대방의 주장 및 증거신청에 대하여 필요한 의견을 밝히고, 그에 관한 증거를 신청할 수 있다(동조 제3항). 재판장은 일단 정리된 쟁점을 검사와 피고인, 변호인에게 다시 한 번 확인하고 소송관계인이 부각된 쟁점의 적절성 여부에 관하여 의견을 진술할 기회를 부여하고 쟁점을 명확히 인식하도록 하고 필요한 증거가 신청되도록 유도한다.[57]

---

55) 앞의 대검찰청 실무 매뉴얼, 144면.
56) 앞의 법관연수자료집 형사실무, 36면.
57) 앞의 법관연수자료집 형사실무, 36면.

제3절 중국 공판준비절차에서의 증거의 취득

I. 중국 소송구조의 연혁

년도	소송구조 및 공소제기 된 사건에 대한 심사
1979	전건이송주의 + 실체적인 심사
1996	사본주의 + 형식적인 심사
2012	전건이송주의 + 형식적인 심사

1. 1979년 형사소송법의 전건이송주의

가. 내용

1979년 중국은 처음으로 형사소송법을 제정하였다.[58] 1979년 형사소송법 제정 당시 문화대혁명으로 인하여 법률인재가 극히 부족하여 형사소송법에 대한 깊은 연구가 없었고 입법경험이 부족하여 선진적이고 우수한 형사소송법을 만들어 낸다는 것은 거의 불가능하였다. 심지어 제대로 된 형사소송법 교재조차 없는 상황이었다. 그리하여 입법자들은 형사법 조문에는 원칙적인 제도나 기본적인 틀만 규정하고 세부적인 면에 들어가서는 될수록 문제를 회피하는 입법태도를 취하였다.[59]

---

58) 이번 입법 작업은 기나긴 10년의 문화대혁명이 1976년 종지부를 찍은 뒤인 1978년 하순부터 중앙의 정법소조에 팀을 조직하여 1954년부터 착수하여 오던 형사소송법초안을 다시 검토하기로 하면서 시작되었다. 그리하여 1963년에 형성된 「중화인민공화국형사소송법초안」을 바탕으로 반복적인 수정작업을 거쳐 1979년 7월 제5기 전국인민대표대회 제2차 회의에서 통과되어 1980년 1월1일부터 시행되었다.

1979년 형사소송법에서 세 개 조문이 공판의 준비를 위한 절차와 관련된 내용이다. 즉 인민법원은 공소제기 된 사건에 대해 심사를 한 뒤 범죄사실이 명백하고 증거가 충분한 경우 개정하여 심판할 것을 결정하여야 한다. 주요사실이 분명하지 않고 증거가 부족한 경우에는 인민검찰원에 보충수사를 하도록 돌려보낼 수 있고 형벌을 가할 필요성이 없는 경우에는 인민검찰원에 기소를 철회하도록 요구할 수 있다(1979년 형사소송법 제108조). 인민법원은 필요한 경우 검증(勘驗), 검사(檢查), 수사(搜查), 압수(扣押)와 감정(鑑定)을 진행할 수 있다(동법 제109조). 그밖에 동법 제110조에서는 인민법원이 개정하여 심판할 것을 결정한 후 개정을 위한 송달 등 형식적인 준비사항에 대해 규정하였다.

나. 문제점

이 시기 법전은 구소련의 형사소송법을 본받아 '초직권주의'의 소송모델을 확립하였는데 실체적 진실의 발견을 절대적인 목표로 정하였다.[60] 위의 세 개의 조문으로부터 보아도 그러하다는 것을 금방 보아낼 수 있다. 당시 검찰에서 공소제기된 사건에 대해 법원은 실질적 심사를 거쳐 개정할지 여부에 대해 판단하였고 필요하다고 여기는 경우 법원은 공판기일 전에 적극적으로 증거조사를 진행하였다. 이로써 법관은 증거자료를 미리 다 들여다보고 공판기일에 임하여 공판의 전반과정을 주도하였다. 이러한 소송구조 아래, 공판절차에 있어서 법원이 제반사항을 통제하고 지휘하였다. 그리하여 법관에 예단이 존재할 가능성이 매우 컸는데[61] 법관은 공판기일을 열기

---

59) 박종근 외, "중국 형사소송법의 발전과 향후의 과제", 전북대학교 법학연구소 법학연구 통권 제37집, 2012년 12월, 111면.

60) 박종근 외, "중국 형사소송법의 발전과 향후의 과제", 110면.

61) 陳衛東·杜磊, "庭前會議制度的規范构建与制度适用－兼評刑事訴訟法第182條第2款之規定", 「浙江社會科學」, 2012년 제11기, 32면.

도 전에 해당사건에 선입견이 생기게 되기 때문에 유죄추정을 초래하기 쉬웠다.

또한 당시 수사과정에 변호인은 개입할 수 없었고 피고인은 수사절차가 끝난 뒤에야 변호인을 선임할 수 있다 보니 인권침해가 가장 많이 발생하는 수사과정에서는 변호인의 그 어떠한 조력도 받을 수 없었다. 비록 전건이송주의의 방식을 취하여 변호인이 법원으로부터 사건에 관한 자료를 열람할 수 있어 변호인의 증거열람에 있어서는 별다른 제한이 없었으나 그럼에도 불구하고 피고인의 소송지위는 너무나도 박약하였고 방어권을 갖는다는 것은 현실적으로 너무 어려운 상황이었다.

그렇다면 당시 입법자들은 무엇 때문에 공판기일 전에 법원에게 실체적인 심사를 허용하는 제108조와 같은 규정을 두었는가? 이와 같은 규정을 하게 된 이유는 다음과 같은 몇 가지 사항으로 분석해 볼 수 있다.[62]

첫째, 공판기일에 공판정에서 예상 밖의 일이 벌어질 것을 방지하기 위함인데 이것은 사전에 사건에 대한 철저한 심사가 필요하다. 이로써 법관은 기록을 열람하여 사실관계와 증거를 충분히 요해한 후 재판에 임하므로 법관의 주도적 지위를 확보할 수 있다.

둘째, 공판정에서 공소인의 패소를 막기 위함이다. 법관은 공소제기된 사건에 대해 실체적 심사를 함으로써 사실관계가 정확히 드러나지 않거나 증거가 부족하다고 여기는 사건에 대해서는 검찰원에 보충수사를 요구하거나 사건을 철회하도록 하였다. 이렇게 함으로써 공소인의 패소율을 낮추어 같은 국가사법기관으로서의 형상을 유지시키려고 하였다.

셋째, 불필요한 재판을 막음으로써 소송자원을 절감할 수 있다.

---

62) 周欣, "論刑事庭前審査程序功能定位－兼評刑事訴訟法修正案(草案)第171, 180條", 「中國人民公安大學學報(社會科學版)」, 2011년 제6기, 10면 참조.

즉 기소요건에 부합되지 않는 사건과 재판을 진행할 필요성이 없는 사건을 미리 여과하여 소송자원이 낭비되는 것을 막을 수 있었다.

중국에서는 법을 제정함에 있어서 법은 정치와 갈라서 볼 수 없다. 사회주의제도의 길을 택한 중국에 있어서는 사회주의 정치적인 이념으로부터 법의 본질을 이해하기 때문에 법은 통치자가 국가를 다스리는 하나의 수단으로 보고 있다.[63] 이러한 이념은 1979년 제정 형사소송법에도 반영된다. 제정 형사소송법 제1조는 본 법의 목적에 대해 규정하였는데 '적을 타격하여 인민을 보호(打擊敵人, 保護人民)'의 실제수요에 의해 법을 제정하였다고 되어있다. 즉 범죄를 타격하는 소송목적에서 출발하여 일련의 절차들이 만들어졌고 최종목표는 결국 국가의 형벌권을 순조롭게 실현시키는 것이다. 실체적 진실의 발견이 제1목표이기 때문에 형사소송에서의 적법절차는 주목받지 못하고 피의자나 피고인의 권리에 대한 보호 역시 홀시되어 주목받지 못하였다.

특히 법관이 모든 기록을 읽은 뒤 재판에 임하다보니 피고인이 공판정에서 재판을 받기도 전에 그에 대한 예단이 존재하는 경우가 허다하였다. 그렇기 때문에 당시 법관이 개정하여 심판하는 것은 해당 사건의 사실관계를 명확히 하는 것이 아니라, 당사자와 방청객에게 보여주는 식의 재판이었다는 비판이 있었다.[64]

2. 1996년 형사소송법의 사본주의

가. 내용

90년대 개혁개방의 실시와 더불어 1992년부터 사회주의 시장경제

---

63) 박종근 외, "중국 형사소송법의 발전과 향후의 과제", 109면.
64) 陳光中·嚴端, "中華人民共和國刑事訴訟法修改建議稿与論証", 「中國方正出版社」, 1995년, 290면.

체제가 도입되면서 사회 각 영역에 커다란 변화와 발전이 이루어지기 시작하였다. 위에서 살펴본 바와 같이 제정 형사소송법은 기본적인 틀만 규정하고 세부적인 면에 있어서는 될수록 문제를 피하는 방식으로 만들어졌기 때문에 변화하고 있는 형세에 따라가지 못하는 상황이었다. 이와 같은 새로운 국면에서 출발하여 입법자들은 시급하게 개정작업에 뛰어들었다.[65] 이번 개정작업을 진행하면서 입법자들은 형사소송법을 적용함에 있어서 법률의 연속성과 안정성을 유지하되, 모호한 규정은 명확하고 확실하게 하여 비교적 안정된 법전을 만들어 내고자 시도하였다.[66]

당시 개정작업에서 공소사건의 이송방식에 대해서도 전반 틀을 다시 짰다. 그 원인은 위에서 언급한 바와 같이 피고인의 유무죄를 공판기일 이전에 먼저 판단하고 나중에 심리(先定後審)하는 현상이 더욱 더 심각해졌기 때문이다. 이에 따라 형사소송법의 개정은 반드시 기존의 공판기일 전에 이루어지는 실질적인 심사를 폐지하여 법관이 공판기일 전에 기록을 읽는 방식을 타파해야 하는 쪽으로 논의가 전개되었는바, 이 견해는 학계의 주류였다.[67] 또한 개정작업 논의 과정에서 일본의 공소장일본주의의 도입에 대해서도 언급하였다. 일본의 공소장일본주의를 도입하게 되면 검찰기관이 보유하고 있는 수사기록이 법원에 이송되지 않고도 공판기일에서의 증거조사를 통해 증거들을 확보할 수 있으므로, 이로써 한편으로는 기존에 있어서의 공판기일 전 죄를 먼저 판단하고 나중에 심리하는 현상을 근절할 수 있고 다른 한편으로는 법정에서의 심리가 형해화 되고 있는 문제

---

65) 1993년 전국인민대표대회 법제위원회에서는 본격적으로 개정작업을 추진하여 1996년 3월, 제8기 전국인민대표대회 제4차 회의에서 통과되어 이듬해인 1997년 1월부터 시행되었다.

66) 박종근 외, "중국 형사소송법의 발전과 향후의 과제", 111-112면.

67) 陳瑞華, "案卷移送制度的演變与反思", 「政法論壇」, 2012년 9월, 제30권 제5기, 17면.

도 해결될 수 있을 것이라고 기대하였다.[68] 이와 같이 학계에서의 공판기일 전 사건기록에 대한 실질적인 심사의 폐지와 공소장일본주의의 도입에 대한 논의는 비록 전건이송주의의 폐지를 직접적으로 언급한 것은 아니나 결국에는 전건이송주의의 소송구조를 철저히 폐지하고자 하는 의지를 엿볼 수 있다.

그러나 전건이송주의를 철저히 배제하고자 한 견해는 대다수 학자들의 지지를 얻지 못하였다. 더 나아가 입법자들의 견제를 받았다.[69] 그들은 한편으로는 공소장일본주의가 법관의 예단을 방지할 수 있고 공판기일의 형해화를 막을 수 있다는 부분을 인정하면서도 다른 한편으로는 전건이송주의를 철저히 배제하게 되면 공판기일 전의 공소사건에 대한 심사제도가 소멸될 수 있다는 점을 우려하였다. 중국은 공안기관, 검찰원, 법원의 관계에 있어서 '업무를 배분하고 각자에 대해 책임져야 하며 서로 견제'하는 구조를 이루고 있다. 그렇기 때문에 입법자들은 법원이 공판기일 전 검찰원에서 제기한 공소사건이 개정하여 심판할 필요성이 있는지 여부에 대해서 미리 심사를 하는 것은 매우 필요하다고 판단하였다. 다만 법관이 사건의 실체적 부분에 대해 더 이상 심사를 하지 말아야 한다는 것이 대두되면서 기존의 실질적인 심사를 형식적인 심사로 바꾸는 것으로 논의가 진행되었다.[70]

그리하여 기존처럼 모든 기록을 법원에 이송하지 않고 그 범위를 제한하여 이송하기로 하였다. 이에 따라 공판 전 공소사건에 대한 심사제도가 변화를 가져오게 되었는바, 기존의 실질적인 심사가 형식적인 심사로 개정되었다.[71]

---

68) 李心鑒, "刑事訴訟构造倫", 「中國政法大學出版社」, 1992년, 238면.
69) 陳瑞華, "案卷移送制度的演變与反思", 17면.
70) 陳光中·嚴端, 앞의 책, 290면.
71) 陳瑞華, "案卷移送制度的演變与反思", 17면.

결과적으로 1979년 형사소송법 제108조를 유죄추정의 조문이라고 여겨 이를 삭제하는 동시에 기존의 전건이송주의는 폐지되었다. 그러나 완전한 공소장일본주의는 도입되지 못하였다. 그 대신에 이 두 제도의 절충방안인 사본주의가 도입되었다. 사본주의는 인민검찰원이 공소제기 시 주요증거의 사본을 법원에 이송한다고 하여 사본주의라고 불리게 되었다. 즉 중국 1996년 형사소송법 제150조에 따르면 "인민법원은 공소사건에 대해 심사를 한 후 공소장에서 명확하게 범죄사실을 밝히고 증거목록, 증인명단과 주요증거의 사본 또는 사진이 첨부되어 있는 경우 개정하여 심판할 것을 결정지어야 한다." 이것이 바로 사본주의를 규정한 조문이다. 이것은 사본주의는 기존의 전건이송주의로 인하여 생기는 법관의 예단을 배제하기 위하여 신설한 조문으로써 온전한 공소장일본주의도 아닌 그 사이에 것을 택한 일종의 절충물이라고 볼 수 있다.[72]

그리고 법원이 공소제기된 사건에 대해 검찰원에 보충수사를 요구하거나 사건을 철회하도록 하는 종래의 규정을 폐지하고 기존의 공판 전에 행하여지는 검증(勘驗), 검사(檢查), 수사(搜查), 압수(扣押)와 감정(鑑定) 등 법원의 공판 전 증거조사에 관한 조문을 삭제하는 것으로 법관의 적극적인 증거조사로부터 공소인과 피고인이 주도하고 법관이 소극적인 조사를 하게끔 하였다.

여기에서 주의할 점은 사본주의라고 하여 또는 공소제기 시 주요증거의 사본이 이송되었다고 하여 법관이 공판기일에 사본으로 재판을 진행하는 것은 아니다. 공소제기 시 공소장과 함께 주요증거의

---

72) 일본식의 공소장일본주의 도입과 관련하여 입법자들은 공소장일본주의를 택하면 이와 걸맞는 증거개시제도를 함께 도입해야 하는데 공판정에서의 심리의 효율이 낮아질 것을 우려하여 생각하여 취하지 않았다고 한다. 王志萌, "証据開示制度与閱卷權制度研究", 「南陽師范學院學報(社會科學版)」, 2012년 11월, 제11권 제11기, 16면.

사본 또는 사진, 증인명단, 증거목록이 제출되고 기타의 증거기록은 공판기일에 공판정에서 제출되었다.[73]

나. 문제점

(1) 법관의 주도적 역할에 대한 제한

사본주의가 실시된 이래 법관은 공판기일에서의 심리만으로는 사건의 쟁점을 제대로 파악하지 못하였다. 이번 소송구조의 변화는 법관의 공판기일 전 사건기록을 미리 읽을 수 없었으므로 보편적으로 대부분의 법관들의 정서에 어긋나게 되었다. 왜냐하면 법관이 사건의 쟁점을 파악하지 못하여 공판정에서의 주도적 역할을 발휘할 수 없었기 때문이다.

그 결과 1998년 최고인민법원, 최고인민검찰원, 공안부, 국가안전부, 사법부, 전국인민대표대회 상무위원회 법제작업위원회 등 6개 부문에서 「1996년 형사소송법의 실시에 있어서 약간의 문제에 대한 규정」을 내놓았다(이하 '6부문연합규정'이라고 함). 여기에서 공판후 사건기록이송제도(庭后移送案卷制度)[74]가 확립되었다(6부문연합규정 제42조). 이것은 사본주의 하에서 법관이 공판정에서 사건의 쟁점을 파악하지 못하여 사실관계를 확정하는 데에 어려움이 따른다는 이유로 공판기일이 끝난 후 인민검찰원에서 모든 사건기록을 법원에 이송하는 제도이다.[75]

(2) 변호인의 증거열람에 대한 제한

1996년 형사소송법에서 알 수 있는바 사본주의 소송구조 하에서는 기존처럼 사건에 관한 모든 서류와 증거물을 이송하는 것이 아니

---

73) 陳瑞華, "案卷移送制度的演變与反思", 18면 참조.
74) 이 제도는 2012년 전건이송주의를 회복함에 따라 사실상 폐지되었다.
75) 陳瑞華, "案卷移送制度的演變与反思", 18-20면 참조.

라 주요증거를 복사하거나 또는 사진, 증거목록과 증인이름만 제출
하도록 하였다. 그러나 주요증거가 어떤 것인지에 대해서는 명확한
규정이 없다보니 검찰원은 될수록 주요증거의 범위를 좁게 제한하
려고 하였다.[76] 그런데다가 당시 입법자들는 사본주의에 알맞는 증
거개시제도를 정비하지 않았기 때문에 변호인이 공판기일 전 증거
에 대해 충분한 열람을 하지 못하였으므로 증거자료를 볼 수 없어
피고인의 방어권이 큰 좌절을 맞게 되었다.[77] 결과적으로 변호인이
공판기일 전 열람할 수 있는 자료는 사실상 검찰에서 제출한 주요증
거의 사본과 사진 및 증거목록 그리고 증인이름 뿐이었다.

　1996년 개정 형사소송법 하에서는 검찰원이 주요증거를 결정하여
공소제기하기 때문에 ‘합법적’으로 증거를 숨길 수 있는 기회를 조성
해주었다. 반면 변호인에게는 증인으로부터 강제적으로 증거를 수
집할 권리가 없었다. 당시 형사소송법에 의하면 변호사는 증인의 동
의를 거쳐 그 증인으로부터 사건과 관련된 자료를 수집할 수 있고
법원 또는 검찰원에 증거를 수집 또는 調取신청할 수 있다(1996년 형
사소송법 제37조). 그런데 변호사가 증거신청을 하더라도 검찰원에
서는 피고인에게 유리한 증거를 수집하려는 변호사에게 협조를 해
주지 않았다. 생각건대 위 사건도 이와 같은 맥락에서 볼 때 변호인
의 증거수집이 어려울 수밖에 없는 것이다.

　(3) 법관과 공소인 및 변호인의 비밀리 접촉
　1996년 형사소송법은 공판기일에서의 심리가 중심으로 되어있는
것처럼 보여지나 사본주의에 맞물리는 제도가 없었기 때문에 공연
한 비밀규칙(潛規則)이 생겨났는데 그것은 바로 법관이 검사, 변호인,
피해자들을 공판기일 전에 접촉하여 의견을 교환하고 그들의 주장

---

76) 龍宗智, "刑事訴訟庭前審査程序研究", 「法學硏究」, 1999년 제3기, 61면 참조.
77) 陳衛東, "刑事訴訟法學關鍵問題", 「中國人民大學出版社」, 2013년 3월, 211면.

에 대해 확인하는 것이다. 이러한 상황은 형사재판의 엄숙성(嚴肅性)과 공정성을 떨어뜨렸다.[78]

(4) 소송효율의 저하

그밖에 법관의 예단을 배제하기 위하여 공소제기 된 사건에 대해 형식적인 심사를 하게 되었다. 그런데 공소제기 시부터 공판정에 이르기까지 과도적인 절차가 없어 모든 문제는 공판기일에 해결해야 했다. 이로써 공판이 지연되고 소송효율을 하락시키는 결과를 초래하였다.[79]

이번 사본주의 소송구조는 일본의 공소장일본주의를 본따서 설계한 것이다.[80] 한편 사본주의는 영미식 당사자주의 장점을 충분히 발휘하지 못하여 공판중심주의 실현을 저해하는 결과를 초래하게 되었다. 이와 같은 현상은 한국에서도 나타난 적이 있다. 법관의 예단배제를 위해 한국은 1982년 말 공소장일본주의를 도입하였다. 그런데 증거개시제도의 미비로 인하여 피고인은 공판기일 전 증거를 열람할 수 없어 피고인의 방어권이 보장되지 못하는 결과를 초래하였다.[81] 다른 한편으로는 대륙법계에 속하는 중국은 공판절차에서 법관의 주도적 지위를 제대로 발휘하지 못하여 고유의 직권주의 소송가치도 잃게 되었다. 무엇보다도 변호인이 증거를 열람함에 있어서 큰 제한을 받게 됨에 따라 사건에 대한 준비를 충분히 하지 못하

---

78) 陳衛東·杜磊, 앞의 논문, 32면.

79) 叶揚·胡連芳, "我國刑事訴訟庭前審查制度的變遷,缺陷与完善對策 - 与域外庭前審查程序比較之硏究", 「南昌大學學報(人文社會科學版)」, 제44권 제5기, 2013년 9월, 75면.

80) 叶揚·胡連芳, 앞의 논문, 75면.

81) 자세한 내용은 신동운, "공소장일본주의에 관한 일고찰"과 "공판절차에 있어서 피고인의 방어권 보장-수사기록 열람·등사권 확보를 중심으로-"를 참조.

게 되었다. 변호인은 피고인의 생명줄과도 같은데 변호인의 사건기록 열람에 대한 제한은 결국 피고인의 방어권에 직접적인 피해를 주었다.

3. 2012년 전건이송주의 회복에 따른 형사재판의 소송구조

가. 내용

2012년 3월, 제11기 전국인민대표대회 제5차 회의에서 형사소송법 초안이 통과되어 2013년 1월1일부터 시행하게 되었다.[82] 2012년 개정 형사소송법은 1979년의 전건이송주의를 회복하여 변호인이 공소제기 된 사건에 대한 모든 서류를 열람할 수 있는 법적인 근거를 마련하였다. 다시 말해서 변호인의 증거열람의 범위를 확대하여 피고인이 공판에서 충분한 방어를 할 수 있도록 기회를 만들어 준 것이다.

제172조에 의하면 "인민검찰원은 피의자의 범죄사실이 철저히 조사되고 증거가 확실하며 충분하여 법에 의해 형사책임을 추궁받아야 된다고 판단되는 때에는 공소를 제기하여야 한다. 심판관할의 규정에 따라 인민법원에 공소를 제기하고, 동시에 사건자료와 증거를 인민법원에 이송하여야 한다."고 규정하여 변호인이 열람·발췌·복사할 수 있는 범위를 사건과 관련된 모든 자료라는 점을 명확히 하였다.

나. 전건이송주의의 회복은 진보인가 퇴보인가?

이번 2012년 개정 형사소송법은 1979년 제정 형사소송법 당시 취하던 전건이송주의 소송구조를 취하였다. 그렇다면 무엇 때문에 이

---

82) 2009년 제11기 전국인민대표대회는 형사소송법의 개정안을 입법계획에 넣고 개정작업을 촉진하였다. 2010년 12월부터 이듬해 5월까지 법제위원회에서는 4번의 좌담회를 거쳐 학술계와 법조실무의 의견을 모아 개정작업을 완성하였다.

같은 결단을 하였는가? 전건이송주의의 회복은 진보인가 퇴보인가? 더 나아가 이 제도를 현재 상황에서 어떻게 이해해야 할 것인가 하는 문제도 생각해 볼 필요가 있다.

(1) 전건이송주의 소송구조를 회복한 이유

사실 2012년 형사소송법 개정 당시 전건이송주의를 다시 회복시킬 것이냐 아니면 공소장일본주의를 도입할 것이냐에 대해 많은 논의가 많았는데 결국 전건이송주의를 회복하기로 하였다. 그렇다면 입법기관은 무엇 때문에 최종적으로 이와 같은 결단을 하게 되었는가?

이에 대해 세 가지 원인으로 나뉘어 볼 수 있다. 우선 전건이송주의를 회복함으로써 법관이 공판기일 전 전면적으로 사건기록을 열람할 수 있으므로 공판기일을 열 준비를 충분히 할 수 있다는 데에 가장 큰 원인이 있다. 다음으로 변호사의 증거열람·발췌·복사의 범위를 확대하므로 피고인의 변호를 위해 충분한 방어의 기회를 가질 수 있다. 그 다음으로 공판후사건기록이송제도의 부정적인 효과를 막을 수 있었다.[83]

사실 공판후사건기록이송제도가 확립되면서 법관은 공판정에서 파악하지 못한 사건의 쟁점을 공판이 끝난 후 사건기록의 열람을 통해 알아내고 판결을 내리게 되었다. 그러나 이와 같은 증거의 열람은 어디까지나 공판기일이 끝난 후에 행하여지는 것이므로 공판기일에 법관은 여전히 사건의 쟁점을 파악하지 못하기 때문에 법관의 적극적인 역할을 발휘할 수 없게 되는 것이다.

사본주의 소송구조 하에서 법관은 공판기일에 사건의 쟁점을 파악하지 못했기 때문에 적극적인 증거조사를 할 수 없게 되었다. 또한 소극적인 재판자의 역할을 유지해야 하는 것에 대해 법관들은 불

---

83) 陳瑞華, "審判案卷移送制度的演變与反思", 21면.

만을 표했다. 법관들의 입장에서는 공판기일 이전에 읽지 못한 사건
기록을 어차피 공판기일이 끝난 후 모두 읽게 되는데 그렇다면 굳이
열람의 순서를 뒤에 둘 필요는 있는가 하는 문제를 제기했다. 그 결
과 형사소송법 개정작업에서 최고인민법원 법관들이 공판기일 전에
사건기록을 열람할 수 있는 전건이송주의를 회복할 데에 관한 구상
을 내놓았고 이러한 구상이 순조롭게 입법화되었던 것이다.[84]

(2) 전건이송주의의 회복은 진보인가 퇴보인가?

이에 대해 기존의 유죄추정의 길로 다시 돌아간 것이 아니냐 하
는 비판적인 시각으로 바라보는 사람들도 적지 않았다.[85] 그러나 이
와 같은 비판을 제기하는 것은 단지 제도의 겉 표면의 변화만 보고
본질의 변화는 살피지 못한 생각에서 비롯된 견해라고 사료된다.[86]
1979년 형사소송법은 공판기일 전 준비단계에서 법관이 사건에 대해
실체적인 심사와 판단을 하여 유무죄 여부에 대한 결정을 한 다음
공판을 열도록 하였다(1979년 형사소송법 제108조). 즉 제도 자체에
문제가 있는 것이 아니라 이 결정적인 조문 때문에 유죄추정의 길로
나아갈 수밖에 없었던 것이다. 반면에 2012년 현행 형사소송법은 전
건이송주의에 뒤따른 변호인 열람권의 확대, 공판전회의 도입 등 여
러 가지 제도와 장치들을 도입했을 뿐만 아니라 기존의 제108조를
삭제했기 때문에 전건이송주의를 회복하여도 유죄추정의 길로 나아
간 것이라고 볼 수 없다는 견해가 있다.[87]

---

84) 陳瑞華, "審判案卷移送制度的演變与反思", 22면.
85) 이와 관련하여 천뤠이화(陳瑞華)교수는 2012년 중국은 전건이송주의소송구
    조를 회복하였는바, 이것은 법관이 공판기일 전 기록을 읽을 수 있다는 점
    에서 피고인에 대한 예단이 발생된다고 지적하였다. 陳瑞華, "審判案卷移送
    制度的演變与反思", 21면 참조.
86) 顧永忠, "証据開示与閲覧制度的比較与選擇", 한중형사소송법학회 자료집, 2013
    년 8월, 179면.

살피건대 2012년 개정 형사소송법은 1979년 제정 형사소송법, 1996년 개정 형사소송법 때와 마찬가지로 변호인이 증거를 취득함에 있어서 여전히 증거열람제도를 선택하였다. 그리고 2012년 형사소송법도 전건이송주의에 따른 증거열람제도를 선택하였는바, 그 전에 많은 논의가 있었던 증거개시제도를 도입하지 않았다. 2012년 형사소송법은 기존의 문제되는 조문을 삭제하고 각종 제도와 인권보장 장치를 신설하였다. 전체적으로 보았을 때 심판중심주의 이념을 강화하고 피고인이 공정한 심리를 받게 하며 공소인 측과 피고인 측이 비교적 평등하게 대항할 수 있도록 법적인 근거를 제시하였다.

4. 소결

가. 예심제도의 존재여부

예심제도는 프랑스에서 유래되었는바, 수사절차와 공판절차가 철저히 분리되지 못하고 그 중간 형태로서, 공판전절차에서 법관이 사건을 심리할 수 있는 여지를 남겨두는 제도이다.[88] 1922년에 제정된 대정형사소송법은 예심제도를 명문으로 규정하였다. 예심은 피고사건을 공판에 회부할 것인가 아닌가를 결정하기 위하여 필요한 사항을 조사함을 그 목적으로 하였다(제295조 제1항). 즉 예심제도는 법관이 공판기일을 열 것인지 여부에 대하여 결정하는 제도인 것이라고 이해된다. 예심제도를 배제해야 하는 원인은 예심은 예단을 불러일으키기 때문이다.

이와 같은 예심의 개념을 기준으로 살피건대, 중국 1979년 형사소송법에 있어서 전건이송주의 소송구조는 일종의 예심제도의 형태라

---

87) 顧永忠, "証据開示与閱覽制度的比較与選擇", 179면.
88) 신동운, "일제하의 예심제도에 관하여-그 제도적 기능을 중심으로-", 서울대학교 법학, 제27권 제1호, 1986년, 150면.

고 볼 수 있다. 그 원인은 1979년 형사소송법 하에서는 인민검찰원이 공소제기 시 사건에 관한 모든 서류를 법원에 제출하도록 되어있었다. 그리고 법원은 이송된 사건기록을 모두 읽고 전면적인 실체적 심사를 거쳐 유죄여부를 결정한 뒤 재판을 진행하였기 때문이다.[89] 이러한 소송구조는 법관의 예단을 가져오게 된다. 그렇기 때문에 중국의 1979년 제정 형사소송법에서는 비록 '예심'이라고 하는 단어를 사용하지 않았지만 법원이 공판기일 전 사건기록을 낱낱이 읽어 범죄사실이 명백하고 증거가 충분한지 여부를 판단한 뒤 개정하여 심판하는 것을 결정하는 행위는 일종의 예심제도에 지나지 않는다고 생각된다.

반면 한국 1953년 제정 형사소송법에서 예심제도가 폐지되었다는 점이 눈길을 끈다. 한국은 1910년부터 1945년까지 일제 강점기 시대에서 살았다. 1912년 조선형사령은 일본의 명치형사소송법을 의용한 것인데, 당시 명치형사소송법은 예심제도를 규정하고 있었다. 그리하여 조선에서 예심제도가 처음으로 시행되었던 것이다. 그러나 조선형사령이 특별규정을 둠으로써 근대형사소송법의 이념과 원칙에 중대하게 제한되고 변질되어 한국에서 시행되었는바, 예심제도도 예외는 아니었다.[90] 1945년 한국은 해방을 맞이하였고 악명 높은 예심제도는 해방과 더불어 사실상 폐지되어 더 이상 시행되지 않았다.[91]

---

89) 1979년 형사소송법 제정 당시에는 개혁개방정책이 이루어지지 않았고 정치적으로 보수적인 입장을 취하고 있었다. 그렇기 때문에 입법자들은 자본주의적 법문화에 대해 배타적인 입장을 갖고 있었다. 예컨대 근대 형사법의 근간을 이루고 있는 죄형법정주의원칙, 무죄추정의원칙, 평등원칙 등은 부르주아 형사법학의 이론으로 보아 이러한 이론은 중국에서 받아들여지지 않았다. 박종근 외, "중국 형사소송법의 발전과 향후의 과제", 전북대학교 법학연구소 법학연구 통권 제37집, 2012년 12월, 111면 참조.

90) 신동운, "일제하의 예심제도에 관하여-그 제도적 기능을 중심으로-", 151면.

91) 신동운, "일제하의 예심제도에 관하여-그 제도적 기능을 중심으로-", 162

이로써 한국의 1953년 형사소송법에도 예심제도가 등장되지 않았던 것이다.

중국은 기존의 전건이송주의가 법관의 예단을 불러온다는 이유로 1996년 형사소송법 개정을 통하여 이를 폐지하였다. 이에 따라 공소제기 시 공소장과 증거목록, 주요증거의 사본이 법원에 이송되도록 하는 사본주의를 확립하였다. 이것은 완전한 공소장일본주의가 아닌 공소장일본주의와 전건이송주의의 절충물이었다. 그렇다면 사본주의 소송구조 하에서는 진정 법관의 예단이 배제되었는가? 답은 그렇지 않다. 사본주의 소송구조 하에서는 공소장만 법원에 제출된 것이 아니라 주요증거의 사본도 함께 제출되었다. 주요증거의 기준이 명확하지 않아 법원과 검찰원 사이의 마찰이 있긴 하였으나,[92] 법관이 공판기일 전 사건의 주요증거기록을 접할 수 있다는 것에는 의문이 없다. 그렇기 때문에 1996년 사본주의 소송구조 하에서도 예심제도의 형태는 완전히 배제되지 못하였다고 생각된다.

2012년 입법자들은 형사소송법을 개정하여 다시 전건이송주의 소송구조를 취하였다. 1979년 제정 형사소송법에서의 전건이송주의 방식과 다른 점은 기존에는 이송한 사건기록에 대해 실질적인 심사를 한 반면, 지금은 형식적인 심사만 진행한다는 데에 있다. 즉 이송된 사건기록을 낱낱이 읽어보지 않고 형식적인 서류들이 정비가 되면 공판기일을 여는 것이다. 그러나 예심제도의 잔해가 아직 남아있다고 생각된다. 그것은 형식적인 심사를 하고 있긴 하나 여전히 전건이송주의 취하고 있기 때문이다. 사건기록이 법관의 수중에 있게 된 이상 법관은 마음만 먹으면 공판기일 전 기록을 읽고 들어갈 수 있는 것이기 때문에 예심제도의 형태가 완전히 배제되었다고 볼 수 없

면. 일제 강점기 시대의 예심제도의 자세한 내용은 신동운, "일제하의 예심제도에 관하여-그 제도적 기능을 중심으로-", 149면 이하 참조 바람.
92) 陳衛東·郝銀鐘, "我國公訴方式的結構性缺陷及其矯正", 「法學研究」, 2000(04).

다고 사료된다.[93]

나. 전건이송주의의 타당성 여부

중국은 구소련의 영향을 받아 1979년 처음 형사소송법 제정 당시 직권주의 소송구조를 취하였다. 그리고 중국은 전통적인 대륙법계의 소송구조에 속한다. 1996년 형사소송법 개정 당시 당사자주의 소송구조의 일부분을 흡수하였으나, 형사소송법 내용상으로 보나 조문의 체계상으로 보나 본질적인 면은 크게 달라진 것이 없었고 여전히 대륙법계에 속한다.[94] 중국은 대륙법계가 일반적으로 취하고 있는 증거열람제도를 취하여 왔다. 생각건대 직권주의 국가와 맞물리는 전건이송주의는 논리적으로 보았을 때 타당하다.

II. 중국에서의 증거개시에 대한 논의사(論議史)

1. 1979년 형사소송법에서 변호인의 증거취득

1979년 형사소송법의 규정에 따르면 변호사는 사건에 관한 자료를 열람하는 것으로 사건의 경위를 요해할 수 있고 구속 중인 피고인과 접견·통신할 수 있다. 기타 변호인은 인민법원의 승인을 거쳐 사건의 경위를 요해할 수 있고 구속 중인 피고인과 접견·통신 할 수 있다(1979년 형사소송법 제29조). 여기에서 유의해야 할 점은 접견·

---

93) 이와 관련하여 중국의 소송구조에 있어서 시종 법관이 기록을 읽는 것으로 재판하는 방식은 바뀌지 않았다고 보는 견해가 있다. 陳瑞華, "審判案卷移送制度的演變与反思", 21면. 이러한 견해는 법관의 예단을 불러일으킨다는 점에서 볼 때 필자와 같은 취지라고 생각된다.

94) 顧永忠, "証据開示与閱覽制度的比較与選擇", 179면.

통신의 대상은 '구속 중인 피고인'이지 '피의자'가 아니다. 더 나아가 이 당시 인민법원은 공소장 부본을 피고인에게 송달하는 때 그에게 변호인을 선임할 수 있음을 고지한다(1979년 형사소송법 제110조 제1관 제2항). 따라서 1979년 형사소송법 하에서 피고인이 변호인을 선임하는 시기는 공판절차에서부터이다.

그렇기 때문에 변호인이 증거를 취득할 수 있는 시점도 공판절차에서부터 이루어진다. 따라서 변호인은 인민검찰원에서 공소제기 시 이송한 사건자료를 열람하는 것과 피고인을 접견·통신하여 사건경위를 듣는 것으로 증거를 취득할 수 있다는 점을 알 수 있다.

그러나 이 시기 인민검찰원이 자신이 보유하고 있는 피고인에게 유리한 증거를 제출하지 않은 경우 피고인 또는 변호인은 그 증거에 대한 열람권을 확보할 수 있는 법적 근거는 마련되어 있지 않았다.

2. 1996년 형사소송법 개정 이후 증거개시에 관한 규정

가. 형사소송법에서 증거열람에 관한 규정

(1) 변호인의 증거열람의 시기

우선 인민검찰원의 심사기소단계에서의 증거열람시기에 대해서 살펴보도록 하겠다. 변호사는 인민검찰원의 사건심사기소일[95]로부터 본 사건의 소송문서, 기술적 감정자료를 열람·발췌·복사할 수 있고 구속된 피의자를 접견·통신할 수 있다. 기타 변호인은 인민검찰원의 승인을 거쳐 상술한 자료를 열람·발췌·복사할 수 있고 구속된 피의자를 접견·통신할 수 있다(1996년 형사소송법 제36조 제1관). 이 조문으로부터 알 수 있는바 제정 형사소송법에서 변호인이 공판절

---

95) 보통 일반사건은 공안기관에서 수사를 종결하여 인민검찰원으로 이송하여 기소여부에 대해 심사를 받는다. 심사를 ·거친 후 인민검찰원은 기소여부를 결정하는데 사건심사기소일은 사건에 대해 심사를 받는 때를 말한다.

차에서만 기록을 읽을 수 있었던 데로부터 1996년 형사소송법에서는 변호인이 열람할 수 있는 기록의 범위를 인민검찰원에서도 가능하게 함으로써 그 시기를 한 단계 앞으로 당겼다.

그런데 당시 적용되었던 인민검찰원 형사소송규칙 제319조에 따르면 "여기에서 소송문서는 입건결정서(立案決定書), 구류증(拘留證), 체포허가결정서(批准逮捕決定書), 체포결정서(逮捕決定書), 체포증(逮捕証), 수색증(搜査証), 기소의견서(起訴意見書) 등 절차적인 문서를 말한다."고 하고 "기술적 감정자료는 감정할 자격이 있는 자의 법의학 감정(法医鑑定), 사법정신병 감정(司法精神病鑑定), 물증에 대한 기술적 감정(物証技術鑑定) 등 사람의 신체와 물품 및 기타 관련 증거자료에 대해 감정한 뒤 기재한 정황과 감정결론문서를 말한다."고 규정하였다.

따라서 이 단계에서 변호인이 취득할 수 있는 증거자료는 결과적인 문서들뿐이고 이러한 문서들의 작성경위에 대해서는 알 수 없었던 것이다.[96] 그런데다가 기소의견서(起訴意見書), 입건결정서(立案決定書, 체포허가결정서(批准逮捕決定書) 등 사건의 경위를 어느 정도 나타낼 수 있는 문서에 대해서는 인민검찰원은 일반적으로 변호인이 열람할 것을 허용해 주지 않았다.[97]

다음으로 변호인은 인민법원단계[98]에서도 증거열람을 할 수 있다. 인민검찰원은 공소제기 시 공소장과 함께 증거목록, 증인명단과 주요증거의 사본 또는 사진을 인민법원에 이송한다. 변호사는 인민법원에서 사건을 접수한 날로부터 본 사건에서 지목한 범죄사실과

---

96) 潘金貴, "証据法學論叢 (第二卷)", 「中國檢察出版社」, 2013년, 366면.
97) 馬鵬飛, "刑事証据開示制度研究", 박사학위논문, 「中國政法大學」, 2009년, 125-126면.
98) 인민검찰원은 공소제기 후 사건을 인민법원으로 이송하게 된다. 사건이 인민법원에 묶여있는 때를 인민법원단계라고 한다.

관련된 자료를 열람·발췌·복사할 수 있고 구속된 피고인을 접견·통신할 수 있다. 기타 변호인은 인민법원의 승인을 거쳐 상술한 자료를 열람·발췌·복사할 수 있고 구속된 피고인을 접견·통신할 수 있다(1996년 형사소송법 제36조 제2관).

　그런데 인민법원단계에서 변호인이 취득할 수 있는 자료는 증거목록, 증인명단과 주요증거의 사본으로 매우 한정적인 데다가 주요증거가 무엇인지에 대해서는 법률해석이 없었고 인민검찰원 스스로 결정하였다. 인민검찰원은 결정적인 증거를 제출하지 않고 장악하고 있다가 공판기일에 기습적으로 제출하여 법관과 변호인을 당황시키는 일이 수두룩하였다.[99]

　기존의 형사소송의 구조에 있어서 법관의 실질적인 심사가 문제되는 것을 방지하고자 만든 사본주의 공소제기 방식은 한편으로 법관이 공판기일 전 사건에 대한 요해를 부족하게 하고 또한 공판기일에 관할권 이의제기, 법관의 회피, 사건에 대한 심사 등을 한꺼번에 해결하려다보니 공판기일이 지연되어 집중심리를 못하게 되므로 소송효율을 하락시키게 되었다.[100] 다른 한편으로는 변호인이 수집할 수 있는 증거가 매우 한정적이기 때문에 피고인의 방어권을 행사하

---

99) 陳衛東·郝銀忠, "我國公訴方式的結構性缺陷及其矯正", 「法學硏究」, 2000년 제4기.

100) 사본주의 소송구조 하에서 공판정은 검사의 독자적인 무대였다. 반면 법관은 공판 전 사건에 대한 요해가 부족하였으므로 공판정에서 법관의 주도적 지위를 잘 발휘하지 못하게 되었다. 이러한 문제점들을 감안하여 1998년 최고인민법원, 최고인민검찰원, 공안부, 국가안전부, 사법부가 전국인민대표대회 법제작업위원회와 함께 「형사소송법 실행 중 약간의 문제에 대한 규정」을 내놓게 되는데 이 규정에서 공판이 끝난 후 인민검찰원은 사건에 관한 모든 자료를 법원에 넘기게 하였다. 이렇게 하는 것으로서 법관이 사후 '열람'을 통하여 판결서를 작성하는데 도움이 되었다. 그런데 일부 법관은 이를 역으로 이용하여 사후 '열람'만 믿고 공판기일에서의 재판에 소홀히 하거나 중요하게 여기지 않는 현상들이 발생하였다.

는 데에 큰 장애로 작용되고 있었다. 특히 변호인의 증거취득에 있어서 1979년 당시 취하던 전건이송주의와 비교하여 보았을 때 훨씬 더 큰 어려움을 겪게 되었다.

게다가 인민검찰원이 이송한 주요증거는 자신에게 유리한 피고인의 유죄증거일 것이다. 그렇다면 공판이 시작되기 전 법관이 그러한 증거들을 본 이상 일정한 정도의 예단이 존재하였을 것이라고 생각된다. 이와 같이 전건이송주의도 아니고 공소장일본주의도 아닌 사본주의의 절충방식이 결국에는 예단을 배제하고자 하는 입법의도를 충족시키지 못한 채 문제점만 가득 안겨주는 결과를 초래하게 되었다.

나. 변호인의 증거열람의 제한에 대한 논의

위에서 기술한 바와 같이 변호인의 증거열람에 대한 제한은 법학계와 사법기관간에 한 차례의 논의를 불러일으켰다. 특히 변호사들의 반발이 매우 심했다. 상기한 내용에서 알 수 있다시피 공판절차에서 변호인이 취득할 수 있는 증거는 '본 사건에서 지목한 범죄사실과 관련된 자료'이다. 이 구절에 대한 해석이 증거열람의 범위를 좌지우지하게 되는데 그렇다면 이 자료는 무엇을 뜻하는가? 이를 둘러싸고 법학계와 인민검찰원, 인민법원에서는 서로 다른 입장을 내놓았다.

학계를 대표하는 의견은 다음과 같다. 즉, '본 사건에서 지목한 범죄사실과 관련된 자료'는 사건에 관한 모든 기록을 말한다. 따라서 변호인은 인민검찰원에서 이송한 수사기록을 통째로 볼 수 있다고 한다.[101]

이에 반해 인민검찰원과 인민법원은 '본 사건에서 지목한 범죄사

---

101) 中國政法大學刑事法律研究中心, "在京部分敎授關于刑事訴訟法實施問題的若干建議",「政法論壇」, 1996년 제6기.

실과 관련된 자료'는 인민검찰원에서 공소제기 시 법원에 이송한 증거목록, 증인명단과 주요증거의 사본 또는 사진과 동일하게 보아야 할 것을 주장하였다. 그리고 당시 실무에서도 인민검찰원, 인민법원 두 사법기관의 주장대로 변호인은 인민검찰원이 법원에 이송한 자료들만 볼 수 있었다.[102]

이 문제에 관해 1996년 형사소송법 개정작업에 참여하였던 전국인민대표대회 상무위원회 법제작업위원회의 한 전문가는 다음과 같이 해석하였다.

'본 사건에서 지목한 범죄사실과 관련된 자료'는 공소인, 자소인(自訴人)이 기소한 피고인의 범죄와 관련된 증거자료를 말하는데 이러한 증거들은 공판정에 제출될 예정인 사건판결의 근거로 될 수 있는 증거자료를 말한다.[103]

이로부터 알 수 있는바, '본 사건에서 지목한 범죄사실과 관련된 자료'에 대해서는 적어도 범죄사실과 관련된 자료들을 포함하는 것이지 단순히 증거목록, 증인명단과 주요증거의 사본 또는 사진에 한하는 것은 아니라는 점이다.[104]

요컨대 사건판결의 근거로 될 수 있는 자료는 유죄의 증거와 무죄의 증거를 모두 포함한다. 따라서 여기에는 피고인에 대한 유무죄 판단과 양형판단에 영향을 미치는 증거로 보아야 함이 타당하고 생각된다.

---

102) 馬鵬飛, 앞의 논문, 126면.
103) 全國人大常委會法制工作委員會刑法室, "中華人民共和國刑事訴訟法釋義", 「法律出版社」, 1996년, 44면.
104) 馬鵬飛, 앞의 논문, 126면.

(1) 6부문연합규정에서의 주요증거의 함의

이 규정에서는 인민검찰원에서 법원에 제출하게 될 주요증거에 대해 명확하게 정의를 내렸다. 즉, 주요증거라 함은 ㉠ 공소장에서 언급된 각 증거종류 중의 주요한 증거. ㉡ 같은 종류의 증거가 여러 개인 경우 그 중에서 주요한 증거로 되는 증거. ㉢ 법정양형과 관련된 자수, 立功[105], 누범, 중지, 미수, 정당방위의 증거 등이다(6부문연합규정 제36조 제1관). 인민검찰원에서는 구체적 사건에 대해 공소제기 시 이상의 규정에 따라 주요증거를 확정한다고 규정하였다(동 규정 동조 제2관).

또한 이 규정에 따르면 인민법원은 인민검찰원에서 이송한 사건에 대해 반드시 접수해야 하는데 이상의 주요증거가 미비하다는 이유로 개정하여 심판하지 않아서는 안된다고 하였다. 다만 인민검찰원에 미비한 자료들을 보충할 것을 요구할 수는 있다고 규정하였다(동 규정 제37조).

(2) 최고인민검찰원 형사소송규칙에서의 주요증거의 함의

더 나아가 1998년 12월, 최고인민검찰원에서 공포한 최고인민검찰원 형사소송규칙(이하 '1998년 형사소송규칙'이라고 함)에서도 주요증거에 대해 정의를 내린 바가 있다. 즉 범죄의 구성요건을 인정함에 있어서 사실관계에 주요한 역할을 일으킨 것으로 유무죄 판단과 양형판단에 중요한 영향을 미치는 증거라고 정의하였다. 그리고 주요증거의 범위에 대해서는 해당 사건을 맡은 담당 검사가 본 조항에서 규정한 증거의 범위에 따라 구체적 사건에서 각종 증거가 어떤 작용을 하는가를 판단 한 뒤 그 작용범위에 따라 확정한다고 해석하

---

105) 입공(立功)은 피고인이 다른 용의자를 찾아내는데 실마리를 제공한 경우를 말한다. 일반적으로 조직폭력범죄, 마약범죄에서 입공을 하는 경우가 다수 존재한다.

였다(1998년 형사소송규칙 제283조).

(3) 소결

살피건대, 1998년 형사소송규칙은 주요증거의 판단주체가 인민검찰원이라는 것은 마땅하고 더 나아가 사건을 맡은 검사에 있다는 것을 한층 더 명확히 규정한 셈이 된다. 이와 같이 주요증거에 대해서 정의는 내려져 있지만 구체적인 기준은 모호하였다. 그렇기 때문에 사건담당 검사가 주요증거에 대해 자체로 판단하고 법원에 이송하였다.

따라서 1996년 형사소송법이 개정된 이래 변호인이 열람·발췌·복사할 수 있는 증거는 검사가 공소제기 시 자체적으로 판단하여 법원에 이송한 증거이다. 이렇게 되면 변호인의 증거열람의 범위는 검사가 결정하는 셈이 된다. 그런데 검사는 피고인에게 유리한 증거 또는 무죄의 증거를 주요증거에 포함시키지 않을 가능성이 매우 크다는 점에서 검사가 주요증거를 스스로 결정하는 것은 변호인이 증거를 열람하는데 큰 위기를 맞게 되고 피고인의 방어권을 보장하는데 매우 불리하게 작동한다.

그리고 최고인민법원과 최고인민검찰원은 각자의 사법해석을 통하여 스스로에게 유리한 해석을 하였다.[106] 실무과정에서 변호인의 증거열람의 장소, 열람시간, 자료복사비용 등 방면의 규정이 미비한 탓으로 변호인의 증거열람은 더욱 어렵게 되었다. 일반적으로 변호인은 공판기일 당일에서야 비로소 검사가 장악하고 있는 증거를 볼

---

106) 1996년 형사소송법 제36조, 제37조에 대해 아래와 같은 사법해석과 기타 규범성문건들이 있다. ① 6부문연합규정 제13조 내지 제15조. ② 1998년 4월 25일 사법부의 「律師辦理刑事案件規范(修改稿)」 제43조, 제45조 내지 제58조, 제66조 내지 제69조, 제76조 내지 제79조. ③ 1998년 9월 8일 「最高人民法院司法解釋」 제40조, 제41條, 제43조 내지 제46조, 제51조. ④ 1999년 1월 18일 「最高人民檢察院規則(修正)」 제149조 내지 제155조, 제319조 내지 제324조.

수 있었다. 이러한 점은 변호인이 변호를 하는 것이 어렵게 된 근본
적 원인이라고 사료된다.[107]

다. 증거개시제도의 도입을 둘러싼 논의과정

일각에서는 1996년 형사소송법과 상술한 6부문연합규정 및 1998년
형사소송규칙에서 주요증거에 대한 규정이 변호인의 증거열람의 범
위를 크게 제약하자 이에 걸맞는 장치를 만들어 문제점을 해결해야
할 것을 촉구하였다.

학계가 주재하고 검사, 법관, 변호사 등 각 계층 인사들이 모여
이에 대한 해결책을 논의하기 시작하였고 모두 영미식 증거개시제
도를 도입하는 것으로 의견을 일치시켰다. 또한 당시 증거개시제도
에 관한 간행물과 논문들도 많이 발행되었다. 그러나 각 계층이 놓
인 입장이 서로 다르므로 충돌이 생기는 것은 막을 수 없었다.[108]

학계와 법조실무에서 증거개시제도의 도입과 관련된 논의과정에
서 여러 가지 문제에 직면하여 서로 다른 입장의 차이를 보였는데
이하에서는 이 제도를 둘러싸고 논의 된 인민검찰원, 변호사, 인민법
원, 법학계의 입장을 순서대로 기술하여 그 논의내용에 대해 살펴보
도록 한다.

(1) 인민검찰원의 입장

인민검찰원에서도 1996년 형사소송법의 개정 이래 변호인의 증거
열람의 범위가 좁아졌다는 것을 인정하였다. 따라서 증거개시제도
의 도입에 대해 찬성하는 분위기이다. 그러면서도 증거개시제도 도
입에 따른 우려도 있다고 말하였다. 한편으로는 인민검찰원은 자신
이 증거를 개시한 뒤 변호인이 그 증거를 훼방할 가능성에 대해 가

---

107) 陳衛東, "刑事訴訟法學關鍵問題", 211면.
108) 張軍·姜偉·田文昌著, 앞의 책, 392-416면.

장 걱정하였고 다른 한편 증거개시제도로 인하여 검사들이 변호인과 자주 접촉하게 되면 사적인 이익을 위해 법을 어길 가능성도 있다고 제기하면서, 가장 걱정되는 부분은 자신의 수중에 있는 증거를 변호인에게 개시함으로 하여 공판정에서 수동적인 지위로 전락될 가능성도 배제할 수 없다는 점에 있었다.[109]

그리고 증거개시의 구체적인 운용방면에 있어서 인민검찰원은 인민법원과 다른 입장을 취했다. 우선 증거개시를 누구의 주도하에 진행할 것인가 하는 문제에 대해 법원은 증거개시를 하나의 예비법정으로 하여 법관이 주도하자고 주장하는 반면, 인민검찰원은 자신들의 주도하에 진행되어야 한다고 주장한다. 그 이유로 증거개시제도는 공소인과 변호인 양측이 신속히 증거를 교환하여 기습적으로 증거를 제출하는 것을 방지하는 것에 그 목적을 두어야 하기 때문에 이 목적을 떠나서 그 어떤 취지도 두어서는 안 된다는 것이다. 만약 법관이 주도하게 되면 공판이 시작되기 전 사건에 미리 개입하는 형국이 되므로 법관의 예단을 배제할 수 없다는 것에 반론을 제기하며[110] 또 법관이 주도할 경우 업무부담도 증가하게 될 것이라고 반박하였다.[111]

또한 증거개시의 범위에 대하여 인민검찰원은 수사기관이 수집한 사건에 관한 모든 증거자료를 개시하겠다고 하였다. 또한 여기에 피고인의 무죄증거와 유죄증거를 모두 포함시키겠다고 하였다.[112] 동시에 변호인도 피고인의 무죄를 증명할 수 있는 모든 증거를 개시할 것을 요구하였다. 여기에는 피고인의 범죄현장 부재, 형사책임 연령미달, 정신질환을 앓고 있다는 것, 정당한 업무집행 중이었을

---

109) 張軍·姜偉·田文昌著, 앞의 책, 394-395면.
110) 張軍·姜偉·田文昌著, 앞의 책, 404면.
111) 張軍·姜偉·田文昌著, 앞의 책, 409면.
112) 張軍·姜偉·田文昌著, 앞의 책, 397면.

것, 정당방위 등 증거자료를 포함해야 한다고 하였다. 다만, 피고인에게 불리한 증거는 검사에게 개시하지 않아도 된다고 하였다.[113]

마지막으로 증거를 개시하는 시기에 있어서는 공소를 제기한 후에 개시하는 것이 비교적 적합하다고 하였다.[114]

(2) 변호사의 입장

증거개시제도 도입에 관한 문제가 처음부터 변호인의 증거열람 범위를 놓고 논의가 시작되었기 때문에 변호사들은 증거개시 도입에 대해 찬성하는 입장이었다. 그러나 자신의 수중에 있는 모든 증거를 검사에게 개시하겠다는 것은 아니라고 하였다. 변호사들은 증거개시의 범위에 있어서 비대등원칙을 주장하였는데 피고인에게 불리한 증거는 검사에게 제시할 수 없고 피고인에게 유리한 증거라 하더라도 반드시 검사에게 개시 할 필요는 없다고 주장하였다. 변호사들은 피고인에게 유리한 증거로 피고인의 범죄현장 부재, 정신질환을 앓고 있다는 것, 정당방위 등은 개시할 것이나 기타의 증거는 개시하지 않겠다는 입장을 보였다. 특히 변호사들은 이구동성으로 증인의 증언은 개시하지 않겠다는 입장이었다.[115] 법정에 직접 나와 증언을 할 수 없는 증인의 증언을 기록한 증거자료는 더욱 검사에게 보여줄 수 없다고 하였다. 증인의 증언에 대하여 공소인들은 만약 변호인 측에 증거를 개시하게 되면 변호사들이 증인들과 접촉하여 혹여 증인에 대해 수를 써서 증인이 기존의 증언을 뒤집을까봐 우려하고 있었다. 그러나 이 방면에 있어서는 사실 변호사들의 우려가 더 크다고 반박하였다.[116]

---

113) 張軍·姜偉·田文昌著, 앞의 책, 397면.
114) 張軍·姜偉·田文昌著, 앞의 책, 402-409면.
115) 張軍·姜偉·田文昌著, 앞의 논문, 399면; 蔣安杰, "証据開示 : 刑事司法實証研究的探索之路", 「法制日報」, 2005년 2월 16일.

그리고 증거개시의 시기에 있어서 변호사들은 공소제기 이전에
서로에 대한 증거를 개시할 것을 요구하였다.[117] 그 이유는 검사의
잘못된 공소 등 실수를 낮추기 위함이라고 덧붙였다.[118] 뿐만 아니
라 공소제기 이전에 증거를 개시하게 되면 피고인이 죄를 인정하는
데에 도움이 되므로 인민검찰원은 난해한 사건을 해결하는 데에만
정력을 쏟을 수 있다는 것이다.

(3) 인민법원 측의 입장

법관은 증거개시를 함에 있어서 반드시 자신들의 개입이 있어야
하고 증거개시의 실질은 일종의 예비법정이라고 하였다.[119] 그 이유
는 우선 공판기일 전에 증거개시를 함으로써 해당 사건이 재판받을
지 여부에 대해 미리 결정하는 것이므로 증거개시를 하는 것은 법관
에게 증거를 보여주는 것이라고 하였다. 그러므로 증거개시절차에
법관이 개입하지 않게 되면 무의미할 수밖에 없다고 주장하였다.[120]
또한 법관의 주재로 진행되는 증거개시는 일종의 예비법정이기 때
문에 공판기일에서의 재판효율을 높여주기도 한다고 말하였다.[121]
따라서 변호인이 법원에 증거개시 신청을 한 경우에 법원은 인민검
찰원에서 이송한 증거자료들을 근거로 변호인과 검사를 소집하여
약정된 시간에 인민법원에서 증거개시 활동에 참가하도록 고지하여
야 한다고 말하였다.

증거개시의 범위에 대해서 법관들은 전부의 증거를 개시할 것을
주장하였다. 즉, 공소인은 피고인에게 불리한 증거뿐만 아니라 유리

---

116) 張軍·姜偉·田文昌著, 앞의 논문, 398-399면.
117) 蔣安杰, "証据開示'未雨綢繆", 「法制日報」, 2004년 6월 3일.
118) 張軍·姜偉·田文昌著, 앞의 논문, 413면.
119) 張軍·姜偉·田文昌著, 앞의 논문, 404면.
120) 張軍·姜偉·田文昌著, 앞의 논문, 402-403면.
121) 張軍·姜偉·田文昌著, 앞의 논문, 408면.

한 증거까지 모두 개시하여야 하고 변호인은 피고인에게 불리한 증거를 제외한 기타 피고인에게 유리한 증거는 모두 개시해야 할 것을 주장하였다.[122] 그 이유에 대해서는 다음과 같이 설명하였다. 첫째로, 공소인과 변호인은 법정에서 평등한 지위를 갖고 있기 때문에 증거개시에 있어서도 그 어떠한 불평등이 있어서는 아니 된다고 하였다. 둘째로, 인민검찰원으로 하여금 증거개시를 받아들이고 더 나아가 증거개시가 제도로서 자리매김해야 되기 때문에 처음부터 양측 모두 증거를 개시하게 하고 또 모두 개시하는 것이 증거개시제도가 순조롭게 형성되고 발전할 수 있는 데에 도움이 된다는 것이다. 셋째로, 피고인에게 불리한 증거에 대해서는 개시하지 않아도 무관하다고 하였다.[123]

(4) 법학계의 입장

증거개시제도의 도입에 관하여 학계는 대부분 찬성하는 분위기다. 일부 학자들은 현재 증거개시의 제도적 확립이 매우 필요하다고 하면서, 실무에서도 증거개시가 소송의 효율을 높이고 공정한 재판을 하는데 없어서는 안된다는 것을 인식하고 있기 때문에, 중국에서 증거개시제도를 도입하기에 이미 비교적 성숙한 시기에 이르렀다고 밝혔다.[124]

중국인민대학 법학원에 재직 중인 천웨이둥(陳衛東)교수는 일부 학자들과 함께 적극적으로 증거개시제도를 수립할 것을 호소하면서 일부 지역에 증거개시를 시행할 것을 권장하였다. 실제로 그는 산동(山東)성 서우광(壽光)시 인민법원에서 시험적으로 진행해 보고, 그

---

122) 張軍·姜偉·田文昌著, 앞의 논문, 399면.
123) 張軍·姜偉·田文昌著, 앞의 논문, 399면.
124) 何家弘·龍宗智, "証据展示的'蛋糕'應該怎么切?", 証据學論壇(第5卷), 「中國檢察出版社」, 2002년, 134면.

경험을 바탕으로 증거개시에 대해 문제점을 지적하고 개선방안을 제시하기도 하였다. 그는 증거개시를 주도하는 법관은 해당 사건의 주심법관이어서는 아니 되고 증거개시를 법원이 주재할 것이 아니라 공소인과 변호인 양측이 협상하여 개시하는 것이 오히려 더 간편하고 소송의 효율을 제고시킬 수 있다고 개선방안을 제시하기도 하였다.[125]

그리고 변호인과 피의자, 피고인이 주고받은 대화내용 기록을 개시할지 여부에 대해서, 학계에서는 이를 변호인이 개시해야할 증거에 포함시키는 것은 법적으로 보나 윤리·도덕적으로 보나 모두 우리의 법감정에 부합되지 않으므로 변호인이 이를 개시할 필요가 없다고 하였다. 그밖에 가장 문제가 많았던 증인의 증언에 대해서는 증인의 진술은 공소인과 변호인 양측이 개시할 범위에 속하지 아니한다고 하였다. 이렇게 하는 것으로 증인이 증거를 개시한 후 상대방에게 유인되거나 위협을 받아 쉽게 증언을 바꾸는 것을 막을 수 있기 때문이라며 그 근거를 제시하였다. 다만, 증인의 신상에 대해서는 공개할 것을 요구하였다.[126]

이처럼 증거개시제도의 도입에 대한 열풍이 일자 일부 학자들은 한편으로 증거개시제도를 도입할 것을 찬성하면서도 다른 한편으로는 이 제도를 도입함에 있어 중국의 기타 소송제도를 충분히 고려한 후 신중하게 결정해야지 너무 섣불리 결단을 내릴 것은 아니라고 우려를 표명하였다.[127]

베이징대학교 법학원 왕젠청(汪建成)교수는 증거개시제도의 취지는 변호인의 알 권리(知悉權)[128]를 보장해주는 것이라는 점을 명확히

---

125) 陳衛東, "証据開示模式的理論闡述", 「人民法院報」, 2005년 1월 24일.
126) 陳衛東, "律師辯護 : 有待保障 証据開示 : 尚需論証", 「檢察日報」, 2003년 9월 19일.
127) 晏向華, "是否引入証据開示制度要審愼考慮", 「檢察日報」, 2004년 5월 24일.

해야 한다고 제시하면서 증거개시는 변호인의 알 권리를 둘러싸고 제도를 만들어야 된다고 한다. 그런데 지금 일부 지역에서 시범적으로 실시되고 있는 증거개시는 이러한 취지가 왜곡되고 있다고 하면서 제도를 재조명 할 것을 요구하였다.129)

라. 일부 지역에서 시범적으로 실시한 증거개시의 실증경험130)

위와 같이 1996년 형사소송법의 소송구조가 사본주의로 바뀐 후 변호인의 증거열람을 확보하기 위하여 법학계와 법조실무에서 모두 공소장일본주의와 매치되는 장치인 증거개시제도를 도입할 것에 대한 목소리가 커지고 있는 가운데 2000년부터 최고인민검찰원과 최고인민법원의 사법개혁의 요구에 따라 각 지역에 증거개시에 대한 시행 작업을 시작하였다.131) 여러 지역에서 증거개시를 시행하였는데132) 다 똑 같은 방식으로 이루어 진 것은 아니다. 누구의 주도하에 진행되었는가에 따라서 대체로 두 가지 종류로 나누어 볼 수 있는데

---

128) 자율적으로 정보를 알거나 취득하는 권리를 말한다.

129) 蔣安杰, "'証据開示'未雨綢繆', 앞의 기사.

130) 이 부분에서 기술되는 내용은 전국적 범위에서 이루어진 것이 아니라 일부 지역에서 시범적으로 이루어진 것이다. 달리 말하자면 일부 지역을 제외한 다른 지역에서는 이와 같은 증거개시를 실시하지 않았다. 여기에서 이 점을 다시 한 번 밝혀둔다.

131) 陳衛東, "律師辯護 : 有待保障 証据開示 : 尙需論証", 앞의 기사; 王雄飛·劉元强, "推行刑事証据展示制度之探索 – 來自广州市珠海區人民檢察院的調研報告", 「人民檢察」, 2004년 제12기; 曾广華, "從東莞的實踐看我國刑事証据開示制度的构建与本土化", 「國家檢察官學院學報」, 2006년 제1기, 44-48면; 王春花·呂東曉, "建立刑事訴訟証据開示制度的探索与思考 – 山東省壽光市法院刑事証据開示試点工作經驗", 「人民司法」, 2005년 제5기, 61-64면; 趙志堅·侯曉焱·庄燕君, "証据開示制度試行狀况之實証分析", 「人民檢察」, 2004년 제1기, 33-36면.

132) 여기에 참여한 법원과 검찰원은 대체로 山東省壽光市法院·靑海省西宁市檢察院·內蒙古自治區通遼市人民檢察院·甘肅省蘭州市城關區人民檢察院·山東省烟台市檢察院·广東省广州市海珠區檢察院 등이다.

인민법원을 중심으로 한 법관의 주도하에 진행된 '서우광(壽光)모델' 과 인민검찰원을 중심으로 한 검사의 주도하에 진행된 '하이젠(海檢) 모델'이 있었다.[133]

(1) 서우광(壽光)모델[134]에 대한 개관

중국인민대학교의 연구팀은 2004년 8월부터 2005년 2월까지 서우 광(壽光)시 인민법원(이하 '서우광법원'이라고 함)이 접수한 총 130건 의 형사사건에 대하여 연구를 진행하였는데 그 중 증거개시를 진행

---

133) 서우광(壽光)시 인민법원에서 진행되었다고 하여 서우광(壽光)모델이라 부르고 베이징시 하이젠(海淀)구 인민검찰원에서 주재하였다고 하여 하 이젠(海淀)모델이라고 불렸다.

134) 서우광법원은 중국의 기층인민법원 중의 하나로서 줄곧 과감히 새로운 것을 받아들여 혁신을 거듭하는 훌륭한 법원으로 소문나 있었기 때문에 중국 내의 학계와 법조실무 인사들의 주목을 받고 있었던 법원 중의 하 나였다. 2001년 2월부터 서우광법원은 형사사건을 처리함에 있어서 소송 참여인 사이에서 공판 전 서로의 증거를 상호 교환하는 활동을 시도해왔 다. 그렇게 함으로써 사건이 매우 중대하거나 증거가 많아 복잡한 사건 을 처리하는 데에 매우 큰 도움을 받았다. 그러나 서우광법원은 어디까 지나 기층법원이므로 중대한 사건이 많지 않았고 증거개시를 시행함에 따라 법원의 업무량도 늘고 있는 상황이었다. 그리하여 서우광법원은 당 시 법원 내 스스로 내부개혁을 통하여 이상의 문제점을 보완할 필요가 있었던 시기였다. 이와 비슷한 시기에 중국인민대학의 소송제도 및 사법 개혁연구중심(中國人民大學訴訟制度与司法改革硏究中心)도 증거개시제도 를 도입하는 경우를 미리 대비하여 이후의 형사소송법 개정에 필요한 입 법적 대책을 마련하고자 실증경험과 연구가 필요한 상황이었다. 그러던 찰나에 중국인민대학교의 천웨이둥(陳衛東)교수를 중심으로 하는 연구팀 은 2004년 8월부터 2005년 2월까지 서우광법원이 접수한 형사사건 130건에 대해 분석을 진행하였다. 해당 연구팀은 사건을 열람하고 재판을 방청하 면서 기록을 적으며 취재하고 마지막으로 사건에 대한 분석을 통하여 연 구 성과를 만들었다. 蔣安杰, "証据開示 : 刑事司法實証硏究的探索之路", 앞 의 기사. 참고로 중국은 통일된 하나의 형사증거규칙이 없이 각 지역별 로 형사증거규칙(地方性刑事証据規則)을 만들어 적용되고 있다..

한 사건은 97건에 이르렀다. 그 가운데 91.2%의 사건들은 증거개시를 함으로써 한 번의 공판기일을 여는 것으로 판결을 선고하였다. 그리고 보통 하나의 사건을 처리하는 데에 27.6일이 걸리던데로부터 증거개시를 한 뒤에는 평균 20.1일밖에 걸리지 않았다.135) 이로써 사건을 종결하는 데에 걸리는 시간을 대폭 단축시켰다.

또한 증거개시를 실시한 97건의 사건에 대해서는 공소인과 변호인 양측이 모두 승복하였고 상소나 항소136)를 제기하지 않았다. 이 연구팀은 몇 개월 동안 사건에 대해 분석해 온 결과 증거개시가 공소인과 변호인 양측의 적극성을 불러일으키고 불필요한 사법비용을 줄임으로써 한편으로 소송효율이 증가되었고 다른 한편으로는 소송비용을 절약하게 하였음을 알게 되었다.137)

이처럼 중국인민대학교 연구팀과 서우광법원은 몇 번의 회의를 거듭하여 증거개시의 개혁에 대해 논의를 진행한 결과 서우광시 인민법원과 인민검찰원은 형사증거개시조작규장(이하 '서우광증거개시규정'이라 함)을 만들었다.138) 아래 이와 관련된 몇 가지 사항에 대해 살펴보기로 한다.

첫째, 증거개시절차의 참가자와 관련하여 공소인과 피고인 또는

---

135) 蔣安杰, "証据開示 : 刑事司法實証研究的探索之路", 앞의 기사.
136) 한국과 달리 중국에서의 상소는 사건 당사자(일반적으로 피고인을 말함)가 제1심법원의 판결이나 결정에 대해 불복할 경우 일정한 기한 내에 상급인민법원에 재차 재판해 줄 것을 신청하는 소송활동이다. 그리고 항소는 인민검찰원이 동급법원의 판결이나 결정에 대해 불복할 경우 일정한 기한 내에 상급인민법원에 재판 재판해 줄 것을 신청하는 소송활동이다. 그리하여 검사의 항소는 '항소'라 부르고 피고인의 항소는 '상소'라고 부른다.
137) 蔣安杰, "証据開示 : 刑事司法實証研究的探索之路", 앞의 기사.
138) 서우광모델 하에서의 증거개시는 인민법원에서 공판심리를 하기 전에 공소인과 변호인 양측을 불러 모아 서로의 증거를 상대방에게 개시하도록 하는 소송활동이다. 이 모델 하에서의 증거개시절차는 일반적으로 인민법원이 지정한 장소에서 이루어졌다.

그 변호사 등이 증거개시절차에 참가할 수 있다. 사건 담당 주심법
관은 증거개시 절차에서 배제되었는데 그 원인은 법관이 이에 참가
하게 되면 예단이 생길 수 있다는 우려에서였다. 그 대신에 법관의
보조자 또는 서기원을 증거개시절차에 참석시켰다.[139)

　살피건대 증거개시절차에 있어서 변호인의 역할은 매우 크다. 그
렇기 때문에 일반적으로 변호인이 참석할 것을 요구한다. 그렇다면
피고인이 변호인을 선임하지 않은 경우에는 증거개시절차를 진행할
수 있는가? 이에 대해 피고인이 변호인을 선임하지 않더라도 증거에
대해 알 권리가 주어져야 된다고 하였다. 이런 경우에는 법원에서
피고인에게 공소장 부본을 송달할 때에 증거목록, 증명대상 등을 적
은 문서를 함께 송달해야 하는데 이런 방식을 통하여 간접적인 증거
개시를 하기 위함이라고 하였다.[140)

　그밖에 피고인의 증거개시절차 참석여부와 관련하여 중국정법대
학교 구용쭝(顧永忠) 교수는 증거개시절차에 피고인을 반드시 참가
시켜야 한다고 하였다. 증거개시는 사실관계를 해결하는 것인데 사
실관계에 대해서는 사건의 당사자인 피고인이 가장 잘 알고 있기 때
문이다. 또한 변호인은 피고인을 대체할 수 없으며 변호인더러 증거
이의 유무에 대해 의사를 표명하게 하는 것은 마땅하지 않다고 하였
다.[141)

　둘째, 증거를 개시할 내용에 있어서 '서우광증거개시규정'에 의하
면 증거개시절차에서 공소인과 변호인이 개시해야 할 증거의 범위
는 다르다. 공소인은 공판정에서 제출하기로 한 모든 증거에 대해서
개시를 해야 하는데 여기에는 피고인의 유죄의 증거와 무죄의 증거
및 罪輕의 증거가 모두 포함된다. 반면에 변호인은 공판정에서 무죄

---

139) 陳衛東, "証据開示模式的理論闡述", 앞의 기사.
140) 陳衛東, "証据開示模式的理論闡述", 앞의 기사.
141) 蔣安杰, "証据開示 : 刑事司法實証研究的探索之路", 앞의 기사.

변호를 할 예정인 경우에 있어서만 증거를 개시할 필요가 있는데 가장 전형적인 예로는 피고인의 범죄현장부재 혹은 정당방위 등이다.[142] 이와 같이 공소인과 변호인의 개시대상에 차이를 두는 것은 그 역량에서 차이가 나기 때문이다.

'서우광증거개시규정'에 의하면 피고인 측의 증인이나 증언은 개시할 필요가 없다. 개시하게 되면 오히려 증인이 정상적으로 증언하는 것을 위협하는 요소로 작동될 수도 있기 때문이다. 그러나 증인의 증언과 달리 공판기일의 심리과정에서 변수를 가져다주지 않는 물증, 서면으로 된 증거, 감정결과 등 증거에 대해서는 변호인도 개시해야 한다. 이렇게 하는 것은 실체적 진실을 발견하기 위한 것이고 또 피고인을 지나치게 보호하여 공소인의 이익이 홀시되는 것을 막기 위함에 있다.[143]

셋째, '서우광증거개시규정'에 따르면 증거개시절차는 법관의 주도하에 이루어지고 증거개시절차를 진행할지 여부에 대해서는 인민법원이 최종적인 결정을 내린다. 증거개시의 구체적인 진행절차에 있어서는 자유개시와 공판전회의 두 가지 방식이 있다.[144]

---

142) 陳衛東, "証据開示模式的理論闡述", 앞의 기사.
143) 陳衛東, "証据開示模式的理論闡述", 앞의 기사.
144) 자유개시: 공소사건의 피의자 또는 피고인이 변호인을 선임한지 여부에 따라 자유개시는 변호인의 참여 하에서의 증거개시와 변호인을 선임하지 않은 경우에서의 증거개시로 분류된다. 전자에 있어서 피의자가 공소제기 이전에 변호인을 선임한 경우 인민검찰원은 공소제기 이전에 변호인과 협상하여 증거개시를 할 수 있다. 따라서 변호인은 사건 관련 자료들을 열람·발췌·복사할 수 있고 관련 증거들을 습득한 후 반드시 즉시 피고인과 접견하여 의견을 교환하여야 한다. 또한 변호인도 약정된 시간 내에 자신의 수중에 있는 반드시 개시해야 할 증거들을 인민검찰원에 개시하여야 한다. 후자의 경우 피고인은 변호인을 선임하지 않았기 때문에 검찰원은 모든 증거에 대해 상세하고 구체적인 증거목록을 만들어 주요 증거의 사본 및 관련 사진을 법원에 이송 할 때 함께 보내야 한다. 법원은 피고인에 공소장 부본을 송달 할 때 모든 증거가 담긴 증거목록을 함

(2) 하이젠(海檢)모델에 대한 개관

베이징시 하이덴(海淀)구 인민검찰원(이하 '하이덴검찰원'이라고
함)도 서우광법원과 마찬가지로 검찰제도 개혁에 있어서 선두를 달
리고 있는 기층검찰원이다. 사법공정을 도모하고 소송효율을 제고
하며 피의자, 피고인의 소송권리를 충분히 보장하고자 하이덴검찰원
은 2002년 6월 25일 베이징시 변호사협회와 증거개시협의서(証据開示
協議書)를 체결하였다. 협정기간은 2003년 6월 25일까지 1년으로 정하
였다.145) 이하 하이젠(海檢)모델의 내용에 대해 살펴보도록 한다.146)

첫째, 증거개시협의서(証据開示協議書)에 의하면 증거개시절차에
는 공소인, 피해자의 소송대리인과 변호인이 참석할 수 있고 법원과
피고인은 이 절차에 개입되지 못하였다. 그리고 베이징시의 특정된

께 송달해야 하며 피고인으로부터 그 증거들에 대한 대체적인 의견을 청
취해야 한다.

공판전회의(庭前會議): 공소인과 변호인 양측이 자유개시 중에 사실관계
및 주요증거에 대해 논쟁이 비교적 큰 경우 또는 자유개시 이후 새로운
증거를 취득한 경우에 있어서 법원이 중대하고 난해한 사건이라고 판단
되는 때에는 합의부에서 공판이 시작되기 전 공판전회의를 진행할 것을
결정할 수 있다. 따라서 공판전회의에서 계속하여 증거를 개시하고 이의
가 없는 증거는 미리 정리한다. 공판전회의를 거친 사건의 경우 인민법
원은 회의내용을 기록하고 공판기일에 공소인과 변호인에게 기재된 내용
에 대해 의견을 묻는다. 양측 모두 이의가 없는 때에 법관은 법정에서 관
련증거와 사실에 대해 증거로 채택할지 여부를 결정한다. 만약 한 측 또
는 양측에서 새로운 이의를 제기할 경우 이의를 제기한 측은 법정에서
입증책임을 져야 한다. 법원은 이의가 있는 증거에 대해 증거조사를 마
친 후 그 조사결과에 따라 최종적인 결정을 내리게 된다. 蔣安杰, "証据開
示：刑事司法實証研究的探索之路", 앞의 기사.

145) 趙志堅・侯曉炎・庄燕君, "証据開示制度試行狀況之實証報告 – 北京市海淀區人民
檢察院試行証据開示制度一年來的主要做法和体會", 樊崇義, "訴訟法學研究(제
7권)", 「中國檢察出版社」, 2004년 5월, 339면에 실림.

146) 하이젠모델 내용과 관련해서는 胡超, "關于刑事証据開示制度的調研報告",
「福田法院」, 2011년 6월 22일에서 발췌한 것이다.

25개의 로펌만이 이 절차에 참여할 수 있고 기타 로펌은 증거개시를 신청할 자격조차 주어지지 않았다.

둘째로는 증거개시를 적용할 수 있는 사건의 범위와 관련된 것인데 하이젠모델 하에서는 모든 사건에 대해 증거개시를 진행하는 것이 아니라 특정된 몇 가지 경우에만 증거개시를 적용할 수 있었다. 이러한 사건들로는 ㉠ 하이덴검찰원이 직접 입건해서 수사하는 모든 사건. ㉡ 법정 최저형이 10년 이상 유기징역인 범죄의 사건. ㉢ 변호인이 피의자 또는 피고인에 대해 정당방위, 긴급피난의 증거를 제출하여 이를 증명할 수 있거나, 범죄현장부재, 형사책임연령 미달, 형사책임능력이 없다는 등 증거를 제출하여 증명을 할 수 있는 사건. ㉣ 피의자 또는 피고인이 맹인, 농아자이거나 미성년자인 사건 등의 경우 증거개시를 적용할 수 있다. 그밖에 국가비밀에 관한 사건은 잠정적으로 증거개시가 적용되는 사건의 범위에 속하지 않는다고 규정하였다.

셋째, 증거개시 범위와 관련하여 공소인은 수사기록에 기재된 증거자료들을 모두 개시하여야 한다. 여기에는 주로 피고인의 유죄증거 죄형의 경중, 책임의 정도, 공판정에서 제출할 예정인 증거들이 포함되었다. 이에 대해 변호인도 증거개시를 해야 하는데 여기에는 ㉠ 정당방위, 긴급피난의 증거. ㉡ 피의자 또는 피고인의 범죄현장부재 증거. ㉢ 피의자 또는 피고인의 형사책임연령 미달 증거. ㉣ 피의자 또는 피고인이 형사책임능력이 없다는 증거. ㉤ 피의자 또는 피고인의 자수 등에 관한 증거들이다.

넷째, 증거개시의 신청방식과 관련하여 인민검찰원이 공안기관에서 이송한 사건을 넘겨받은 일로부터 증거개시를 신청할 수 있다. 증거개시는 변호인 또는 공소인이 서로 상대방에게 증거개시절차 진행을 요구하는 것으로 시작된다.

하이젠모델 하에서의 증거개시는 인민검찰원의 업무장소에서 공소인의 주재로 진행되었다. 공소인과 변호인 양측은 일정한 순서에 따라 각자 관련증거를 개시한 후 개시한 증거에 대해 서로의 의견을 교환하였다. 다툼이 있는 증거와 다툼이 없는 증거 모두 기록에 적어 넣었다.

증거개시절차가 시작되면 공소인이 먼저 자신이 보유하고 있는 증거를 개시하고 다음으로 변호인이 개시하는 것이 일반적이다. 그러나 사건의 정황에 따라 바뀔 수도 있는데 구체적으로 증거를 다음과 같이 개시할 수 있다. ㉠ 공소인이 모든 증거를 개시한 다음 변호인이 모든 증거를 개시한다. ㉡ 사건 중에 여러 개의 사실관계가 존재하는 경우에는 하나의 사실관계를 기준으로 각각 개시한다. ㉢ 증거의 종류를 나누어서 개시한다. ㉣ 공소인 또는 변호인이 서로 협상하여 기타의 개시방법을 정할 수 있다.

다섯째, 하이젠모델 하에서 일반적으로 공소인과 변호인 양측은 개시를 하지 않는 증거는 법정에 제출할 수 없다는 것을 미리 약정하였다. 만약 한 측이 약정을 어기고 개시하지 않은 증거를 공판기일에 제출하는 경우에는 다른 한 측은 법관에게 휴정할 것을 요구할 수 있다. 이 때 기습적으로 증거를 제출한 측은 반드시 그 요구에 응해야 한다.

하이젠모델 시행 1년 사이에 모두 10건의 사건에 대해 그 변호인이 하이뎬구 인민검찰원에 증거개시의 신청을 제기하였다. 그 중 고의상해사건 1건, 강도사건 1건, 공금횡령(挪用公款)사건, 1건, 뇌물수수(受賄) 사건 1건, 사기사건 1건 등 5건이 협의서의 내용에 부합되지 않는다는 이유로 기각되고 나머지 5건(사기사건 1건, 고의상해사건 2건, 공갈사기(敲詐勒索)사건 1건, 강도사건 1건) 등이 증거개시절차를 밟았는데 이 5개 사건에 연루된 피고인들은 다수가 미성년자였다.[147]

---

147) 사례에 대한 자세한 내용은 趙志堅·侯曉炎·庄燕君, 앞의 논문, 340-342면 참조.

하이뎬구(海淀區) 인민검찰원의 증거개시협의서(証据開示協議書)에 따라 증거개시를 시행한 과정에서 실제 증거개시를 진행한 사건의 수는 극히 적은 것으로, 같은 시기 심사기소한 사건 수의 0.17%밖에 안된다.[148] 이와 같이 하이젠모델 하에서의 증거개시는 매우 저조한 비율을 선보인 것을 알 수 있다. 이에는 다음과 같은 원인이 존재한다.

① 관할이 바뀌는 경우 증거개시 신청의 구속력

첫 번째 원인으로 한 부정부패사건을 예로 들면 다음과 같다. 해당사건은 복잡하기 때문에 사실인정과 사건의 성질을 규명하는 데에 있어 모두 논쟁이 치열하였다. 이 사건은 증거개시협의서(証据開示協議書)에 따라 변호인이 증거개시를 신청할 수 있는 사건에 속하였다. 그렇기 때문에 변호인은 심사기소단계에서 속히 자료를 열람하고 증거개시절차를 통하여 공소인과 충분한 의견을 교환하여 함께 사건을 해결하고자 하였다.

그런데 이 사건에 관련된 액수가 매우 크고 사건자체가 중대하여 피의자가 무기징역 이상의 형을 받을 가능성이 매우 컸기 때문에 상급인민검찰원에 사건관련 자료를 이송하여 관할을 바꾸어야 하는 상황에 놓이게 되었다. 그리하여 하이뎬구 인민검찰원은 변호인의 증거개시신청에 대하여 매우 신중한 태도를 보였고 결과적으로 허가를 내주지 않았다. 하이뎬구 검찰원은 증거개시협의서(証据開示協議書)는 어디까지나 하이뎬구 검찰원과 베이징시 변호사협회가 체결한 것이므로 기타 검찰원에게는 구속력이 없기 때문이라고 이유를 덧붙였다.[149]

이와 같이 사건의 관할이 바뀌는 경우 그 사건에 대해 증거개시

---

148) 趙志堅·侯曉炎·庄燕君, 앞의 논문.
149) 參見趙志堅·侯曉炎·庄燕君, 앞의 논문, 343면.

절차를 진행할 수 있는지에 대한 규정은 불분명하다. 따라서 이것은 증거개시절차를 진행할 수 있는 범위를 축소시키게 되고, 결과적으로는 증거개시를 진행하는 사건 수가 줄어들 수밖에 없는 것이다.

② 공소인의 실질적인 증거 미제출 가능성

두 번째 원인은 변호인은 하이뎬구 검찰원에서 시행하는 증거개시에 대한 요해가 부족하고 증거개시의 결과에 대한 만족도가 크지 않다는 것이다.

또 다른 부정부패 사건에 대해서 언급해 보면 해당 사건은 증거개시를 적용할 수 있는 사건이었고 또 사건의 변호를 맡은 변호인은 증거개시를 신청할 수 있는 25개 로펌 중의 하나였다. 그럼에도 불구하고 사건담당 변호인은 해당 사건의 사실관계가 명확하고 피의자도 자신의 죄를 인정하기 때문에 사건이 비교적 간단하다는 것을 이유로 증거개시 신청을 하지 않았다.

그러나 변호인이 증거개시를 신청하지 않은 이유는 따로 있었다. 물론 심사기소단계에서 증거개시를 하게 되면 변호인의 힘으로 접근할 수 없는 증거들을 수집하게 되므로 이후 증거를 수집하는 데에 도움이 되고 또 공판기일에서의 변론의 방향을 명확하게 해주기 때문에 변호인에게 유리한 절차이다. 그런데 문제는 이처럼 변호인에게 유리한 증거를 공소인은 보여주기를 원하지 않는다는 것이다. 즉, 증거개시절차를 거치더라도 변호인의 변호에 유리한 증거들은 보여주지 않는다는 것이다.[150] 그렇기 때문에 대부분 변호인들은 이와 같은 문제로 인하여 일반적으로 증거개시신청을 잘 하지 않는다고 하였다.

---

150) 參見趙志堅·侯曉炎·庄燕君, 앞의 논문, 344면.

③ 증거개시를 할 수 있는 사건의 범위에 대한 제한

법정형이 최저 10년 이상 유기징역인 범죄에 한하여 증거개시를 신청할 수 있다. 그런데 기층인민검찰원인 하이뗀구 검찰원은 이처럼 징역형이 매우 높은 사건을 처리하는 비중이 적다. 2002년의 통계에 따르면 하이뗀구 검찰원에서 이와 같은 사건이 모두 104건이 있었는데 이것은 전체 사건의 3.5%밖에 되지 않았다. 이러한 사건들은 대부분 강도, 사기, 집단패싸움(聚衆斗毆), 납치, 강간 등에 연루된 사건들이었다.151) 다시 말해서 이와 같이 증거개시의 신청범위를 높게 설정하다 보니 97%에 가까운 사건들은 증거개시를 신청할 기회조차 없게 되는 것이다.

④ 특수 피고인에 대한 증거개시의 효과

피고인이 맹인이거나 농아자인 경우의 증거개시에 대한 문제이다. 중국 「법률원조(法律援助)조례」 제12조에 따르면 형사피의자나 피고인이 맹인, 농아자이거나 미성년자인 경우 및 사형을 선고받을 가능성이 있는 사건임에도 불구하고 피의자 또는 피고인이 변호인을 선임하지 않은 경우에 법률원조를 받을 수 있다. 이상의 사건인 경우 인민법원은 피고인을 위해 변호인을 지정(指定辯護)해야 하고 법률원조기구는 반드시 원조를 제공해야 한다.

그런데 하이뗀구 검찰원의 실무과정에서 관찰된 결과 맹인이거나 농아자인 피의자들은 거의 대부분 변호인을 선임하지 않았다.152) 변호인을 선임하지 않았기 때문에 증거개시의 신청을 도와주는 자가 없어 결과적으로는 맹인이나 농아자에 대해 증거개시절차는 별다른 의의가 없게 되었다.

위 규정에 따르면 법원은 피고인이 맹인이거나 농아자이거나 미

---

151) 趙志堅·侯曉炎·庄燕君, 앞의 논문, 344면.
152) 趙志堅·侯曉炎·庄燕君, 앞의 논문, 344-345면.

성년자인 경우 그리고 사형을 선고받을 수 있는 자임에도 불구하고 변호인을 선임하지 않은 경우 변호인을 지정해주게 된다. 그런데 만약 법원이 공판기일이 열리기 직전 변호인을 지정하게 되면 증거개시절차는 과연 의미가 있는지에 대해 의문이 든다.

그밖에 법원에 의해 지정된 변호인은 일반적으로 보통 사건에 비해 수임료가 많지 않다. 그렇다 보니 책임감이 떨어지고 자신의 의무를 다하지 않는 경우가 많이 존재하게 된다. 어떤 지정변호인은 공판이 열리기 전까지 피고인을 한 번도 만나지 않았다. 그렇게 때문에 번거롭게 증거개시 신청을 하는 경우는 더욱 없게 되는 것이다.

⑤ 변호인의 낮은 선임율

중국의 형사사건에 있어서 변호인의 선임률은 전체적으로 비교적 낮다. 대부분의 피의자, 피고인들은 언제 변호인을 선임할 수 있으며 구체적으로 변호인으로부터 어떠한 법률적 도움을 받을 수 있는지에 대해 잘 알지 못한다.

그런데다가 하이뎬구 검찰원에 의해 기소된 피의자 80%가 타지방(外省)에서 온 사람들이다 보니 변호인을 선임하기에 불편한 점이 더 많다.[153] 그리고 중국에서는 형사피의자의 90% 정도가 구속된다. 구속된 피의자는 인신자유가 제한되어 있기 때문에 가족 및 친지들과 연락하기 불편한 점도 변호인의 선임률이 낮은 원인 중의 하나이다.

생각건대 하이뎬모델에 따르면 증거개시는 일반적으로 변호인의 신청에 의하여 이루어진다. 그렇게 때문에 피의자가 인민검찰원단계에서의 변호인 선임률이 높아야 증거개시를 신청할 확률도 높아져 실제 증거개시절차를 진행할 가능성도 높다. 그런데 위에서 살펴본 바에 의하면 중국은 현재 변호인 선임률이 낮은데다가 공소제기

---

153) 趙志堅·侯曉炎·庄燕君, 앞의 논문, 346면.

이전인 인민검찰원단계에서 변호사를 선임하는 경우는 더 드물다. 따라서 결과적으로 볼 때 이처럼 낮은 변호사 선임률이 낮은 증거개시 신청률을 만들게 되는 것이다.

⑥ 증거개시를 신청할 수 있는 로펌에 대한 제한

앞서 언급한 바와 같이 하이뎬구 검찰원에 증거개시를 신청할 수 있는 로펌이 25개로 제한되어 있다. 심지어 베이징시의 많은 부분을 차지하는 변호사들은 하이뎬구 검찰원에서 이와 같은 프로그램을 시행하는 것조차 모르고 있었다. 이와 같이 로펌의 참여수가 극히 적기 때문에 증거개시를 할 수 있는 사건이라 할지라도 대부분의 로펌이 부적격하므로 증거개시의 신청을 처음부터 못하게 되는 것이다.

⑦ 증거개시 의무를 이행하지 않은 경우의 제재

하이뎬구 검찰원은 이 프로그램을 시행하기 이전에 증거개시절차상 나타나게 될 문제점에 대비해서 미리 예측을 하고 다른 국가의 증거개시제도를 참작하여 하이뎬 모델을 구상하였다. 그럼에도 불구하고 1년 동안의 시행과정 중 기습적인 증거의 제출현상은 여전히 존재하였다.

증거개시를 하다보면 증거개시를 진행하는 과정에서 어느 한 측이 제시한 증거가 다른 한 측에게는 미처 생각지도 못했던 증거의 실마리를 찾아주게 되는 경우가 있다. 그렇게 되면 다른 한 측은 실마리를 둘러싸고 사건에 중요한 영향을 미칠 수 있는 결정적인 증거를 찾아내기도 한다. 그렇다면 이처럼 증거개시를 시행하는 도중 또는 증거개시절차를 마친 후 위 경우에 의해 수집한 증거를 갖고 있다가 공판기일에 기습적으로 제출하면 어떻게 되는가?

하이뎬 모델에 따르면 어느 한 쪽이 증거개시절차 위반시 다른 한 쪽은 법관에게 휴정할 것을 요구할 수 있다. 이 때 기습적으로 증거를 제출한 측은 반드시 그 요구에 응해야 한다. 그러나 휴정하는 것이 곧 그 기습적인 증거에 대한 배제는 아니다. 휴정을 하더라도 그 기습적으로 제출된 증거를 채택할지 여부는 법관이 스스로 판단한다.[154]

---

154) 이와 관련된 사례를 하나 소개하도록 하겠다.

사례: 호모의 고의상해사건

피의자 호모는 학생이다. 그는 오토바이를 타고 가던 중 행인과 말다툼이 벌어지자 자신이 소지하고 있던 칼을 꺼내들어 상대방을 찔렀다. 감정결과 이 행인은 중상을 입었다. 이 사건의 경우 인민검찰원단계에서 호모의 변호인은 증거개시를 진행할 것을 신청하였다.

이 사건은 하이뎬구 인민검찰원에서 협의서를 체결한 이래 처음으로 변호인이 증거개시를 신청한 사례이다. 그런데 이 사건의 변호를 맡은 변호사의 소속로펌은 증거개시 신청이 가능한 25개 로펌에 속하지 않았다. 따라서 원칙대로 하면 해당 로펌은 자격이 부적격하기 때문에 증거개시 신청자체를 할 수 없게 된다. 그런데 하이뎬구 인민검찰원은 하루속히 증거개시의 실무과정에서의 경험을 쌓기 위하여 특별히 이 사건에 대해 증거개시를 할 수 있도록 허가를 내주었다. 변호인의 증거개시 신청에 따라 공소인은 수사사건기록 내에서 법정에서 제출할 것으로 예상되는 모든 증거를 변호인에게 개시함과 동시에 변호인이 필요한 증거자료들을 발췌·복사할 수 있게끔 하였다. 증거개시절차과정에서 변호인도 공소인에게 자신이 수집한 호모의 사정을 참작하여 가볍게 처리(酌定從輕)해 줄 만한 자료들을 개시하였다.

이 사건에서 호모의 변호인은 증거개시절차를 통하여 공소인이 고의상해죄(중상)(베이징시 법의감정중심에서 감정함)로 기소를 제기할 것이라는 것을 알아냈다. 공판이 시작되기 며칠 전 변호인은 사건의 피해자에게 재차 법원에 감정신청을 하였고 법원은 이를 승낙하였다. 재감정한 결과 경상(법의감정위원회에서 감정함)이라는 결론이 나왔는데 변호인은 이 사실을 공소인에게 고지하지 않고 공판기일에 이 증거를 기습적으로 제출하였다. 공소인은 이 증거의 효력에 대해 의문을 제기하며 법관에 휴정할 것을 신청하였는데 법관은 이 사건에서 다른 부분에서는 의견의 차이가 없고 중상인가 경상인가 하는 이 부분에 대해서만 논쟁이 있는 것으로 보고 휴정하지 않고 논쟁이 있는 부분에 대해서 공판이 끝난 후 합의부와 상의하여 판단을 내릴 것이라고 하였다. 결과 법원은 법의감정위원회의 감정이 베이징시 법의감정중심의 감정보다 효력이 더 크다고

생각건대 이러한 규정은 강력한 제재방식이 되지 못한다. 증거개
시절차 진행 중 또는 절차종료 후 새로 수집한 증거에 대해서도 공
판기일 전에 반드시 개시를 해야 한다. 그렇지 않은 경우에 공판정
에서 증거로 제출할 수 없게 하는 것이 마땅하다. 증거개시절차 위
반 시 가하는 제재는 강력한 것이어야 증거개시절차가 원만하게 이
루어질 수 있다.

마. 2007년 변호사법[155]의 증거열람에 관한 규정
(1) 2007년 변호사법의 내용
변호인의 증거열람이 제한을 받게 되자 입법자들도 문제의 심각
성을 깨닫고 변호사법 개정작업에 나섰다. 이번 변호사법에서 변호
사의 증거열람에 대한 규정은 기존의 형사소송법의 틀을 벗어나 새
롭게 규정됨으로써 한차례의 새로운 변화를 가져왔다.

변호사법의 개정을 통하여 변호사는 사건의 심사기소일로부터
사건과 관련된 소송문서 및 사건자료를 열람·발췌·복사를 할 권리가
있고 인민법원에서 사건을 접수한 날로부터 사건과 관련된 모든 자
료를 열람·발췌·복사할 권리가 주어졌다(2007년 변호사법 제34조).

위 규정으로부터 알 수 있는바 변호사는 증거열람에 있어서 기존
에 비해 대체로 두 가지 측면에서 차이를 보였다.

첫째, 변호사의 증거열람에 대한 권리를 부과한 것이다. 기존에는
'열람·발췌·복사할 수 있다'고 하는 선택적 표현만 쓰고 열람의 권리
에 대해서는 명확한 규정이 없었다. 반면 2007년 변호사법은 '열람·

하여 경상으로 판단하여 변호인 측의 손을 들어주게 되었다. 趙志堅·侯曉
炎·庄燕君, 351-352면.
155) 2007년 10월 28일 전국인민대표대회 상무위원회 제13차 회의에서 변호사
법을 개정하였는데 개정된 변호사법은 이듬해인 2008년 6월 30일부터 시
행되었다.

발췌·복사할 권리가 있다'라는 표현을 씀으로써 열람권을 변호사의 권리로 명확히 제시하였다.

둘째로, 변호사의 열람범위에 관한 것인데 1996년 형사소송법의 규정에 의하면 인민검찰원 단계에서의 변호사의 열람범위는 '본 사건의 소송문서, 기술적 감정자료'로 한정하였다. 이에 대해 2007년 변호사법은 '본 사건과 관련된 소송문서와 사건자료'라고 하여 열람 가능한 범위를 확대시켰다. 그리고 인민법원단계에서도 1996년 형사소송법에서는 '본 사건에서 지목한 범죄사실과 관련된 자료'를 열람할 수 있다고 하였으나 2007년 변호사법에서는 '본 사건과 관련된 모든 자료'로 열람범위를 확대시켰다.

(2) 문제점

2007년 변호사법은 변호사의 열람범위를 확대하고 열람권리를 인정한 것에 대해서는 긍정할 바이다. 그럼에도 불구하고 2007년 변호사법에 대해서는 다음과 같은 비판이 제기되었다.

① 내용관련 문제점

변호사법 제34조의 내용이 너무 간결하기 때문에 실제 운용에 있어서 매우 큰 유연성을 보인다는 점이다. 그 이유는 변호사법 제34조에서는 단지 인민검찰원단계에서 '본 사건에서 지목한 범죄사실과 관련된 자료' 그리고 인민법원단계에서는 '본 사건과 관련된 모든 자료'를 열람·발췌·복사할 권리가 있다고 하였는데 '사건자료'와 '모든 자료'를 어디까지 인정할 것이고 어떻게 정의를 내려 그 범위를 확정할 것인가에 대해서는 언급한 바가 없기 때문이다.[156] 그리고 변호사가 이상의 증거들을 언제 어디서 열람할 지에 대해서도 언급한

---

156) 馬鵬飛, 앞의 논문, 132면.

바가 없었다.

② 1996년 형사소송법과 2007년 변호사법의 충돌

1996년 형사소송법과 2007년 변호사법이 변호사의 증거열람에 있어서 서로 조금씩 다른 규정을 하고 있어 법 간의 충돌이 생겼으나 이 문제를 어떻게 해결할 지에 대해서는 별다른 언급이 없었다.[157)

③ 정보비대칭문제

변호사에 대한 증거열람의 범위의 확대가 새로운 정보의 불균형을 만든다는 지적이 있었다. 2007년 변호사법에 따르면 변호사는 공소제기 후 사건에 관한 모든 증거자료를 열람할 권리가 있다. 그러나 자신의 수중에 있는 증거를 검사에게 보여줄 의무에 대해서는 규정하지 않았다. 따라서 검사는 변호사 수중에 있는 증거를 들여다 볼 수 없으므로 이론상으로 볼 때 정보비대칭이라고 지적하였다.[158) 이러한 정보비대칭으로 인하여 만약 변호사가 자신이 갖고 있는 증거를 공판기일에 기습적으로 제출할 경우 사건의 신속한 처리에 영향을 주게 된다.

살피건대 2007년 변호사법은 실제운용과 직결되어 있기 때문에 이와 같은 문제점들은 자칫하면 변호사법의 입법취지를 제대로 실

---

157) 신법우위의 원칙에 따르면 2007년 변호사법이 신법이기 때문에 변호사법이 우선시된다. 그러나 일부 학자들은 1996년 형사소송법은 전국인민대표대회(입법기관)에서 통과된 반면 2007년 변호사법은 전국인민대표대회 상무위원회(입법기관의 상설기관이다. 물론 입법권도 갖고 있다.)에서 통과되었기 때문에 변호사법이 신법임에도 불구하고 하위법이라고 한다. 하위법은 상위법에 비해 구속력이 낮기 때문에 2007년 변호사법은 효력이 없다고 한다. 程榮斌·劉怀印, "從修訂后律師法看檢察机關保障律師閱卷權制度的完善",「人民檢察」, 2008년 제18기, 13면.
158) 程榮斌·劉怀印, 앞의 논문, 13면.

현하지 못하게 되어 기존의 열람방식대로 돌아갈 가능성도 존재한
다.[159] 변호사법은 제정 당시 많은 기대를 가져왔으나 실제 실무에
있어서는 크게 그 역할을 발휘하지 못하였다.

III. 중국 현행법상 증거취득에 관한 규정

1. 변호인의 증거열람을 통한 증거의 취득

현행 형사소송법은 전건이송주의 소송구조를 취하고 있다. 변호
사는 인민검찰원의 심사기소일로부터 본 사건의 사건자료를 열람·
발췌·복사할 수 있다. 기타 변호인은 인민법원, 인민검찰원의 승인
을 거쳐 상술한 자료를 열람·발췌·복사할 수 있다(2012년 형사소송법
제38조). 그러므로 변호인은 인민검찰원단계부터 증거자료를 접할
수 있게 되었다.

그리고 인민검찰원은 피의자의 범죄사실이 철저히 조사되고 증
거가 확실하며 충분하여 법에 의해 형사책임을 져야 된다고 판단된
때 공소를 제기하여야 한다. 심판관할의 규정에 따라 인민법원에 공
소를 제기하고, 동시에 공소장과 함께 사건자료와 증거를 인민법원
에 이송하여야 한다(동법 제172조). 변호인은 공소인이 이송한 증거
자료를 열람·발췌·복사할 수 있으므로 이로부터 공소인의 수중에 있
는 증거를 취득하게 된다.

인민검찰원 형사소송규칙 제393조의 규정에 따르면 공소장은 다
음과 같은 내용이 포함된다. ① 피고인의 성명, 성별, 출생년월일, 주
민등록번호, 주소, 민족, 학력, 직업 등 기본적인 인적사항. ② 사건의

---

159) 程榮斌·劉懷印, 앞의 논문, 13면.

개요 및 사건의 래원(來源). ③ 사건의 사실관계, 이것은 범죄의 시간, 장소, 경과, 수단, 목적, 동기 등 유무죄의 판단과 양형판단에 관련된 사실이다. ④ 공소제기의 근거와 이유이다. 여기에는 피고인이 형법 몇 조를 위반했는지, 위반한 형법조문의 죄명, 법적인 감경 및 가중처벌 정황 등이 포함된다.

2. 증거개시를 통한 쟁점의 정리

가. 공소인의 증거개시의무

변호인은 인민검찰원이 공소제기 시 수사기관이 수집한 피고인에게 유리한 증거 즉 무죄를 입증할 수 있는 증거와 罪輕증거를 제출하지 아니한 경우에는 인민검찰원, 인민법원에 신청하여 調取할 권리가 있다(2012년 형사소송법 제39조). 이와 관련하여 최고인민법원은 사법해석을 내놓았는데 변호인은 검찰원에서 공소제기 시 수사단계 또는 인민검찰원단계에서 공안기관 또는 인민검찰원이 수집한 피고인의 무죄, 罪輕의 증거를 법원에 이송하지 않았다고 여겨 법원에 調取해 줄 것을 신청한 경우 인민법원은 신청을 접수한 후 반드시 인민검찰원으로부터 調取해야 하고 인민검찰원은 관련 증거자료들을 인민법원에 이송한 후 인민법원은 즉시 변호인에게 통지하여야 한다(2012년 최고인민법원 사법해석 제49조).

공소인이 제출하지 않은 피고인에 유리한 증거와 관련하여 1996년 개정 형사소송법은 규정한 바가 없으나 2012년 개정 형사소송법은 이에 대해 위와 같이 명확히 규정하였다는 점에서 의미가 있다.

나. 변호인의 증거개시 의무

기존의 형사소송법은 변호인의 증거제출 의무에 대해 규정하지 않고 공소인만 변호인에게 증거를 보여주는 방식으로 되어있었다.

그러나 현행 형사소송법은 변호인이 수집한 피의자의 범죄현장부재, 형사책임능력미달, 법에 의해 형사책임을 지지 않는 정신병자 등 증거는 즉시 공안기관, 인민검찰원에 고지하여야 한다(2012년 형사소송법 제40조)고 규정하였는바 변호인 역시 공소인에게 증거를 보여주어야 한다.

살피건대 현행 형사소송법에서 공소인이 드러내놓아야 하는 증거의 범위는 변호인보다 훨씬 많다. 다시 말해서 쌍방의 증거교환의무를 명시하고는 있지만 의무의 양적인 면에서 차이가 있는 비대등한 구조를 갖고 있다.

그리고 이 조문에서 살펴보면 "변호인이 수집한 피의자…"라고 하여 '피의자'라는 용어가 등장한다. 용어만 놓고 따져보면 '피고인'이 되기 이전 단계 즉 공판절차가 진행되기 이전 단계에 대해서만 이 조문이 적용되는 것처럼 보인다. 그러나 조문의 문맥상 흐름을 놓고 보면 "변호인은 피고인이 피의자였을 때부터 수집한 범죄현장부재, 형사책임능력미달, 법에 의해 형사책임을 지지 않는 정신병자 등 증거"라고 보는 것이 타당하다고 생각된다. 그러므로 공판절차에 있어서도 이 조문은 당연히 적용된다고 보아야 하기 때문에 변호인은 수사절차(수사단계), 공소제기를 위한 심사절차(인민검찰원단계), 공판절차를 막론하고 피고인의 무죄변호를 할 예정인 경우라면 공안기관, 인민검찰원에 고지하여야 한다.

제4절 비교법적 검토

Ⅰ. 한국 당사자주의적 증거개시제도와 중국 직권주의적 증거열람제도

1. 증거개시제도와 증거열람제도의 일반이론

증거는 형사법에 있어서 가장 핵심이며 소송의 생명과도 같은 것이다. 형사소송에 있어서 법관의 역할과 법관이 소송에서 차지하고 있는 비중이 어느 정도인가에 따라 공소인과 피고인 양측이 주도하는 영미법계의 당사자주의와 법원이 주도권을 가지는 대륙법계의 직권주의로 대별된다.[160] 그러나 어떠한 소송구조를 취하든지 증거를 확보하는 데에 있어서 공소인이 우월한 지위를 갖고 있음에 반해 피고인 측은 불리한 위치에 놓여있다. 이와 같은 역량의 차이를 시정하고자 영미식 당사자주의 국가에서는 증거개시제도를, 대륙법계의 국가에서는 변호인의 증거열람제도를 구축하였다.[161]

---

160) 김종구, 형사사법개혁론(2004), 법문사, 74면; 한상훈, "형사소송의 구조와 검사, 피고인의 지위-당사차주의와 증거개시제도를 중심으로-", 형사법 연구 Vol.21 No.4, 400면 참조. 사실 이러한 주도적 지위라는 기준은 때로는 추상적이고 모호하다. 세계 많은 국가의 소송구조는 주로 당사자주의와 직권주의로 분류되지만 개개의 나라마다 역사가 다르고 문화가 다르기 때문에, 당사자주의와 직권주의를 구별함에 있어서 순수한 이념형과 실재하는 현실형을 고려하여야 한다. 한상훈, "형사소송의 구조와 검사, 피고인의 지위", 402면 참조.

161) 顧永忠・苑宁宁, "關于控辯平等若干問題的思考",「河南社會科學」, 2012년 2월, 제20권 제2기, 35면.

가. 영미식 당사자주의와 증거개시제도

증거개시는 영미식 당사자주의 소송구조에서 발달되어 온 제도로서 영미 보통법계에서 매우 중요한 증거제도로 활용되고 있다. 증거개시제도를 취하는 국가로 영국과 미국이 가장 대표적이다. 이러한 당사자주의 소송구조를 취하고 있는 국가의 가장 큰 특징이라고 할 수 있는 것이 바로 소송절차에서 검사와 피고인은 당사자의 지위로서 양자는 평등해야 한다는 것이다. 이에 따라 법관은 양측이 수집한 증거를 중심으로 재판과정에서 충분한 변론을 하게 하여 판결을 내리게 된다. 이 때 법관은 어디까지나 중립을 표해야 하고 직접 나서서 재판을 주도하지 아니한다.

이와 같이 검사와 피고인은 소송 당사자이기 때문에 증거개시는 일차적으로 검사가 피고인 측에게 하거나 피고인 측이 검사에게 하는 방식으로 이루어지는데 주로 검사가 개시한 증거를 취득함으로써 피고인의 방어권은 보장된다. 법원은 이때 개입하지 아니한다.

나. 직권주의와 증거열람제도

직권주의 국가에 있어서는 법관의 역할이 매우 중요하다. 법관이 공판절차를 주도하기 때문이다. 직권주의 소송구조를 갖고 있는 전형적인 국가로는 독일, 프랑스 등이 있다. 이런 국가에서 공판정에서의 법관의 주도적 지위를 잘 발휘하려면 우선 공판이 시작되기 전미리 사건에 대해 파악해야 된다. 그러므로 법관은 검찰에서 공소제기 시 함께 이송된 사건에 관한 증거와 관련 서류들을 읽은 뒤 재판에 임하고 재판에서도 실체적 진실의 발견을 위해 적극적인 증거조사를 진행한다.

피고인 측이 증거를 취득함에 있어서는 주로 공소제기 시 검찰에서 이송된 수사기록을 열람·등사하는 것으로 이루어진다. 법원은 피고인 측의 신청에 따라 사건관련 증거자료를 열람·등사하도록 허용한다. 이로써 피고인의 방어권은 보장받을 수 있다.

2. 양자의 공통점과 차이점

가. 공통점

증거개시제도와 증거열람제도 모두 실제 운용방면에 있어서 동일한 가치이념을 보여주는데 그것은 바로 두 제도는 모두 피소추자의 권리에 대한 보호에서부터 출발한다는 것이다.162) 소추자인 공소인에 비해 피고인 측은 사건의 정보를 알아내거나 증거자료를 취득함에 있어서 그 역량이 크게 차이가 나기 때문에 이것을 보완하거나 또는 균형을 잡고자 하는 데에 두 제도의 목적이 들어있다.163) 달리 말하자면 공소인과 피고인은 각각 소추자와 피소추자의 지위로서 선천적으로 대등하지 않기 때문에 이러한 역량 차이를 개선하고자 생겨난 제도가 증거개시제도 또는 증거열람제도이다. 이에 따라 반영되는 결과는 피고인의 방어권 보장이다. 피소추자는 공판기일 전 증거개시 또는 증거열람을 통하여 상대방이 자신을 어떤 죄명과 증거로 기소했는지 알 수 있기 때문에 증거에 대해 미리 숙지함으로써 공판기일에서의 변론을 위해 충분한 방어의 준비를 하게 된다.

나. 차이점

이와 같이 증거개시제도와 증거열람제도는 이념과 기능상 비슷한 점을 갖고 있다. 그러나 두 제도가 자라난 토양이 다르기 때문에 차이점이 존재한다.

먼저 두 제도의 배경에 대한 차이점에 대해 알아보자. 주지하다시피 영국과 미국은 당사자주의 소송구조를 취하는 전형적인 국가

---

162) 王志萌, 앞의 논문, 14면.
163) 顧永忠·苑宁宁, 앞의 논문, 35면.

이다. 당사자주의 가장 기본적인 원리는 소추자와 피소추자가 모두 당사자의 지위로서, 무기대등해야 한다. 반면에 심판기관은 중립을 지켜야 한다.[164] 그런데 소추자와 피소추자는 선천적으로 인한 역량의 차이 때문에 증거를 수집하는 데에 있어서도 차이가 난다.

이런 상황 하에서 공소인이 피고인 측에게 증거를 드러내지 않고 공판기일에 기습적으로 증거를 제출하는 경우, 한편으로는 피고인이 충분한 방어를 하지 못하게 되고 다른 한편으로는 공판기일이 중단될 수 있다. 그리하여 영미국가에서 증거개시가 나타나게 된 것이다.[165] 이로부터 알 수 있는 바 영미식 당사자주의 국가에서 증거개시제도를 실시하게 된 최초의 원인은 재판과정에서의 기습적인 증거제출을 막기 위함이라고 보아진다.[166]

반면에 증거열람제도는 한편으로는 직권주의 국가에서 법관이 공판이 시작되기 전 사건에 관한 증거자료들을 모두 읽어봄으로써 재판을 더 잘 주도할 수 있게끔 하는 장치이고 다른 한편으로는 변호인이 사건을 미리 파악하여 공판기일에 피고인의 방어권을 보장하기 위한 장치이다. 법관은 공소인이 공소제기 시 이송한 증거자료에 근거하여 사건을 파악하고 재판과정에서 적극적으로 증거조사를 하여 실체적 진실을 발견하기 때문에 증거개시를 필요로 하지 않았다. 더 나아가 피고인 측도 법원에서 증거자료를 열람할 수 있기 때문에 증거개시제도가 필요하지 않았던 것이다. 또한 직권주의 국가에서는 실체적 진실의 발견이 곧 사법기관의 직책이기 때문에 소추자와 피소추자는 실체적 진실의 발견을 위해 적극적으로 보조해 주어야 한다.[167] 소추자와 피소추자가 법정에서 어떤 방식으로 공격하

---

164) 顧永忠, "証据開示与閲覽制度的比較与選擇", 176면.
165) 顧永忠, "証据開示与閲覽制度的比較与選擇", 176면.
166) 영미식 당사자주의 국가의 증거개시제도에 관하여 자세한 내용은 陳瑞華, "刑事訴訟的前沿問題", 「中國人民大學出版社」, 2000년, 509-529면 참조.

고 방어를 하든 최종적으로 법관이 실체적 진실을 위해 판단을 하는 것이므로 소추자의 기습적인 증거제출은 재판에 크게 영향을 주지 않았다.

다음으로 법원의 개입시기의 차이에 관한 것인데 영미식 당사주의 소송구조 하에서는 소추자와 피소추자가 대등하고 법관은 중립을 표해야 한다. 그렇기 때문에 증거개시제도에 있어서는 먼저 검사와 피고인이 서로 자신에게 증거를 보여줄 것을 요구한다. 이 때 상대방이 보여주지 않을 경우 검사 또는 피고인이 법원에 증거를 보여주게 할 것을 신청한다. 법원은 검사와 피고인의 신청에 따라 증거개시 여부에 대해 판단하게 되는데 이로부터 알 수 있는바 법원이 개입하는 시기는 검사와 피고인 모두 스스로 해결하지 못하는 때이다.

반면에 증거열람제도는 공소제기 시 사건기록이 모두 법원에 넘어가므로 변호인은 법원에 증거열람 신청을 하게 된다. 법원은 필요한 경우 변호인에게 열람·등사하도록 하는데 이로부터 알 수 있는바 증거열람제도에 있어서 법원은 처음부터 개입하는 것이다.

Ⅱ. 한중 서로 다른 소송구조 하에 기록의
열람·등사에 있어서의 선택

현행법상 한국은 증거개시제도를 취하고 있는 국가인 반면 중국은 1979년 제정 형사소송법, 1996년 개정 형사소송법, 2012년 개정 형사소송법에서 모두 증거열람제도를 취해왔다. 단지 증거열람의 범위에 차이가 있었을 뿐이다. 한국과 중국의 소송구조를 연혁적 고찰

---

167) 孫長永, "探索正当程序-比較刑事訴訟法專論", [M]·北京, 「中國法制出版社」, 2005 년.

의 방법으로 살펴보았을 때 양국은 모두 형사소송법상 입법적으로 또는 실무적으로 존재하는 문제점을 해결하고자 여러 가지 제도와 절차를 구상하면서 많은 시행착오를 겪어왔다. 사실 한국과 중국 모두 형사소송법 제정 당시에는 검찰기관에서 제출한 증거를 열람하는 방식으로 증거를 취득하였다. 그러다가 양국 모두 법관에 예단이 생기는 것을 방지하기 위하여 한국은 1982년 말에 법관들이 성안한 대법원 형사소송규칙에 의하여 공소장일본주의가 도입되고 중국은 1996년 형사소송법 개정에 명문으로 공소장일본주의와 성격이 비슷한 사본주의를 도입하였다.

여기에서 흥미로운 점은 제도의 도입에 대하여 법관들의 태도가 완전히 상반된다는 것이다. 중국은 법관들이 공판정에서의 주도적 지위를 발휘하지 못하게 되는 것에 대해 심기가 불편해 한 반면 한국에서는 공소장일본주의가 오히려 법관들의 찬사를 받았다는 점이다.

그리하여 결과적으로 볼 때 중국은 2012년 형사소송법 개정을 통하여 공소제기 시 사건기록을 모두 법원에 이송하는 전건이송주의 소송구조로 되돌아갔고[168] 한국은 2007년 형사소송법 개정에서 당사자주의적 성격을 띤 제도들을 대폭 도입함으로써 무기대등을 실현하고 진정한 당사자주의의 길을 선택하였다. 특히 2008년부터 실시된 국민참여재판제도로 인하여 배심원의 예단을 막고자 기존의 피고인신문을 먼저 하던 데로부터 증거조사를 먼저 하게 되었다. 이로써 공판기일에서 증거조사를 먼저 진행한 후 피고인신문을 하는 것으로 순서가 바뀌게 되었다.

---

168) 중국은 1979년의 제정 형사소송법 이후부터 1996년과 2012년 모두 증거열람제도의 모델을 택하였다. 그 범위는 1996년 제2차 개정에서 다소 축소되었으나 2012년에 이르러서는 1979년 형사소송법의 규정으로 돌아가서 범위를 재차 확대시켰다. 1996년에 도입된 사본주의는 공소장일본주의의 취지와 비슷하나 여전히 주요증거 또는 사본을 열람하는 것으로 증거를 취득함으로 증거열람제도에 속한다.

이와 같이 입법자들은 서로 다른 결단을 하였고 현재 양국은 서로 다른 소송구조를 갖게 되었다. 이러한 입법자들의 결단 역시 그 나라 국민의 요구를 반영한 결과라고 생각된다.

중국의 사법전통을 놓고 볼 때 법관은 직접 증거를 수집하고 증거조사를 주도하여 사건의 실체적 진실을 밝히곤 하였는데 이것이 진정한 사법정의를 실현하는 주요한 경로라고 여겨왔다. 우리가 잘 알고 있는 중국 송나라 때의 판관인 포청천의 공명정대한 판결을 극화한 드라마 '판관 포청천'에서도 알 수 있듯이 법관의 형상은 수단과 방법을 가리지 않고 적극적으로 실체적 진실을 발견하는 것이다[169]. 중국 국민들의 마음속에는 이러한 법관의 형상이 자리 잡고 있는 것이지 소극적인 재판관의 형상이 자리 잡고 있는 것은 아니다. 다시 말해서 중국인들에게는 법관이 적극적으로 나서서 증거를 조사하여 범죄자를 찾아 처벌을 하는 것이 정의롭다고 여기는 그러한 법 감정이 예전이나 지금이나 늘 깔려있다고 생각된다. 그렇기 때문에 역으로 보면 중국 국민들이 적극적인 법관의 형상을 요구했고 입법자들은 이에 근거하여 전건이송주의 소송구조를 회복한 것이다.

생각건대 중국의 전건이송주의 방식이든 한국의 공소장일본주의 방식이든 옳고 그름을 판단할 수 있는 문제는 아니다. 이와 같이 서로 다른 소송방식을 택한 것은 그 나라가 그러한 방식이 정의롭다고 여겼기 때문에 선택한 것이고 이러한 선택은 존중해야 한다고 생각된다. 그 원인은 정의는 시대가 다름에 따라 변하는 것이고 나라가 다름에 따라 다른 형태로 비춰지기 때문이다.

다만 한국의 공소장일본주의의 도입으로부터 한 가지 시사점을 얻을 수 있다. 한국은 현재는 당사자주의 소송제도를 많이 흡수하여

---

169) 陳瑞華, "審判案卷移送制度的演變与反思", 21-22면 참조.

영미식 당사자주의 길로 가고 있지만 종래에는 대륙법계의 틀을 가
진 국가였다. 대륙법계의 국가는 법관이 공판정에서의 주도적 지위
를 가지는 것이 일반적이다. 한국의 경우 공소장일본주의의 도입은
예단배제가 가장 큰 목적이었다. 이와 동시에 법관들이 공소장일본
주의를 성안했던 것은 폭주하는 사건에 대한 불만의 표출이라는 점
도 있어 보인다.[170] 검사는 수사기록을 법원에 넘겨주고 나면 편했
지만 법관들은 받은 기록을 일일이 읽어야만 했기 때문에 법관들의
업무량이 상당하였다.

　　중국의 경우 현재 전건이송주의 소송구조를 취하고 있다. 이로
써 공소가 제기되면 수사기록이 법원에 넘어오게 되고 법관은 이
기록을 읽고 재판에 임함으로써 공판정에서의 주도적 지위를 발휘
하게 된다. 그러나 사건이 어느 정도 더 늘어나게 되면 중국의 법관
들의 업무량도 따라서 증가될 것이다. 그렇게 되면 중국의 법관들
도 언젠가는 한국처럼 기록을 읽지 못하고 재판에 임하는 경우가
있을 것이라고 생각된다. 이 길을 먼저 걸어온 한국이 중국에 시사
점을 던져주고 있다. 당장은 아니더라도 장기적인 관점에서 바라보
았을 때 중국에서 공소장일본주의에 대한 논의가 재차 일 것으로 예
측된다.

---

170) 이와 관련하여 "형사소송규칙이 제정되기 전의 실무에서 법원은 만성적
　　인 사건부담에 시달리고 있었다. 설사 검사가 일건 수사기록을 공소장에
　　첨부하여 공소를 제기하더라도 사건의 폭주 때문에 재판부는 공소장조차
　　도 읽어보지 못하고 공판정에 임하는 경우가 비일비재하였다."고 한다.
　　신동운, "공판절차에 있어서 피고인의 방어권 보장 -수사기록 열람·등사
　　권 확보를 중심으로", 165면.

Ⅲ. 비교법적 관점에서 바라본 중국 공판전회의에서의 쟁점정리의 필요성

1. 한국의 공판준비절차에서의 쟁점정리

앞에서 기술한 바와 같이 한국의 경우 현행 형사소송법 제266조 의9 제3항에서 "사건의 쟁점을 정리하는 행위를 할 수 있다."라고 개괄적으로 규정하였다. 다만 형사소송규칙 제123조의7에서 조금 더 구체적으로 규정하였는바, 먼저 검사가 증명하려는 사실의 증거를 신청하고, 다음으로 피고인 측이 이에 대한 의견을 밝히고 공소사실에 대한 사실상·법률상 주장에 대한 증거를 신청한다. 이와 같은 순서로 쟁점을 모아 정리한다. 그러나 이와 같은 규정은 다소 느슨한 면이 없지 않다. 공판준비절차는 국민참여재판의 도입으로 인하여 그 의미가 크다. 특히 공판준비절차에서의 쟁점의 정리는 매우 중요한데, 쟁점이 어느 정도 집약하게 정리되었는가 하는 것은 공판기일에서의 절차의 신속성과 직결되기 때문이다.

이와 관련해서는 일본의 쟁점 및 증거의 정리절차를 주목할 필요가 있다. 일본도 새로운 시민참여형인 재판원재판제도를 준비함에 있어서 이를 활성화하기 위하여 절차의 보완에 많은 노력을 가했는데, 그 중 하나가 바로 쟁점 및 증거의 정리절차이다.171)

2. 중국 공판전회의에서의 쟁점정리의 필요성

중국은 2012년 형사소송법 개정에서 공판이 중단되는 사유를 미리 여과해내는 공판전회의절차를 마련하여 재판의 효율을 높이고자

---

171) 이에 관한 자세한 내용은 川崎英明, 公判前整理程序と証據開示, 刑事司法改革と刑事訴訟法 下卷(2007), 日本評論社, 540(2)면 이하 참조.

하였다. 공판전회의는 공소제기이후 재판에 이르기까지를 연결해주
는 고리의 역할을 한다. 그러므로 공판전회의 절차가 얼마나 잘 운
용되는가에 따라 전체 공판절차에서의 작용을 결정짓는다.

공판전회의 과정에서 논의되는 사항과 관련하여 중국 형사소송
법 제182조 제2관은 세 가지 경우를 명시하였다. 즉 회피, 출정증인
의 명단, 불법증거배제이다. 그런데 이것만 가지고 논의하는 것으로
는 부족하다고 생각된다. 위 세 가지 경우가 해소되었다고 해도 공
판이 지연되는 현상은 충분히 존재할 수 있다. 예컨대 복잡하고 난
해한 사건의 경우 증거기록은 수천 장 심지어 수만 장에 달한다. 증
거가 셀 수 없을 만큼 많다. 이 증거들을 공판기일에 일일이 증거조
사절차를 거쳐 공소인과 피고인 측이 변론을 하게 되면 재판이 엄청
나게 지체된다.[172] 그밖에 중국은 비록 공소제기 시 사건기록과 증
거가 법원에 넘어오게 되어 있으나 공소인은 공소유지를 위해 피고
인에게 유리한 증거나 공소제기 이후 새로 수집한 증거는 제출하지
않는 경우가 충분히 존재할 수 있다고 생각된다. 이 때 공소인이 공
판기일에서 기습적으로 증거를 제출하는 경우 공판이 중단되는 가
능성은 열려있게 된다. 변호인이 수집한 증거를 공판기일에 기습적
으로 제출하는 경우도 마찬가지이다.

이에 따라 중국의 경우 쟁점을 정리하는 방법은 두 가지가 있을
수 있다. 우선 공소인과 피고인 측이 이미 알고 있는 증거에 대해 쟁
점을 정리하는 방법이다. 중국의 변호인은 검사가 공소제기 시 법원
에 제출한 증거를 열람·발췌·복사하는 것을 통하여 이미 공소인이
수중에 있는 증거를 장악하고 있다. 공판전회의 과정에 변호인과 공

---

172) 중국 현행 형사소송법 제193조에 의하면 법정심리 과정에서 定罪와 양형
에 대한 증거는 반드시 모두 증거조사를 하여 변론을 거쳐야 한다. 다시
말해서 사건과 관련된 증거에 대해 모두 증명력을 인정하기 위한 다툼을
한다.

소인은 증거에 대해 의견을 나누어 사건의 쟁점을 미리 정리해야 한다. 다음으로 증거개시를 통한 쟁점의 정리이다. 공판기일 전 피고인 측이 공소인 수중에 있는 증거를 취득하는 것이 대부분이지만 새로 수집한 증거 또는 피고인에게 유리한 증거는 공소인이 안보여주는 경우도 있다. 그러므로 이 경우에는 공판전회의에서 증거를 개시하여 이에 대한 쟁점을 정리하는 것이다.

이와 같은 쟁점의 정리는 공판전회의에서 하는 것이 바람직하다. 그러나 현행법상 공판전회의에서 논의하는 사항에 있어서 쟁점정리에 대한 내용은 규정되어 있지 않다. 절차의 정비와 관련해서는 이미 법적 장치를 마련한 한국과 일본의 쟁점정리의 과정을 참조할 수 있다.

쟁점의 정리는 공판기일에서의 절차의 신속한 진행을 담보하는 데에 없어서는 안 될 부분이다. 특히 인민배심재판의 경우 그 필요성이 더욱 커진다. 쟁점을 집약하여 공판기일에서 쟁점만 가지고 다투어야 만이 생업을 포기하고 온 인민배심원들은 속히 생업에 복귀할 수 있기 때문이다. 이에 따라 공판전회의 과정에서의 쟁점정리는 반드시 필요하게 된다.

Ⅳ. 쟁점별 비교법적 검토

1. 피고인 증거열람의 허용여부

한국과 중국 모두 검사의 수중에 있는 증거를 열람·등사하는 것을 통하여 피고인은 방어권을 행사한다. 이와 관련하여 좀 더 구체적으로 살펴보면 한국의 경우 피고인 또는 변호인이 열람·등사의 주체가 될 수 있고 다만 변호인을 선임한 피고인은 열람만을 할 수 있다. 즉 변호인은 물론이고 피고인 역시 증거열람의 주체가 된다.

이에 반해 중국의 경우 증거열람의 주체는 변호인이다. 증거열람은 변호인이 행사할 수 있는 권리이지 피고인이 증거를 열람할 수 있는지 여부에 대해서는 별도로 규정한 바가 없다. 중국 현행 형사소송법에서는 피의자, 피고인에 대해 열람권을 부여하지 않고 단지 변호사가 피의자, 피고인을 접견할 때 미리 복사해 놓은 증거자료들을 그에게 보여줌으로써 증거들을 맞추어보고 확인시켜준다.[173]

그러므로 변호인을 선임한 피의자, 피고인만이 증거를 간접적으로나마 열람할 수 있고 그렇지 않은 경우 증거를 들여다 볼 기회조차 없게 되는 것이다. 실제로 2012년 형사소송법 개정 당시에도 피의자, 피고인에게 열람권을 부여할지 여부에 대해서 큰 논쟁거리가 되었다.[174]

중국에서 피고인에게의 증거열람권을 인정하지 않는 것은 피고인이 공판기일 전에 피의자신문조서나 증인신문조서, 피해자진술조서를 미리 열람하면 공판기일에 기존의 유죄진술을 번복할 가능성이 있고 그렇게 되면 법관의 사실판단을 하는데 혼란을 일으켜 실체적 진실의 발견에 불리하다. 그리고 증인이나 피해자에 보복을 가할 가능성도 있고 증거를 위조하거나 증인을 교사하여 진술을 번복하는 데에 편의를 가져다주는 등의 이유에서이다.[175]

그러나 피고인에게 응당 증거열람권이 주어져야 한다. 특히 변호인을 선임하지 않은 피고인의 경우 더욱더 그러하다. 증거를 충분히 열람해야만이 공판정에서 공소인과 대등하게 싸울 수 있다. 그렇지 아니할 경우 공판기일에서의 심리과정은 대등성을 잃어 형식에 불

---

173) 陳瑞華, "論被告人的閱卷權", 「当代法學」, 2013年03期, 128면.
174) 徐波, "刑事訴訟是否應賦予犯罪嫌疑人·被告人閱卷權", 「中國法院网」, 2014년 2월 8일.
175) 陳瑞華, "論被告人的閱卷權", 132-134면.

과하고 결국 공판정은 피고인을 대상으로 '비판투쟁회의'를 벌이는 장소로 되고 만다.[176] 생각건대 중국은 피고인의 90% 이상이 구속 기소되므로 이러한 상황에서 피고인이 스스로 증거를 복사하여 열람하는 것은 현실적으로 큰 어려움이 따른다. 그렇기 때문에 변호인을 선임하지 않은 피고인에 대해서는 법원이 공소제기 시 공소인이 제출한 사건자료를 복사하여 피고인에게 열람하도록 함으로써 공판정에서 스스로 충분한 변호[177]를 할 수 있도록 도와주어야 한다.[178]

2. 변호인의 증거열람의 시기

한국은 공소제기 이후 변호인이 검사에게 증거개시 신청을 하는 방식으로 증거를 열람·등사할 수 있다. 중국도 인민검찰원의 공소제기 이후 변호인은 법원에 증거열람 신청을 하는 방식으로 증거를 열람·발췌·복사할 수 있다. 즉 한국과 중국 모두 공소제기 이후 변호인이 증거를 열람할 수 있는 데에 대해서는 의문이 없다. 그렇다면 공소제기 이전인 수사단계에서 변호인이 소송계속중인 증거를 열람·등사할 수 있는가 하는 의문이 제기된다.

한국 1954년 제정 형사소송법이 수사단계에서 '검사의 허가'를 받아 변호인에게 수사기록에 대한 열람·등사권을 인정하고 있었다.[179] 그러다가 1961년 형사소송법 개정을 통하여 변호인의 소송서류 열람·등사권을 대폭적으로 제한해 버렸는데 그 결과 피의자의 방어를 준비하기 위하여 수사단계에서 검사의 허가를 얻어 증거물을 등사

---

176) 徐波, 앞의 기사.
177) 중국 현행 형사소송법 제32조에 따르면 피의자, 피고인은 스스로 변호권을 행사할 수 있는 것 외에 한명 내지 두 명의 변호인을 선임할 수 있다.
178) 陳瑞華, "論被告人的閱卷權", 137면.
179) 이와 관련하여 자세한 내용은 신동운, "공판절차에 있어서 피고인의 방어권 보장-수사기록 열람·등사권 확보를 중심으로", 156면 참조.

하는 것은 더 이상 가능하지 않게 된 것이다. 그 이후 1982년 대법원
은 형사소송규칙을 제정하면서 공소장일본주의를 도입하였다.[180] 검
찰 측은 공소제기 이후 공판정에서 검사가 증거를 제출하기 이전에
변호인 또는 피고인이 수사기록을 열람·등사를 신청하면 검찰 측은
열람·등사가 허용되는 서류 또는 증거물은 공소제기 이후 법원에 제
출되어 법원이 보관하고 있는 것에 국한된다고 파악하여 그 신청을
거부해왔다.[181] 그리고 현재 한국의 형사소송법상에서도 변호인이
수사단계에서 증거를 열람할 수 있는 근거조문이 없다.

그러나 이와 관련하여 2011년 형사소송규칙에 변호인 증거열람과
관련된 조문이 들어있다는 점에 유의해야 한다. 한국에는 구속영장
실질심사제도가 있다(한국 현행 형사소송법 제201조의2). 영장실질
심사제도란 판사가 피의자를 직접 심문하여 구속영장 발부 여부를
결정하는 장치를 말한다.[182] 이 심문과정에 변호인은 심문기일에 출
석하여 의견을 진술할 수 있다(동조 제4항). 피의자 심문에 참여할
변호인은 지방법원 판사에게 제출된 구속영장청구서 및 그에 첨부
된 고소·고발장, 피의자의 진술을 기재한 서류와 피의자가 제출한
서류를 열람할 수 있다(현행 형사소송규칙 제96조의21 제1항). 검사
는 증거인멸 또는 피의자나 공범 관계에 있는 자가 도망할 염려가
있는 등 수사에 방해가 될 염려가 있는 때에는 지방법원 판사에게

---

180) 신동운, "공판절차에 있어서 피고인의 방어권 보장 -수사기록 열람·등사
   권 확보를 중심으로", 161-166면 참조.
181) 이 입장에 따르면 공소장일본주의에 의해 공판기일 전에는 수소법원조차
   도 검사가 보관중인 수사기록에 접근하지 못하는데 변호인 또는 피고인
   이 그 수사기록을 열람·등사할 수 있게 된다면 제1회 공판기일에 그것을
   토대로 피고인을 반대신문하게 되기 때문에 예단배제의 원칙이나 공판중
   심주의 원칙에 반한다고 한다. 이 입장에 대해서는 석동현, "검사가 증거
   로 제출하지 아니한 수사기록 등에 관한 열람·등사의 거부", 형사판례연
   구8(2000년), 333-335면 참조.
182) 신동운, 앞의 책, 343면.

제1항에 규정된 서류(구속영장청구서는 제외한다)의 열람 제한에 관한 의견을 제출할 수 있고, 지방법원 판사는 검사의 의견이 상당하다고 인정하는 때에는 그 전부 또는 일부의 열람을 제한 할 수 있다(동조 제2항).

위 형사소송규칙 규정의 내용과 관련하여 1997년, 2003년 헌법재판소의 두 차례의 결정을 주목할 필요가 있다.

우선 1997년도에 나온 헌법재판소의 결정에 따르면 "검사가 보관하는 수사기록에 대한 변호인의 열람·등사는 실질적 당사자대등을 확보하고, 신속·공정한 재판을 실현하기 위하여 필요불가결한 것이며, 그에 대한 지나친 제한은 피고인의 신속·공정한 재판을 받을 권리를 침해하는 것이다."라고 판시[183]하여 공소제기 이후 공판정에서의 증거제출 이전 검사가 보관하고 있는 수사기록에 대한 열람·등사의 신청이 헌법적으로 보장되고 있음을 분명히 하였다는 점에서 의미가 크다.

다음으로 2003년도에 헌법재판소에서는 위 결정의 내용을 잇는 결정을 하였는데 그 결정에 따르면 "고소로 시작된 형사피의사건의 구속적부심절차에서 피구속자의 변호를 맡은 청구인으로서는 피구

---

183) 1997. 11. 27. 자 94헌마60 결정. 사건개요: 청구인은 1994. 3. 21. 국가보안법 위반죄로 구속기소되었는데 그 변호인인 변호사 김선수가 청구인을 위한 변론을 준비하기 위하여 같은 달 22. 피청구인에게 경찰 및 검찰에서의 청구인의 자술서 및 피의자신문조서, 참고인들의 진술조서 등이 포함된 서울지방검찰청 1994년 형제19005호 사건 수사기록 일체를 열람·등사하겠다는 신청을 하였으나, 피청구인은 거부사유를 일체 밝히지 아니한 채 이를 거부하였다. 이에 청구인은, 그 변호인의 열람·등사를 거부한 피청구인의 행위는 헌법 제12조 제4항이 보장하고 있는 변호인의 조력을 받을 권리 및 헌법 제27조 제1항·제3항이 보장하고 있는 신속하고 공정한 재판을 받을 권리 등 헌법상 보장된 청구인의 기본권을 침해하고 있다는 이유를 들어 1994. 4. 16. 헌법재판소법 제68조 제1항에 의한 이 사건 헌법소원심판을 청구하였다.

속자에 대한 고소장과 경찰의 피의자신문조서를 열람하여 그 내용을 제대로 파악하지 못한다면 피구속자가 무슨 혐의로 고소인의 공격을 받고 있는 것인지 그리고 이와 관련하여 피구속자가 수사기관에서 무엇이라고 진술하였는지 그리고 어느 점에서 수사기관 등이 구속사유가 있다고 보았는지 등을 제대로 파악할 수 없게 되고 그 결과 구속적부심절차에서 피구속자를 충분히 조력할 수 없음이 사리상 명백하므로 위 서류들의 열람은 피구속자를 충분히 조력하기 위하여 변호인인 청구인에게 그 열람이 반드시 보장되지 않으면 안 되는 핵심적 권리로서 청구인의 기본권에 속한다 할 것이다…그렇다면 고소장과 피의자신문조서에 대한 열람 및 등사를 거부한 피청구인의 정보비공개결정은 청구인의 피구속자를 조력할 권리 및 알 권리를 침해하여 헌법에 위반된다고 할 것이다."라고 판시[184]하여 변

---

184) 헌법재판소 2003. 3. 27. 2000헌마474 결정. 사기죄로 구속된 청구외 김○억의 변호인으로서 그로부터 구속적부심사청구의 의뢰를 받은 청구인이 2000. 5. 29. 피청구인(인천서부경찰서장)에게 위 김○억에 대한 수사기록 중 고소장과 피의자신문조서의 열람 및 등사를 신청하였다. 피청구인은 위 서류들이 형사소송법 제47조 소정의 소송에 관한 서류로서 공판개정 전의 공개가 금지되는 것이고 이는 공공기관의정보공개에관한법률 제7조 제1항 제1호 소정의 이른바 다른 법률에 의하여 비공개사항으로 규정된 정보에 해당한다는 이유로 5. 30. 이를 공개하지 않기로 결정하였다. 청구인은 위 비공개결정이 청구인의 기본권을 침해하여 위헌이라는 이유로 그 위헌확인을 구하는 헌법소원을 2000. 7. 20. 제기하였다. 위 결정에 대한 반대의견은 "수사가 본격적으로 진행되기도 전에 혹은 완전히 마무리되기도 전에 고소장을 피의자와 그 변호인에게 공개하여 버리는 것은 수사기밀을 무제한으로 노출시키고 그렇지 않아도 현실적 한계를 가진 범죄수사의 공권력 작용을 더욱 어렵게 하고 약화시키는 불균형한 결과를 초래할 것이다. 더구나 변호인은 피구속자와의 접견 및 구속영장과 피의자신문조서의 열람을 통하여서도 피구속자가 무슨 혐의로 구속된 것인지 그리고 이와 관련하여 피구속자와 고소인이 수사기관에서 무엇이라고 진술하였는지를 어느 정도 파악할 수 있는 것이므로 굳이 고소장을 열람하지 않더라도 구속의 적법여부를 심사하는 수사의 초

호인이 수사단계에서도 일부 증거에 대해 열람·등사할 수 있음을 헌법적으로 보장해 주었다.

생각건대 2011년 형사소송규칙에서 수사단계에서의 변호인 증거 열람 허용에 대한 규정은 위 2003년도 헌법재판소의 결정을 명문화시킨 것이라고 볼 수 있다.

요컨대 형사소송규칙에서의 규정은 2003년도 헌법재판소의 결정에 비하여 보았을 때 그 요건이 상대적으로 제한되어 있는데 수사단계에서 변호인은 증거를 열람만 할 수 있고 등사는 하지 못하도록 되어있다. 그리고 열람할 수 있는 대상은 구속영장청구서, 고소·고발장, 피의자의 진술을 기재한 서류, 피의자가 제출한 서류 등이다. 또한 이러한 열람할 수 있는 증거에 대해서도 그것이 수사에 방해되는 경우라면 열람을 제한할 수 있도록 규정되어 있다.

중국의 경우 현행법상 수사단계에서는 증거기록을 열람할 수 없다. 다만 변호사는 수사단계에 개입하여 피의자에게 법률조력을 제공할 수 있고 강제조치 변경신청을 할 수 있으며 수사기관으로부터 피의자가 연루된 죄명과 사건 관련 상황을 요해하여 의견을 제출할 수 있다(중국 현행 형사소송법 제36조). 이와 같은 규정은 기존에 비하여 보았을 때 피의자의 권리를 행사하는 데에 유리한 것이다. 종래에는 피의자가 수사단계에서 변호인을 선임할 수조차 없었다. 그렇기 때문에 이와 같은 규정은 기존과 비교해보았을 때 인권보장 차원에서 한층 더 발전된 것이다.

중국의 경우 변호인이 증거를 열람할 수 있는 시기는 수사단계 이후, 공소제기 이전 단계인 인민검찰원단계(공소제기를 위한 심사절차를 행하는 단계)에서부터이다. 이때로부터 사건과 관련된 증거를 열람·발췌·복사할 수 있다(현행 형사소송법 제38조).

기단계에서는 피구속자를 조력할 수 있다고 할 것이며, 또한 이러한 정도의 제약은 불가피하고 필요한 것이라고 할 것이다."라고 하였다.

그러나 종래에는 인민검찰원단계에서 열람할 수 있는 자료의 범위는 매우 제한적이었다. 그저 체포증 등 소송문서나 기술적인 감정자료를 열람할 수 있었을 뿐 범죄사실과 관련된 증거자료는 볼 수 없었다. 그런데 현행 형사소송법 하에서는 이 단계에서 사건과 관련된 모든 증거자료를 열람할 수 있도록 새롭게 규정되었는데 피고인의 인권보장이라는 2012년 개정 형사소송법의 임무(현행 형사소송법 제2조)를 실현할 수 있다는 점에서 매우 긍정적인 역할을 한 규정이라고 판단된다.

살피건대 한국은 수사단계에서 제한적으로 변호인의 증거열람을 허용하는 반면 중국은 수사단계에서 변호인의 증거열람이 불가하나 공소제기 여부를 결정하기 위한 심사를 진행하는 인민검찰원단계에서는 사건자료를 열람·발췌·복사할 수 있다. 이러한 차이는 근본적인 차이가 아니라 그저 양국의 형사소송구조의 차이 때문에 생긴 것이라고 사료된다. 따라서 실질적으로 보면 한국이든 중국이든 공소제기 이전에 변호인이 증거를 열람할 수 있음에는 의문이 없다. 다만 한국은 이 단계에서의 증거열람의 범위가 제한적일 뿐이다.[185]

3. 증거열람의 대상

한국의 경우 증거열람의 대상은 검사가 증거로 신청할 서류·물건, 증인 관련 서면, 증인의 진술을 기재한 서류 등의 증명력과 관련된 서류나 물건이라고 할 수 있고(한국 형사소송법 제266조의3 제1항 제3호) 일부 수사기관 문서 또는 그 공개로 인하여 직무수행이 불가한 경우에 대해서는 열람·등사의 대상에서 제외시켰다.

중국의 경우에는 공소제기와 함께 모든 사건자료가 법원에 넘어

---

185) 부록 4를 참조.

오게 되는데 변호인이 열람할 수 있는 대상은 사건에 관련된 모든 증거자료들이다. 다만 합의부, 심판위원회의 토론기록 및 기타 법에 의해 공개하지 않기로 되어 있는 자료는 열람·발췌·복사할 수 없다 (2012 최고인민법원 사법해석 제47조). 이로써 열람대상을 제한하였다.

살피건대 중국과 한국 모두 변호인의 증거를 열람·등사함에 있어서 원칙적으로 증거를 열람·등사할 수 있으나 예외적인 규정을 두어 그 범위를 제한하고 있다. 그러나 제한된 대상은 모두 피고인의 방어권을 행사하는 데에 관련이 없는 문서들이다. 이러한 점에 비추어 보았을 때 증거열람의 대상에 있어서 실질적으로 큰 차이는 보이지 않는다고 생각된다.

4. 증거열람허용 여부에 대한 판단권한

한국의 경우 피고인 또는 변호인이 증거열람·등사의 신청에 대하여 개시할지 여부는 1차적으로 검사가 결정한다. 검사가 이를 거부한 때에야 비로소 법원이 2차적으로 결정을 내리게 된다.

반면 중국은 증거열람·발췌·복사의 주체에 따라 두 가지 경우로 나뉜다. 변호사인 경우 법원의 결정을 기다릴 필요 없이 바로 법원에서 열람·발췌·복사가 가능하다. 그러나 기타 변호인은 인민법원의 승인을 거쳐야만 가능하다. 어찌되었든 간에 변호인의 증거열람·발췌·복사는 처음부터 법원에서 이루어진다. 다만 변호인은 피고인에게 유리한 증거가 공소인에 의해 제출되지 않았다고 여기는 경우 2차적으로 인민검찰원이나 인민법원에 調取해 줄 것을 신청한다.

한국과 중국의 증거열람이 이루어지는 방식에 순서의 차이가 있으나 2차적인 규정은 모두 피고인이 충분히 방어권을 행사하는 것을 보장한다는 면에 있어서는 별다른 차이가 없다고 보아진다.

5. 변호인의 증거개시의무

한국의 경우 검사의 증거개시 신청에 의해 변호인 또는 피고인은 증거를 개시해야 한다. 다만 변호인의 증거개시 의무는 절대적인 것이 아니라 피고인 또는 변호인이 현장부재·심신상실 또는 심신미약 등 법률상·사실상의 주장을 한 때에 있어서만 검사는 서류 또는 물건의 열람·등사 또는 서면의 교부를 요구할 수 있다. 이에 대해 변호인 또는 피고인은 ① 증거로 신청할 서류 또는 물건. ② 증인으로 신청할 사람의 성명, 사건과의 관계 등을 기재한 서면. ③ ①과②의 서면의 증명력과 관련된 서류 또는 물건. ④ 피고인 또는 변호인이 행한 법률상·사실상의 주장과 관련된 서류 또는 물건을 검사에게 개시해야 한다(한국 현행 형사소송법 제266조의11 제1항).[186]

한국은 '공판기일에서 행하는 사실상, 법률상 주장'에 대한 증거까지도 포함하고 있다는 점에서 비추어 볼 때 피고인 또는 변호인의 증거개시는 대단히 넓은 범위에 미치고 있는데, 집중심리를 담보하기 위하여 피고인 측의 증거개시의무를 인정한다고 하더라도 그것은 어디까지나 공판준비라는 관점에서 피고인 측이 증거조사를 청구할 예정인 증거에 한정되어야 할 것이다.[187]

중국의 경우 변호인이 수집한 피의자의 범죄현장부재, 형사책임

---

186) 원래 사법제도개혁추진위원회가 성안하여 정부가 국회에 제출한 형사소송법 개정안에서는 "피고인 또는 변호인이 공판준비절차에서 현장부재, 심신상실 또는 심신미약 등 법률상, 사실상의 주장을 한 때에는 검사는 피고인 또는 변호인에게 그 주장에 관련된 서류 또는 물건의 열람 또는 등사, 증인으로 신청할 사람의 성명과 예상되는 진술의 요지 등을 기재한 서면의 교부를 요구할 수 있다(개정안 제266조의 11 제1항)." 그러나 검사의 증거개시와 균형을 맞춘다는 법사위원회의 방침에 따라 피고인 또는 변호인이 개시해야 할 증거의 범위는 검사의 증거개시 범위에 상응하게 확대되었다. 신동운, "한국과 일본의 증거개시제도 비교연구", 289-290면.
187) 신동운, "한국과 일본의 증거개시제도 비교연구", 290면.

능력미달, 법에 의해 형사책임을 지지 않는 정신병자 등과 관련된 증거를 공안기관, 인민검찰원에 즉시 고지해야 한다(중국 현행 형사소송법 제40조). 그런데 이 규정을 살펴보면 변호인이 보여주어야 하는 증거는 모두 피고인이 무죄라는 것을 증명할 수 있는 증거들이다. 변호인은 피고인에게 무죄변호를 진행할 예정인 위와 같은 몇 가지 경우에 대해서만 공안기관, 인민검찰원에게 고지해야 한다. 다시 말해서 변호인이 무죄변호를 하지 않는 경우라면 공안기관, 공소인에게 보여줄 필요가 없게 되는 것이다.

이와 같이 입법자들이 변호인에게 고지의무를 둔 것은 미리 수사기관에 고지함으로써 수사의 방향을 잘못 잡는 일이 없게 하기 위함이며 실체적 진실의 발견에 유리하다고 판단했기 때문이다. 더 나아가 피의자의 형사책임연령미달, 법에 의하여 형사책임을 지지 않는 정신질환이 있는 자라는 것을 밝힘으로써 인민검찰원에서 피의자에 불기소처분을 내릴 수도 있어 피의자가 소송에서 속히 벗어날 수 있고 더 나아가 불필요한 기소를 막아 국가의 사법자원을 절감할 수 있다.

제5장
마치며

지금까지 고찰한 것을 요약 및 정리하면 다음과 같다.

1. 인민배심원제도 활성화의 필요성이다. 본문에서는 인민배심원의 활성화 방안으로 공판준비절차에서의 쟁점정리를 제시하고 있다. 그렇기 때문에 본문에서 가장 먼저 해결해야 하는 문제는 과연 인민배심원제도를 활성화 할 필요가 있는가 하는 것이다. 즉 이 제도를 활성화 하는 것이 중국을 위해서 올바른 길인가 하는 문제인데, 만약 인민배심원제도 자체가 중국에서 별다른 의미를 갖지 못한다면 아래의 논의를 진행할 필요성을 잃기 때문이다.

검토한 결과 중국에서 인민배심원제도를 활성화할 필요성이 충분히 인정된다. 역사적 측면으로 볼 때 인민배심원제도는 중국이 건국 이전 가장 고난하고 간고한 혁명시기에 함께 걸어온 제도이다. 이 제도를 부정하는 것은 스스로의 길을 부정하는 것이 되기 때문에 배제할 수 없는 제도이다. 그리고 세계적인 발전추세를 놓고 볼 때 배심제도는 세계의 흐름이다. 한국, 일본, 중국 동양 3국이 모두 시민참여재판을 하고 있다. 대만도 배심제도의 도입을 위해 부단히 연구를 진행하고 있는 상황이다.[1] 그렇기 때문에 인민배심원제도를 활성화 할 필요성은 충분히 인정된다고 하겠다.

2. 중국 공판준비절차의 개선점에 대한 것이다. 중국은 2012년 형사소송법 개정에서 공판이 중단되는 것을 방지하기 위하여 '공판전회의'라는 조문을 신설하였다. 그런데 현행법상 이 절차에서는 회피,

---

1) 앞의 대만 司法院 회의자료. 司法院人民觀審試行條例草案. 中華民國101年(2012年)6月14日 등 자료를 참조.

출정증인의 명단, 불법증거의 배제의 사항에 대해서만 논의할 수 있다. 한국의 경우 여기에서 쟁점의 정리를 할 수 있도록 규정하였는데 이것은 신속한 절차의 진행을 위해서 반드시 필요한 것이다. 특히 배심재판의 경우 배심원들이 속히 생업에 복귀해야 한다. 그러기 위해서는 재판이 빨리 진행되어야 하기 때문에 공판준비절차에서 쟁점을 집약할 필요성이 더욱 크게 인정된다.

3. 공판준비절차와 공판절차(공판기일에서의 심리절차)의 관계이다. 한국이든 중국이든 공판준비절차는 어디까지나 공판의 진행을 위한 사전 준비절차이다. 공판준비는 공판기일에서의 심리의 효율화를 위하여 이루어지는 것이다. 공판준비단계에서의 심리 정도가 지나친 경우 자칫 공판절차(공판기일에서의 심리절차) 심리의 형해화를 초래할 수 있다. 공판준비절차는 그 자체로 의미가 있는 것이 아니라 공판절차(공판기일에서의 심리절차)와 연계를 가질 때 의미가 있는 것이다. 그렇기 때문에 이 절차에서는 의견을 주고받는 것에 한정해야 된다.

4. 중국 쟁점정리절차의 자리매김에 관련된 것이다. 중국에서의 쟁점정리는 공판전회의의 일환으로 구성되는 것이 타당하다고 생각된다. 중국의 공판전회의에서 "심판과 관련된 문제에 대해 의논한다."고 하였는데 '심판과 관련된' 문제를 확대하여 보면 쟁점정리를 하는 것도 그 일부분에 속한다. 중국은 한국과 달리 전건이송주의를 택하고 있기 때문에 공소제기된 사건기록이 법원에 제출되면 변호인은 증거의 열람을 통하여 공판기일 전 증거를 들여다 볼 수 있다. 적어도 현행 형사소송법의 규정으로 놓고 볼 때 공판기일 이전에 피고인의 죄를 입증하는 증거는 취득할 수 있는 것이다. 그러므로 한국과 같이 증거개시제도를 공판준비절차와 분리하는 식의 규정은

둘 필요가 없다고 생각된다. 다만 중국에서 증거개시는 공판준비절차의 '사건의 쟁점정리' 과정에서 불가피하게 이루어지는 것이기 때문에 공판준비절차에 증거개시가 부수적으로 이루어진다고 할 수 있다.

당사자주의 소송구조를 가진 국가라고 해서 반드시 배심제를 택해야 하고 대륙법계의 틀을 가진 국가라고 해서 반드시 참심제를 택해야 하는 것은 아니다. 어떤 형태를 취하든 일반 시민을 사법에 참여시키는 것이 중요하다. 이것은 세계 사법발전의 추세이다. 다만 일반 시민이 사법에 참여하는 제도를 구축함에 있어서 그 나라의 법제도에 부합되고 법원칙에 어긋나지 않고 실정에 알맞게 자리매김해야 한다. 달리 말하자면 법 제도의 틀은 옮겨올 수 있어도 구체적인 규범적 판단은 그 나라의 입법자가 해야 하는 몫이다.

중국은 인민민주주의 국가이다. 모든 권력은 인민으로부터 나온다. 따라서 사법감시 역시 인민의 몫이어야 한다. 인민배심원은 법률상으로는 직업법관과 동등한 권리를 향유한다고 되어있으나 사실상 심판권은 법원이 독점하고 있다. 그러나 인민배심원제도는 인민을 사법에 참여시키는 제도로서, 인민이 나라의 주인으로 되는 것을 실현할 수 있다. 그렇기 때문에 인민배심원제도를 활성화할 필요성이 크다. 인민배심원제도가 잘 활용되려면 배심재판이 신속하게 진행되어야 하는데 그러기 위해서는 공판기일 이전에 재판의 중단을 일으킬 수 있는 요소를 미리 여과해야 한다. 더 나아가 공판준비절차에서 사건의 쟁점을 집약하여 공판정에서는 쟁점만 가지고 다툴 수 있도록 하여 재판의 효율을 높여야 한다.

그렇게 되면 인민배심제도가 잘 활용되어 최종적으로는 사법전체가 변화하여 진정한 법치주의국가로 나아갈 수 있다. 그렇게 해야만 사법부의 부패를 막을 수 있고 사법부의 권위를 제고할 수 있는데, 이는 결국 중국 법치의 발전을 가져오는 길이 된다.[2]

이와 같은 변화는 일시적으로 이루어지기 어렵고 장기적인 노력을 가해야 하는 것이다. 그렇지만 목표가 명확한 이상 그 목표를 이루는 데에는 시간이 길게 걸리거나 짧게 걸리는 차이가 있을 뿐 꼭 이루어 낼 수 있는 것이다.

이러한 점에서 중국 춘추전국시절 법가사상의 대표자인 한비자가 주장했던 다음과 같은 사상은 오늘날에도 여전히 유효하다고 생각된다. 한비자는 '奉法者强則國强, 奉法者弱則國弱'[3]을 주장했다. 즉 "법을 받듦이 강하면 강한 나라가 되고, 법을 받듦이 약하면 약한 나라가 된다." 이 구절의 참된 의미는 법을 지키는 자가 강해야 나라가 강해지고, 법을 지키는 자가 약하면 그 나라는 약해진다는 것이다. 그런데 문제는 중국은 법을 지키는 자가 강세의 지위에 놓여있지 않다는 점이다. 이를 해결하기 위해서는 법을 지키는 자가 강해질 수 있는 사회 환경을 조성해주어야 한다.[4] 그렇기 때문에 기존의 직업법관 중심으로 사건을 처리하던 데로부터 점차 일반 시민에게 중심을 돌려 인민이 사법에 참여하도록 해야 한다. 이것은 법을 지키는 자가 강세의 지위에 놓이게 하는 하나의 방법이다. 또한 곧 사법의 공정성을 담보하는 길이고 사법의 정의를 구현하는 길이 되는 것이며 법치주의의 실현을 가져오는 길이 된다.

---

2) 何家弘, "從偵査中心轉向審判中心‐中國刑事訴訟制度的改良", 144면 참조 바람.
3) 이 구절은 중국 춘추전국시대 법가사상의 대표자인 한비자의 말을 인용한 것인데 2014년 9월 시진핑 중국 국가주석이 전국 인민대표대회 창립 60주년 경축행사 연설에서 인용되기도 하였다.
4) 何家弘, "從偵査中心轉向審判中心‐中國刑事訴訟制度的改良", 144면 참조 바람.

참고문헌

한국문헌

단행본

김선수, "사법개혁 리포트", 박영사, 2008.

권영성, 헌법학원론, 법문사, 2007.

배종대·이상돈, 형사소송법, 홍문사, 2006.

백형구, 알기쉬운 형사소송법, 박영사, 2005.

성낙인, 헌법학(제3판), 법문사, 2003.

신동운, 신형사소송법(제5판), 2014.

_____, "효당 엄상섭 형사소송법논집", 서울대학교출판부, 2006.

신양균, 형사소송법, 법문사, 2004.

안경환·한인섭, 배심제와 시민의 참여, 집문당, 2005.

이재상, 형사소송법(제9판), 2012.

이승현, "참여재판제도와 공판준비절차", 한국형사정책연구원, 2006.

장영수, 헌법학, 홍문사, 2007.

최병천, "증거개시와 피도인의 방어권보장", 서울대학교 박사논문, 2012.

홍성방, 헌법학, 현암사, 2006.

허영, 한국헌법론, 박영사, 2005.

법무부, 개정 형사소송법, 2007.

형사소송법 개정법률 해설, 법원행정처, 2007.

법원실무제요, 형사[I], 법원행정처, 2008.

증거개시 및 공판준비절차(실무 매뉴얼 4), 대검찰청, 2007 .

증거개시와 공판준비절차, 법관연수자료집 형사실무, 사법연수원, 2007.

사법제도개혁추진위원회, 형사소송법 개정안 논의를 위한 실무위원회 활동
　　　　경과 보고서, 2005.

사법개혁위원회, 국민과 함께하는 사법개혁(사법개혁위원회 백서), 2005.

사법개혁위원회, "사법개혁위원회 자료집(Ⅶ), 국민과 함께하는 사법개혁 – 사
　　　　법개혁위원회 백서", 2005.

국민의 사법참여 공청회, 사법개혁위원회/ 한국공법학회, 2004.

사법개혁위원회, 사법개혁위원회 자료집(Ⅵ), 2005.
사법제도개혁추진위원회, 사법선진화를 위한 개혁, 2006.
"증거개시제도의 시행상 문제와 개선방안", 형사재판의 쟁점과 과제, 사법발
　　전재단, 2008.
국민참여재판제도의 최종 형태 결정을 위한 공청회 자료집, 대법원 국민사
　　법참여위원회, 2013.

논문

강광문, "중국 현행 헌법의 계보에 관한 일고찰-인민대표대회제도 관련 규
　　정을 실마리로-", 서울대학교 법학, 제55권 제2호, 2014.
김병수·민영성, "국민참여재판의 활성화 방안에 관한 연구", 형사정책, 제23
　　권 제1호, 2011.
김봉수, "국민참여재판 최종형태에 대한 비판적 고찰", 형사법연구 제26권 제
　　4호, 2014.
김태명, "한국의 인신구속제도", 동아법학(43), 2009.
김환수, "공판준비절차 도입관련 기초 검토", 형사사법 토론회 자료집, 사법
　　제도개혁추진위원회, 2005.
권오걸, "현행 형사소송법과 개정 법률안에서의 공판준비절차의 검토", 형사
　　법연구 제25호, 2006.
권오병, "공소장일본주의", 법정 제18권 7호, 1963.
노명선, "일본의 새로운 공판전정리절차의 내용과 시사점", 성균관법학 제18
　　권 제2호, 2006.
민영성, "공판중심주의와 공정한 재판", 법조 Vol.593, 2006.
박미숙, "국민참여재판의 시행성과와 향후과제", 형사정책연구, 제21권 제2호
　　(통권 제82호), 2010.
박종근 외, "중국 사법독립의 현황과 문제점 및 향후 대책", 강원법학 제41권,
　　2014.
_____, "중국 형사소송법의 발전과 향후의 과제", 전북대학교 법학연구소 법
　　학연구 통권 제37집, 2012.
석동현, "검사가 증거로 제출하지 아니한 수사기록 등에 관한 열람·등사의
　　거부", 형사판례연구8, 2000.
신동운, "형사사법제도의 개선방향", 「사법제도개선방향」, 교육과학사, 1992.
_____, "공소장일본주의에 관한 일고찰", 두남 임원택 교순 정년기념 사회과

학의 제문제, 1988.

_____, "공판절차에 있어서 피고인의 방어권 보장-수사기록 열람·등사권 확보를 중심으로-", 서울대학교 법학, 제44권 제1호, 2003.

_____, "향후 형사법 개정의 방향-형사소송법의 개정을 중심으로-", 서울 대학교 법학, 제46권 제1호, 2005.

_____, "한국과 일본의 증거개시제도 비교연구", 서울대학교 법학, 제53권 제3호, 2012.

_____, "일제하의 형사절차에 관한 연구", 박병호 교수 화갑기념(II), 한국법 사학논총, 1991.

_____, "일제하의 예심제도에 관하여-그 제도적 기능을 중심으로", 서울대 학교 법학, 제27권 제1호, 1986.

_____, "영장실질심사제도의 실시와 영장주의의 새로운 전개", 새로운 인신 구속제도, 법원행정처, 1996.

_____, "제정형사소송법의 성립경위", 형사법연구 제22호, 2004.

손기식, "국민을 위한 사법",「국민과 사법」심포지엄-사법의 접근성, 공정 성, 국민의 사법참여-, 대법원, 2000.

신양균, "바람직한 형사재판의 방향", 저스티스 통권 제78호, 2004.

심희기, "1990년대 한국의 형사사법 개혁운동의 성과와 전망", 형사정책. 제13 권 제1호, 2001.

_____, "긴장속의 균형:한국형 구속영장실질심사제도의 실험과 시행착오", 형사정책 제10호, 1998.

이재홍, "사법제도의 세계화 추진방향", 형사정책연구 제6권 제1호, 통권 제21 호, 1995.

이상원, "사법신뢰형성구조와 재판의 공개", 서울대학교 법학, 제53권 제3호, 2012.

이재상, "한국 형사소송법은 어디로 갈 것인가-형사소송법 개정의 방향과 과제-", 이화여자대학교 법학논집 제10권 제1호, 2005.

이승련, "개정 형사소송법상의 증거개시제도", 법조 Vol.617, 2008.

이동희, "국민참여재판의 성과와 과제, -최종형태안에 대한 평가와 제언을 포함하여-", 저스티스 통권 제146-3호, 2015.

이완규, "개정 형사소송법상 증거개시제도", 숭실대학교 법학논총 제18집, 2007.

최승록, "증거개시제도의 시행상 문제와 개선방안", 형사재판의 쟁점과 과제, (사법발전재단), 2008.

탁희성·최수형, "형사정책과 사법제도에 관한 연구(Ⅴ)-국민참여재판제도의
　　평가와 정책화 방안-", 한국형사쟁책연구원, 2011.
탁희성, "국민참여재판의 입법동향과 과제", 한국형사정책연구원, 형사정책
　　연구 소식, 제128권, 2013.
한상훈, "사개추위의 「국민의 형사재판 참여에 관한 법률」 성안시 쟁점과 결
　　론", 국민의 사법참여연구회, 국민참여재판-어떻게 준비하고 진행
　　할 것인가, 자료집, 2007.
＿＿＿, "국민참여재판에서 배심원 평결의 기속적 효력에 관한 검토", 형사정
　　책, 제24권 제3호, 2012.
＿＿＿, "형사소송의 구조와 검사, 피고인의 지위",-당사자주의와 증거개시
　　제도를 중심으로-, 형사법연구 제21권 제4호, 2009.
한상희, "사법개혁, 좌절과 실패의 역사", 계간 민주, 제5호, 2012.
한인섭, "한국의 배심원재판-준비과정과 시행원년의 성과를 검토한다-", 서
　　울대학교 법학, 제50권 제2호, 2009.
＿＿＿, "'회한과 오욕'의 과거를 바로 잡으려면-사법부의 과거청산을 위하
　　여", 서울대학교 법학, 제46권 제4호, 2005.
하태훈, "사법에 대한 신뢰", 저스티스 통권 제134-2호, 2013.
＿＿＿, "구속영장실질심사제도의 과제와 전망", 형사정책 제9호, 1997.
허정수, "국민참여재판의 문제점과 개선방안", 형사법 쟁점연구(Ⅱ), 대검찰청
　　형사법연구회, 2010.
황성기, "한국에서의 참심제와 배심제의 헌법적합성", 법과 사회, 제26호,
　　2004.
황태정, "개정 형사소송법상 공판준비절차", 비교형사법연구 제12권 제2호,
　　2010.
황정근, "구속영장실질심사제도의 개선방안", 형사정책연구원 제8권 제4호,
　　1997.

중국문헌

단행본

陈瑞华, "刑事诉讼的前沿问题",「中国人民大学出版社」, 2000.
陈　刚, "中国民事诉讼法制百年进程(清末时期(第一卷)",「中国法制出版社」, 2004.
＿＿＿, "中国民事诉讼法制百年进程(第2卷)".「中国法制出版社」, 2004.

陈光中·严端, "中华人民共和国刑事诉讼法修改建议稿与论证", 「中国方正出版社」, 1995.

陈光中, "陈光中法学文集", [M]·北京, 「中国法制出版社」, 2000.

陈卫东, "2012刑事诉讼法修改条文理解与适用", 「中国法制出版社」, 2012.

_____, 刑事诉讼法学关键问题", 「中国人民大学出版社」, 2013.

曾宪义, "中国法制史", 「北京大学出版社, 高等教育出版社」, 2000.

樊崇义, "刑事诉讼法学", 「法律出版社」, 2013.

韩秀桃, "司法独立与近代中国", 「清华大学出版社」, 2003.

韩延龙, "中国新民主主义革命时期根据地法制文献选编(第三卷)", 「中国社会科学出版社」, 1981.

何勤华·李秀清, "外国法与中国法－20世纪中国移植外国法反思", 「中国政法大学出版社」, 2003.

何家弘, "谁的审判谁的权－刑事庭审制度改革的实证研究", 「法律出版社」, 2011.

_____, "中国的陪审制度向何处去", 「中国政法大学出版社」, 2006.

李启成, "晚清各级审判厅研究", 「北京大学出版社」, 2004.

李交发, "中国诉讼法史", 「中国检察出版社」, 2002.

李心鉴, "刑事诉讼构造伦", 「中国政法大学出版社」, 1992.

南英·高憬宏, "刑事审判方法", 最高人民法院刑事审判第三庭编著, 「法律出版社」, 2013.

潘金贵, "证据法学论丛(第二卷)", 「中国检察出版社」, 2013.

彭真文选, (1941－1990), [M]·北京, 「人民出版社」, 1991.

孙长永, "探索正当程序－比较刑事诉讼法专论", [M]·北京, 「中国法制出版社」, 2005.

苏永钦, "司法制度的再改革", 「台湾月旦出版社」, 1998.

王利明, "司法改革研究", 「法律出版社」, 2000.

肖蔚云, "我国现行宪法的诞生", 「北京大学出版社」, 2004.

张晋藩, "中国法制史", 「中国政法大学出版社」, 2007.

张军·姜伟·田文昌, "新控辩审三人谈", 「北京大学出版社」, 2014.

张祀恒, "从西方到东方－伍廷芳与中国近代社会的演进", 伍廷芳生平大事记, 「商务印书馆」, 2002.

最高人民法院办公厅, "最高人民法院历任院长文选", 「人民法院出版社」, 2010.

祖鹏·李玉华, "人民陪审员制度的理论与实践－以北京市西城区人民法院为研究对象－", 「法律出版社」, 2012.

논문

曹永军, "我国人民陪审员制度兴衰的原因和改革设想", 「当代法学」, 第21卷第3期 (总第123期), 2007.

陈家新, "人民陪审员制度的改革", 「政法论坛 : 中国政法大学学报」, 1990年06期.

陈瑞华, "陪审团制度与俄罗斯的司法改革", 「中外法学」, 1999年第5期(总第65期).

_____, "评〈刑事诉讼法修正案(草案)〉对审判程序的改革方案", 「法学」, 2011年第11 期.

_____, "案卷移送制度的演变与反思", 「政法论坛」, 2012年第05期.

_____, "论被告人的阅卷权", 「当代法学」, 2013年03期.

陈卫东, "公民参与司法 : 理论·实践及改革", 「法学研究」, 2015年第2期.

陈卫东·杜磊, "庭前会议制度的规范构建与制度适用－兼评刑事诉讼法第182条第2款 之规定", 「浙江社会科学」, 2012年第11期.

陈卫东·郝银钟, "我国公诉方式的结构性缺陷及其矫正", 「法学研究」, 2000.

程荣斌·刘怀印, "从修订后律师法看检察机关保障律师阅卷权制度的完善", 「人民检 察」, 2008年第18期.

曾广华, "从东莞的实践看我国刑事证据开示制度的构建与本土化", 「国家检察官学 院学报」, 2006年第1期.

韩大元, "论中国陪审制度的宪法基础－以合宪论和违宪论的争论为中心", 「法学杂 志」, 2010年10期.

房保国, "我国陪审制度改革十大论纲", 「上海法学研究」, 2001年第1期.

顾永忠, "'庭审中心主义'之我见", 「法制资讯」, 2014年06期.

_____, "证据开示与阅览制度的比较与选择", 「中韩刑事诉讼法学会资料集」, 2013.

顾永忠·苑宁宁, "关于控辩平等若干问题的思考", 「河南社会科学」, 第20卷第2期, 2012.

韩秀桃, "民国元年的司法论争及其启示－以审理姚荣泽案件为个案", 「法学家」, 2003 年第2期.

何家弘, "陪审制度纵横论", 「法学家」, 1999年第3期.

_____, "从侦查中心转向审判中心－中国刑事诉讼制度的改良", 「中国高校社会科 学」, 2015.

何家弘·龙宗智, "证据展示的'蛋糕'应该怎么切？", 「证据学论坛」, 第5卷, 2002.

胡云腾·喻海松, "刑事一审普通程序修改解读", 「法律适用」, 2012年第9期.

刘哲玮, "人民陪审制的现状与未来", 「中外法学」, Vol.20, No.3, 2008.

梁洪明, "马锡五审判与中国革命", 「政法论坛」, 第31卷第6期, 2013.

闵春雷·贾志强, "刑事庭前会议制度探析", 「中国刑事法杂志」, 2013年第3期.

闵春雷, "刑事庭前程序研究", 「中外法学」, 2007年第2期.

李斌, "庭前会议程序的适用现状与发展完善", 「法学杂志」, 2014年第6期.

龙宗智, "刑事诉讼庭前审查程序研究", 「法学研究」, 1999年03期.

苗炎, "司法民主 : 完善人民陪审员制度的价值依归", 「法商研究」, 2015年第1期(总第
　　165期).

莫湘益, "庭前会议 : 从法理到实证的考察", 「法学研究」, 2014年第3期.

齐文远, "提升刑事司法公信力的路径思考", 「现代法学」, 2014年3月(第36卷第2期).

宋英辉·何挺, "中国刑事司法公民参与的现状与展望, 汉阳大学法学研究所, 「法学
　　论丛」, 第28卷第4号, 2011.

施鹏鹏, "审判中心 : 以人民陪审员制度改革为突破口", 「法律适用」, 2015年第6期.

吴玉章, "我国陪审制度的兴衰", 「读书」, 2002年第7期.

吴丹红, "中国式陪审制度的省察-以关于完善人民陪审员制度的决定为研究对象",
　　「法商研究」, 2007年03期.

王利明, "我国陪审制度研究", 「浙江社会科学」, 2000年第1期.

王敏远, "中国陪审制度及其完善", 「法学研究」, 1999年第4期.

王怀安, "我国人民陪审员制度的优越性", 「新建设」, 1956年第1期.

王志萌, "证据开示制度与阅卷权制度研究", 「南阳师范学院学报(社会科学版)」, 第11
　　卷第11期, 2012.

王雄飞·刘元强, "推行刑事证据展示制度之探索-来自广州市珠海区人民检察院的调
　　研报告", 「人民检察」, 2004年第12期.

王春花·吕东晓, "建立刑事诉讼证据开示制度的探索与思考-山东省寿光市法院刑事
　　证据开示试点工作经验", 「人民司法」, 2005年第5期.

姚琦, "唐绍仪内阁述评", 「贵州大学学报」, 1995年第1期.

叶青, "以审判为中心的诉讼制度改革之若干思考", 「法学」, 2015年第7期.

叶扬·胡连芳, "我国刑事诉讼庭前审查制度的变迁, 缺陷与完善对策-与域外庭前审
　　查程序比较之研究", 「南昌大学学报(人文社会科学版)」, 第44卷第5期, 2013.

周欣, "论刑事庭前审查程序功能定位-兼评刑事诉讼法修正案(草案)第171, 180条",
　　「中国人民公安大学学报(社会科学版)」, 2011年第6期.

赵志坚·侯晓焱·庄燕君, "证据开示制度试行状况之实证分析", 「人民检察」, 2004年
　　第1期.

张志让, "宪法颁布后的中国人民法院", 「政法研究」, 1954年第4期.

张德淼·周佑勇, "论当前我国实现司法正义的条件和途径", 「法学评论」, 1999年01期.

张思尧, "人民陪审制度事实审与法律审的困惑与出路", 「法律适用」, 2015年第6期.

일본 및 대만문헌

神谷説子·沢康臣, 世界の裁判員(14か国イラスト法廷ガイド), 日本評論社

小森田秋夫, ロシアの陪審裁判(東洋書店), ユーラシア·ブックレット (No.53),
    2003年10月.

申東雲, 韓国における国民参与裁判の新たな展開·刑事法ジャーナル, 2012 vol.32
    「特集·裁判員裁判と国民参与裁判」.

川崎英明, 公判前整理程序と証拠開示, 刑事司法改革と刑事訴訟法 下巻(2007), 日
    本評論社.

人民參與審判國際研討會會議手冊, 司法院, 中華民國103年7月14日.

司法院人民觀審試行條例草案, 中華民國101年 (2012年) 6月14日.

사이트, 기사

陈卫东, "证据开示模式的理论阐述", 「人民法院报」, 2005. 1. 24.

_____, "律师辩护: 有待保障 证据开示: 尚需论证", 「检察日报」, 2003. 9. 19.

胡超, "关于刑事证据开示制度的调研报告", 「福田法院」, 2011. 6. 22.

花耀兰, "武汉新洲: 五类案件须召开庭前会议", 「检察日报」, 2013. 1. 25.

蒋安杰, "证据开示: 刑事司法实证研究的探索之路", 「法制日报」, 2005. 2. 16.

_____, "证据开示未雨绸缪", 「法制日报」, 2004. 6. 3.

龙宗智, "中国陪审制: 出路何在", 「南方周末」, 2001. 2. 9.

商兴佳, "试论我国人民陪审员制度存在的问题及完善(上)", 「北京法院网」, 2011. 11.
    1.

习文昭, "浅析基层法院庭前会议适用率低的原因", 「中国法院网」, 2013. 1. 11.

孙茜, "完善参审机制是陪审制度改革的核心", 「人民法院报」, 2015. 5. 5.

徐霄桐, "人民陪审员如何走出'陪而不审'", 「中国青年报」, 2014. 3. 27.

徐日丹, "庭前会议制度: 在起诉·审判之间植入中间程序", 「检察日报」, 2012. 5. 14.

徐波, "刑事诉讼是否应赋予犯罪嫌疑人·被告人阅卷权", 「中国法院网」, 2014. 2. 8.

晏向华, "是否引入证据开示制度要审慎考虑", 「检察日报」, 2004. 5. 24.

余淼·胡夏冰, "我国人民陪审员制度的起源", 「人民法院报」, 2015. 2. 13.

袁名清, "刘志军案3个半小时庭审不是走过场", 「潇湘晨报」, 2013. 7. 2.

周强, "深入推进人民陪审员制度改革", 「最高人民法院网」, 2015. 4. 28.

周喜丰, "案子审了一天, 起诉书没读一个字", 「潇湘晨报」, 2012. 1. 10.

赵小燕, "溫州鹿城法院让'庭前会议'从概念走向程序", 「中新浙江网」, 2012. 11. 14.
중앙일보, 「선거사건, 참여재판에서 뺄 필요 있나」 2014년 1월 11일 기사 참조
　　바람.

판례

1993. 11. 25. 91헌바8.
1997. 3. 27. 96헌가11.
1997. 11. 27. 94헌마60.
1997. 11. 27. 자 94헌마60.
1999. 5. 27. 98헌마214.
2002. 2. 28. 2001헌가18.
2003. 3. 27. 2000헌마474.
2006. 11. 24. 2006도4994.
2006. 12. 8. 2005도9730.
2009. 11. 26. 2008헌바12.
2010 6. 24. 2009헌마257.
2012. 5. 24. 2012도1284.
2014. 1. 28. 2012헌바298.
2015. 7. 30. 2014헌바447.
2015. 8. 20. 2013도11650.

부록 1 : 중국의 형사소송절차1)

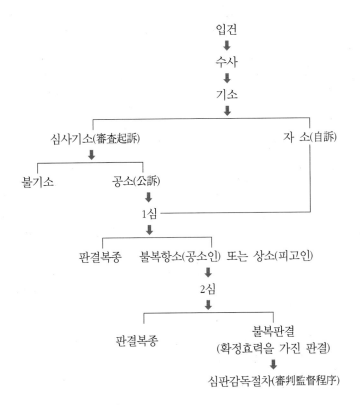

─────────────

1) 중국 找法网 사이트에서의 형사소송절차도표를 편집하여 제작한 것임.

부록 2 : 중국의 공안기관, 인민검찰원, 인민법원의 기능과 역할

성격	사건접수 대상범위	기능과 역할	단계
공안기관 (행정기관)	일반 형사사건	형사사건에 대한 수사, 구류, 체포집행, 예심	수사 단계
인민검찰원 (법률감독 기관, 사법기관)	1. 뇌물관련사건; 2. 국가공무원이 직무상의 편의를 이용하여 사사로운 이익을 얻거나 직무남용을 하거나 직무유기를 하는 경우 3. 국가기관 공무원이 직권을 이용하여 행한 불법구금, 형사고문, 보복모해, 불법수색 등으로 하여 공민의 인신권리의 범죄 또는 공민의 민주권리의 범위를 침범한 경우	1. 체포여부에 대한 허가, 검찰기관이 직접 접수한 사건에 대한 수사, 공소의 제기 2. 공안기관에 보충수사를 할 것을 요구하거나 자체적으로 수사를 진행한다.	심사 기소 단계
인민법원 (사법기관)	공소제기된 사건	재판	심판 단계

**부록 3 : 중국 변호인의 증거열람권리와 범위에 대한 비교
(1996년, 2007년, 2012년)**

		1996년 형사소송법	2007년 변호사법	2012년 형사소송법
변호인의 열람권	인민검찰원단계 및 인민법원단계 審査起訴之日起/受理案件之日起	열람, 발췌, 복사할 수 있다. (제36조) 可以查閱, 摘抄, 夏制	열람, 발췌, 복사할 권리가 있다. (제34조) 有權查閱, 摘抄和夏制	열람, 발췌, 복사할 수 있다. (제38조) 可以查閱, 摘抄, 夏制
변호인의 열람범위	인민검찰원단계審査起訴之日起	본 사건의 소송문서, 기술적 감정자료 (제36조제1관) 訴訟文書, 技術性鑑定材料,	본 사건과 관련된 소송문서와 사건자료 (제34조) 訴訟文書及案卷材料	사건자료 (제38조) 案卷材料
	인민법원단계受理案件之日起	본 사건에서 指控한 범죄사실과 관련된 자료 (제36조제2관) 本案所指控的犯罪事實的材料	본 사건과 관련된 모든 자료 (제34조) 案卷有關的所有材料	사건자료 (제38조) 案卷材料

부록 4 : 현행법상 한국과 중국의 변호인의 증거열람시기와 범위

	법령	수사기록의 열람·복사 허용 여부		소송구조
		수사단계	공판단계	
한국	1954년 형사소송법	허용	허용	모든 수사기록 제출
	1961년 형사소송법	불허	허용	모든 수사기록 제출
	1982년 형사소송규칙	불허	불허	공소장일본주의
	2007년 형사소송법	일부 허용	허용	공소장일본주의
중국	1979년 형사소송법	불허	허용	전건이송주의 (全案移送主義)
	1996년 형사소송법	불허	일부 허용	사본주의
	2012년 형사소송법	불허	허용	전건이송주의 (全案移送主義)

부록 5 : 현행법상 중국 인민배심원 선출과정

```
┌─────────────────────────────┐
│ 1. 중국인민공화국 헌법을 옹호      │
│ 2. 만 23세 이상               │
│ 3. 품행이 좋고 바르고 단정        │
│ 4. 신체가 건강                │
│ 5. 전문대학 이상의 학력          │
└─────────────────────────────┘
```
⬇

타인추천(본인 직장 또는 호적등록지 기층조직), 본인신청

⬇

기층 인민법원과 동급 인민정부의 사법행정기관이 적격심사를 진행

⬇

기층 인민법원장 후보자 명단을 동급 입법기관에 제출

⬇

입법기관이 최종 임명

⬇

인민배심원 탄생

⬇

권한: 재판장 담당하는 것 외　　　　　　　　임기: 5년
　　　직업법관과 동등

부록 6 : 한중 법률용어 대조표2)

중국용어	페이지	한국용어	비고
심판원(審判員)	17	직업법관	
인민배심원제도 (人民陪審員制度)	17	국민참여재판제도	
인민(人民)	21	국민	인민의 개념은 정치적 의미를 담고 있음.
간이절차(簡易程序)	53	간이공판절차	
합의정(合議庭)	19	합의부	
당사자(当事人)	50	피의자·피고인	
자소(自訴)	50	사소	
회피(回避)	67	제척, 기피, 회피	
심판장(審判長)	18	재판장	
공소인(公訴人)	19	검사	
변호사(辯護士)	19	변호인	
서기원(書記員)	18	서기, 법원사무관	
법정심리중심주의 (庭審中心主義)	135	공판중심주의	
형사부대민사소송 (刑事附帶民事訴訟)	144	배상명령제도	
공판의 준비를 위한 절차(庭前准備程序)	145	공판준비절차 (넓은 의미)	
공판전회의 (庭前會議)	146	공판준비기일	
불법증거배제 (非法証据排除)	146	위법수집증거배제	
전건이송주의 (全案移送主義)	147	모든 기록의 송부	
사본주의 (夏印件主義)	147	공소장일본주의	반드시 같지 않음.
심판권(審判權)	60	재판권	
지정변호(指定辯護)	191	국선변호	

2) 이 대조표가 보여주고 있는 한중법률용어는 내용상 완전히 일치되는 것은 아니다. 어디까지나 비슷한 용어를 제시한 것이다. 차이점 및 기타 자세한 내용은 본문을 참조하기를 바람.

심판독립(審判獨立)	211	사법권의 독립	
독임심판(獨任審判)	17	단독재판	
사건자료(案卷材料)	143	사건기록	
수사중심주의 (偵査中心主義)	135	조서재판주의	수사중심주의보다 수사기록중심주의가 조서재판주의에 더 가깝다고 생각됨.
강제조치(强制措施)	144	강제처분	
공소사건에 대한 심사제도 (對公訴案件的審查制度)	143	예심제도	한국의 예심제도는 해방과 함께 사실상 폐지되었음.

中文摘要

陪审裁判中有关庭前准备程序之研究
-中韩比较为中心-

　　从世界范围上看，司法腐败之问题是悬而未决的课题，司法腐败是因为缺乏公民的有效监督而引起的。这种腐败现象未决而持续，将会导致司法不公正，降低公民对司法的信赖程度。因此，为了防止司法腐败，有必要让公民参与司法，对此进行监督。对此，让公民有效参与司法的最佳方案为实行陪审裁判。

　　关于司法腐败问题，韩国有句话叫'有钱无罪、没钱有罪'。由于这种社会现象的持续存在，韩国公民一直对司法公正持有怀疑态度。韩国2004年起推进司法改革，改革过程当中引进了国民参与裁判制度，其目的就是为了改进上述现象。2007年引进并于2008年1月开始实行的国民参与裁判制度，一方面可以提高公民的民主正当性，另一方面还可以提到公民对司法的信赖，从而防止司法腐败现象，最终走向公正及透明的司法道路。

　　相关公民参与裁判的机制，中国早已有了陪审制度，即人民陪审员制度。人民陪审员制度虽然称为陪审，但实质上属于参审。该项制度产生于建国之前，并于1954年宪法明确规定该项制度。然而，目前人民陪审员制度运行方面并不乐观，更有形同虚设之评价。为了加强审判独立，防止司法腐败，激活该项制度的必要性极大。

　　韩国为了促进国民有效参与裁判，制定国民参与裁判制度同时配备了庭前准备程序和证据开示制度。当公民以随机方式被选为陪审员，他们应暂时离开自己的工作岗位到法院参与裁判，因此为了让公民尽早回到其岗位，庭审过程应当集中审理、迅速进行。因而，开庭前应经过庭前准备程序，提前过滤拖延庭审程序的因素。与此相关，中国在2012年刑事诉讼法中新设了庭前会议制度，此项制度与韩国庭前准备程序中的庭前准备期日非常相似。根据这种思路，笔者认为，中国应以改善庭前准备程序的方式来完善人民陪审员制度。在这过程中，由于中韩两国具有不同诉讼结构，因此中国应根据目前的司法制度现状进行改革，符合中国国情。

本文比较研究中韩两国庭前准备程序，试图找出改善中国庭前准备程序的方案。而为了对此进行比较研究，以中韩两国的陪审制度作为出发点进行探讨。由此，本文首先对两国陪审制度进行介绍，通过比较研究指出中国人民陪审员制度的改善方案，即从新建立庭前准备程序。其次，对中韩两国庭前准备程序进行说明，通过比较探讨找出中国庭前准备程序的合理改善方案。最后，指出为了有效进行庭前准备程序，应在庭前会议过程中有必要设立整理争点程序。

通过研究，可以得出以下结论。应在陪审裁判的有效进行角度上去看待庭前准备程序，为了迅速进行庭审程序，应在庭前准备程序中过滤拖延因素。从而在开庭时集中审理，让陪审员尽早回到自己岗位，只有这样，才能让更多的公民来参与裁判，最终使陪审制度有也逐渐活跃起来。

关键词：陪审裁判、庭前准备程序、审判程序、证据开示、阅览证据、整理争点、庭审中心主义、迅速进行审判

學号：2013-31326

Abstract

A research for the preparatory proceedingss of a trial by jury
— concentrated upon comparison a trial by jury
between in Korea and in China —

MIN SHOU XUAN

Graduate School of Law

Seoul National University

Globally a matter of judical corruption has always remained as unsolved problem. That has eventually caused by negligence in surveillance on jurisdiction system. That also can provide a breeding ground for corruption such as corruption scandals of the judiciary. Because of that, the need for people to participate jurisdiction is getting greatly increased. The best way to participate jurisdiction system for people is a jury trial.

In Korea, there is a few credibility of the judiciary since there are social phenomenons such as 'there is one law for the rich and another for the poor' and etc. To increase credibility of the judiciary, Korea has tried to reform jurisdiction system since 2004. One reformation of jurisdiction system is introducing a jury trial. The introduction of a jury trial, because of participation of people to judiciary, increases not only democratic legitimacy of law but also credibility of the judiciary. As a result, the introduction of a jury trial makes jurisdiction system fair and transparent.

In related with this issue, there is also a jury trial in China. There is lay assessor system as jurisdiction system in China as a jury trial. This system, which was written in the first Constitution in 1954, was introduced in China even before establish of China; however, the system becomes nominal at the present. it is necessary to revitalize the lay assessor system for preventing corruption scandals of the judiciary and strengthen independence of jurisdiction system. Especially, it stands out necessity of the lay assessor system since it is a system along with hard and rocky period of Chinese history after establish of China in 1949. Therefore, it is necessary to reform the lay assessor system.

On the other hand, Korea modifies preparatory proceedings and criminal discovery to revitalize a jury trial. Since people who are selected as jurors should participate procedures of criminal case by giving up their works to get living, it is necessary to go along intensively and shortly. As a result, it is necessary for having dense preparatory proceedingss to go along criminal case quickly. To deal with that, China introduced 'pretrial meeting' in 2012 by revising the Criminal Procedure Law which is similar to 'a date of pretrial arrangement' in Korea. Since there are similar procedure methods in Korean and China, the write of this article argues that it is important way to revitalize lay assessor system by supplementing preparatory proceedingss for jury trial based on 'pretrial meeting'. However, it is necessary to not introduce preparatory proceedings of Korea to China but redesign preparatory proceedings to adjust Chinese jurisdiction system while China introduces preparatory proceedings system to its jurisdiction system.

Therefore, the subject of this article is to draw improvement point of preparatory proceedings in China while the writer of this article is comparing and reviewing preparatory proceedings of Korea and China. Jury trials in Korea and China should be starting point of research to discuss on preparatory proceedingss and criminal discovery system.

To do that, this article has stated at first jury trials in Korea and China, then this article has pointed out it is desirable that reformation of preparatory proceedings are the best way to revitalize lay assessor system. Secondly, this article tries to draw improvement points of preparatory proceedings in China by comparing to preparatory proceedings in Korea based on reviews of preparatory proceedings in Korea and China. At last, this article suggests that procedure of issue settlement should be introduced to the Criminal Procedure Law in China based on discussion throughout this article.

This article is concluded as follow after researching. Preparatory proceedings should be reform based on the view of jury trial. For speedy trial, preparatory proceedings should filter problems which can cause delay of trial. To do so, it is necessary to have preparatory proceedings system in jurisdiction, especially to arrange issue during preparatory proceedings for speedy trial.

keyword : jury trial, trial by jury, preparatory proceedings, procedures of trial, trial proceedings, criminal discovery, read evidence, issue settlement, court-oriented trial, speedy trial

Registration # : 2013-31326

찾아보기

가..

간이절차 53, 55, 118, 158, 159
공동강령 32, 34
공소사건에 대한 심사제도 245
공판의 준비를 위한 절차 145, 146, 241
공판전회의 11, 142, 146, 152, 153, 154, 155, 156, 157, 158, 159, 171, 172, 173, 175, 182, 184, 186, 187, 188, 189, 190, 191, 193, 194, 198, 199, 200, 201, 203, 204, 207, 210, 274, 298, 299, 300, 313, 314
공판후사건기록이송제도 247, 251

다..

대명률 24
대청률예 24, 25, 26
대청형사민사소송법초안 25, 27, 28, 29
대청형사소송률초안 29

마..

마시우심판방식 38

바..

법정심리중심주의 135
불법수집증거 199
불법증거배제 146, 148, 154, 156, 157, 158, 168, 171, 173, 187, 189, 192, 198, 215, 299
불법증거배제규칙 146

사..

사법개혁위원회 77, 88, 89, 93, 94, 95, 97, 108, 226
사법개혁추진위원회 76
사법제도발전위원회 76
사본주의 147, 151, 152, 174, 240, 243, 246, 247, 248, 249, 251, 255, 259, 260, 270, 295
수사중심주의 135, 136, 138, 139
심가본 26, 27
심판중심주의 135, 253

아..

예심제도 42, 165, 253, 254, 255
오정방 26, 27, 28, 30

6부문연합규정　247, 262, 263, 264

인민배심원 심판활동에 있어서 약간
　의 문제에 관한 규정　55

인민배심원제도를 보완할 데에 관한
　결정　55

인민배심원제도의 개혁시범방안　65,
　125

인민법원 잠정조직조례　32, 40, 42

자..

자소　50, 143

쟁점정리　137, 169, 185, 196, 215, 216,
　236, 237, 238, 239, 298, 300, 314,
　315

전건이송주의　147, 152, 155, 174, 181,
　240, 242, 245, 246, 247, 250, 251,
　252, 253, 255, 256, 260, 287, 295,
　296, 297, 314

조서재판　79, 82, 83, 84, 87, 136, 138,
　166

중공중앙(중국 공산당 중앙위원회)
　의 전면적으로 의법치국을 추진
　할 데에 관한 중대한 문제에 대
　한 결정　11, 65, 135

중화소비에트공화국재판부잠정조직
　및재판조례　33

중화소비에트공화국헌법대강　32

증거신청　195, 204, 205, 207, 218, 229,
　230, 233, 234, 237, 238, 239, 248

차..

참심배심조례　30

최고인민검찰원 규칙　156, 157, 159,
　188

최고인민법원 사법해석　146, 149,
　157, 158, 159, 171, 176, 186, 188,
　189, 192, 202, 288, 308

최고인민법원은 사법해석　288

최고인민법원의 사법해석　156, 184

최고인민법원의 인민배심원 심판활
　동에 있어서 약간의 문제에 관
　한 규정　122

하..

합의정　19

형사민사통용규칙　27

형사부대민사소송　44

민수현

西安工业大学 법학학사
西北政法大学 법률석사
서울대학교 법학박사

주요논문
"배심재판에 있어서 공판준비절차에 관한 연구 -한국과 중국의 비교를
중심으로-", 박사학위논문, 2016.
"중국 반테러주의 입법의 현황, 문제점과 향후과제", 중국법연구 제28집, 2016.
"중국의 회복적 사법과 형사화해제도", 충북대학교 법학연구, 제28권 제1호, 2017.

배심재판에 있어서 공판준비절차에 관한 연구

초판 인쇄 | 2017년 7월 23일
초판 발행 | 2017년 7월 31일

지 은 이   민수현

발 행 인   한정희
발 행 처   경인문화사
총 괄 이 사   김환기
편   집   김지선 박수진 한명진 유지혜
마 케 팅   김선규 하재일 유인순
출 판 번 호   406-1973-000003호
주   소   파주시 회동길 445-1 경인빌딩 B동 4층
전   화   031-955-9300 팩스   031-955-9310
홈 페 이 지   www.kyunginp.co.kr
이 메 일   kyungin@kyunginp.co.kr

ISBN 978-89-499-4289-6 93360
값 26,000원